私募基金
典型法律疑难问题解析

王羽中　施磊 —— 著

人民法院出版社

图书在版编目（CIP）数据

私募基金典型法律疑难问题解析 / 王羽中，施磊著. -- 北京：人民法院出版社，2024.6
ISBN 978-7-5109-4140-5

Ⅰ.①私… Ⅱ.①王… ②施… Ⅲ.①证券投资基金法—研究—中国 Ⅳ.①D922.287.4

中国国家版本馆CIP数据核字(2024)第086978号

私募基金典型法律疑难问题解析
王羽中　施　磊　著

责任编辑	张　奎
出版发行	人民法院出版社
地　　址	北京市东城区东交民巷27号（100745）
电　　话	（010）67550673（责任编辑）　67550558（发行部查询）
	65223677（读者服务部）
客服QQ	2092078039
网　　址	http://www.courtbook.com.cn
E－mail	courtpress@sohu.com
印　　刷	上海宝联电脑印刷有限公司
经　　销	新华书店
开　　本	787毫米×1092毫米　1/16
字　　数	286千字
印　　张	19.5
版　　次	2024年6月第1版　2024年6月第1次印刷
书　　号	ISBN 978-7-5109-4140-5
定　　价	78.00元

版权所有　侵权必究

序

　　私募基金相关纠纷，近年来为商事争议解决领域的一大热点，不仅关系到投资者的权益保护，其裁判规则也深刻影响着金融市场的稳定和健康发展。本书从争议解决视角出发，深入剖析私募基金诉讼争议中的核心问题，对于推动相关领域理论研究与实践探索具有重要意义。

　　私募基金投资过去几年在我国蓬勃发展，其作为资本市场的重要力量，为投资者提供了更为丰富的投资选择和机会。然而，由于前期的野蛮发展，与之相伴的诉讼争议问题也日益凸显。如何依法保护投资者的合法权益，如何确保私募基金的合规运营，如何维护金融市场的公平、公正和透明，这些都是我们需要深入思考和解决的问题。

　　本书以私募基金"募集—投资—管理—退出"全周期为脉络，着眼于私募基金内部当事人之间，以及私募基金作为对外投资主体与交易对手之间的纠纷，高度关注监管规则对争议解决的影响，精选十五个私募基金内部和外部热点争议的司法实践问题进行梳理分析，通过科学研究方法分析并提出结论，为私募基金管理人、投资者等多方主体提供参考。

同时，通过大量的案例分析和理论探讨，本书不仅揭示了私募基金诉讼争议中的法律难题，也提出了针对性的解决方案和建议。这对于我们理解私募基金诉讼争议的本质，提升投资者权益保护水平，促进金融市场健康发展具有重要的参考价值。此外，本书还尤为注重理论与实践的结合，不仅深入剖析了私募基金诉讼争议的理论问题，也关注了其在实践中的应用和发展。

我相信，本书的出版将为广大投资者、金融机构、监管部门以及法学研究者提供有益的参考和借鉴，为推动金融市场健康发展贡献智慧和力量。最后，感谢本书的作者们，我也期待更多的学者和实务人士能够关注私募基金诉讼争议问题，共同推动这一领域的研究和实践不断向前发展。

杨代雄

2024.5.23

---

* 杨代雄，华东政法大学教授、博士生导师、法律学院民商法教研室主任，法学博士，德国科隆大学高级访问学者，上海市"曙光学者"，第五届上海市优秀中青年法学家，兼任中国民法学研究会理事。主要研究领域为民法基础理论、物权法、担保法、公司法，著有《法律行为论》(被评为2021年度全国"十大法治图书")、《民法总论》等，编著有《袖珍民法典评注》等代表性作品，累计在《法学研究》《中国法学》《中外法学》等刊物发表学术论文70余篇。

凡 例

1. 法律一般使用简称，省略名称中的"中华人民共和国"，如《中华人民共和国民法典》简称民法典。

2. 其他规范文件一般使用全称或规范简称（见常用规范简称对照表）。

常用规范简称对照表

文件全称	文件简称
《私募投资基金监督管理条例》	《私募监管条例》
《私募投资基金监督管理暂行办法》	《私募监管办法》
《全国法院民商事审判工作会议纪要》	《九民纪要》
《最高人民法院关于适用〈中华人民共和国公司法〉若干问题的规定（三）》	《公司法解释三》
《最高人民法院关于适用〈中华人民共和国公司法〉若干问题的规定（四）》	《公司法解释四》
《企业国有资产交易监督管理办法》	《国资交易监管办法》
《中国人民银行、中国银行保险监督管理委员会、中国证券监督管理委员会、国家外汇管理局关于规范金融机构资产管理业务的指导意见》	《金融机构资管指导意见》
《私募投资基金合同指引1号（契约型私募基金合同内容与格式指引）》	《私募投资基金合同指引1号》

目录

上编　疑难问题解析

- 3 >> 契约型基金管理人和投资人的法律关系性质认定
- 11 >> 违反合格投资者标准及适当性义务对私募基金合同效力影响之研究
- 26 >> "管理人未登记或基金产品未备案"的基金合同效力问题研究
- 36 >> 私募基金保底条款的效力问题研究
- 46 >> 私募基金有限合伙人权利边界探寻及有限责任之突破
- 60 >> 契约型私募基金投资人的知情权问题研究
- 75 >> 契约型私募基金下托管人的职责边界
- 87 >> 回购型对赌在履行减资程序中的困境与对策
- 97 >> PE/VC诉请公司履行"现金补偿"条款的疑难解析
- 113 >> 私募基金有限合伙人之间对赌的路径探究
- 119 >> 国有股权补偿条款效力问题检视
- 135 >> 有限合伙人代表诉讼实务问题解析
- 146 >> 私募基金"名股实债"投资下的股权让与担保
- 156 >> 私募基金投资者损害赔偿请求权中损害要件之认定
  ——从基金清算与损害认定关系的角度分析
- 167 >> 私募基金中的刑事犯罪风险分析
  ——以非法吸收公众存款罪为切入

下编 相关法律规范

一、法律

177 >> 中华人民共和国证券投资基金法（节录）
（2015 年 4 月 24 日修正）

208 >> 中华人民共和国合伙企业法（节录）
（2006 年 8 月 27 日）

223 >> 中华人民共和国信托法（节录）
（2001 年 4 月 28 日）

二、行政法规

231 >> 私募投资基金监督管理条例
（2023 年 7 月 3 日）

三、司法指导性文件

247 >> 全国法院民商事审判工作会议纪要（节录）
（2019 年 9 月 11 日）

四、其他相关文件

251 >> （一）部门规章

281 >> （二）规范性文件

303 >> （三）行业规定

上编
疑难问题解析

契约型基金管理人和投资人的法律关系性质认定

问题的提出

2018年3月,A公司与B公司签署《股权收益权转让及回购合同》,约定A公司自主设立某私募基金产品并分期募集资金,根据投资安排分期投资于B公司持有的股权收益权,B公司拟向A公司分期转让其合法持有的公司股权收益权,并由B公司按照合同约定时间和价格分期回购。2018年7月,投资人甲与A公司签署《私募基金合同》,约定投资人甲认购该基金产品第6期基金份额并约定将涉案私募基金募集资金主要投资于B公司持有的股权收益权。

在涉案私募基金存续期间,因股权收益权回购交易已经到期,而B公司未按照《股权收益权转让及回购合同》约定支付股权收益权回购款。投资人甲认为A公司作为该私募基金产品的管理人,已违反《私募基金合同》项下管理人义务(未告知私募基金投资及资产处置情况且怠于对底层交易违约情形追索),投资人甲遂以B公司为被告、A公司为第三人诉至法院,要求B公司向其支付股权收益权回购价款。在本案具体审理过程中,争议焦点之一即为投资人甲作为私募基金份额持有人与私募基金管理人A公司之间法律关系性质如何认定。

投资人甲主张:其与A公司之间系委托代理法律关系,根据民法典第九百二十六条之规定,受托人以自己的名义与第三人订立合同时,第三人不知道受托人与委托人之间的代理关系的,受托人因第三人的原因对委托人不履行义务,受托人应当向委托人披露第三人,委托人因此可以行使受托人对第三人的权利。但是,第三人与受托人订立合同时如果知道该委托人就不会订立合同的除外。故其有权直接向B公司主张权利。

A公司、B公司主张：投资人甲与A公司之间系信托法律关系项下的证券投资基金特别法律关系，投资人甲无权直接向B公司主张权利。

上述案例中双方争议的就是关于契约型私募基金项下投资人与基金管理人法律关系定性问题。契约型私募基金是通过订立基金合同的形式而设立的私募基金，其主要参与主体包括投资人与基金管理人、基金托管人（如有），并通过基金合同的约定来确定各方的权利义务。相较于公司型私募基金及合伙型私募基金而言，契约型私募基金设立更为简单便捷（仅需签订基金合同），退出方式也更为灵活（不需办理相应变更登记），但因其本身不具备公司、合伙等法人组织形式，故在确定投资者与基金管理人之间法律关系时容易产生较多争议，从案例可以看出，双方之间可能会被认为系委托关系、信托关系或是其他法律关系。

在契约型基金模式下，管理人和投资人之间的法律关系的定性对双方权利义务会产生较大影响。而司法实践中，裁判机构对于投资人与基金管理人之间的法律关系也存在不同的认定。因此，笔者试图通过对现有理论实践观点进行汇总分析，以探讨此问题的法律适用及合理解决方案。

问题解析

一、司法实践中对于投资人与基金管理人关系定性的不同裁判观点

经过检索私募基金合同法律性质的相关案例，笔者发现，法院在认定私募基金合同法律性质时，主要有以下三种裁判观点：

裁判观点一：判定投资人与基金管理人之间签署的私募基金合同属于信托法律关系。

案例举例：深圳前海合作区人民法院（2018）粤0391民初2797号判决书。法院认为，在司法层面上，对于如何将私募投资基金纳入我国固有法律体系中相应的概念、范畴，还没有展开充分的讨论。鉴于契约型私募投资基金系投资人基于对基金管理人的信赖，将其财产委托给基金管理人，由基金管理人以自己的名义，为投资人的利益进行管理的活动，司法实践中一般将契约型私募投资基金中的投资人与基金管理人之间的关系认定为信托关系，并适用有关信托法律规定。信托法第二条规定，信托是指委托人基于对受托人的信任，将其财产权委托给受托人，由受托人按委托人的意愿以自己的名义，为受益人的利益或者特定目的，进行管理或者处分的行为。本案原告宁某英与被告帝贸公司之间成立的私募股权投资基金的投资、募集和委托管理关系，符合信托法关于信托的定义，应当适用该法的有关规定。

裁判观点二：判定投资人与基金管理人之间签署的私募基金合同属于委托法律关系。

案例举例：广东省深圳市中级人民法院（2021）粤03民终148号判决书。法院认为，被告公司系具有合法资质的私募基金管理人，案涉基金合法成立并在中国证券投资基金业协会办理了备案，该基金的设立符合相关管理性规定。本案当事人基于真实意思签订的私募投资基金合同中，庄某系委托人，被告公司系受托人，被告公司依据投资人庄某的委托而对其合法所有的财产进行管理和处分，在约定的投资期限届满后，被告公司负有依据合同约定对基金财产进行清算并向投资人分配的义务。合同签订后双方即形成了针对案涉私募投资基金的委托理财合同关系。

裁判观点三：判定投资人与基金管理人之间签署的私募基金合同符合民间借贷合同的特征，应认定为借贷法律关系。

案例举例：浙江省杭州市西湖区人民法院（2019）浙0106民初3139号判决书。法院认为，原告和被告公司虽签订了私募基金合同，但从投资确认函的内容及双方实际履行情况来看，原告向被告公司提供资金120万元，不承担任何投资风险，且可获得被告公司按照年利率10%定期支付的固定收益，双方之间的法律关系更符合民间借贷的合同特征。故本案的法律关系应认定为民间借贷。

结合上述不同法院的裁判观点，我们发现，虽然各法院对于投资人与基金管理人之间法律关系定性各有不同，但其论述角度均是从各案件中投资人与基金管理人所签署的私募基金合同所约定的具体内容出发，认为其所约定的各方权利义务更符合信托法律关系、委托法律关系或借贷法律关系的法律特征，从而认定私募基金合同的法律性质。

对此，笔者认为，信托法律关系与委托法律关系虽有一定相似之处，但各自界限还是相对清晰的。在探讨契约型私募基金项下投资人与基金管理人法律关系问题时，应首先区分上述不同法律关系之间的显著特点，再结合其签署私募基金合同所具体约定的各方权利义务予以进一步分析认定。故下文将针对此解决思路展开详细论证，考虑到实践中对于认定除委托关系和信托关系以外的情形较少且并非典型，故着重论述信托关系与委托关系的情形。

二、信托关系与委托关系的比较分析

（一）信托关系的概念和主要特征

信托法第二条规定，本法所称信托，是指委托人基于对受托人的信任，将其财产权委托给受托人，由受托人按委托人的意愿以自己的名义，为受益人的利益或者特定目的，进行管理或者处分的行为。

一般而言，信托关系具有以下明显特征：信托关系具有三方主体，即委托人、受托人及受益人（在自益信托的情况下，委托人与受益人为同一人）；委托人将信托财产"委托"给受托人后，信托财产应独立于委托人和受托人自有财产；受托人须以自己的名义管理或处分信托财产，其管理或处分的行为应受委托人的利益或特定目的的约束。

（二）委托关系的概念和主要特征

民法典第九百一十九条规定，委托合同是委托人和受托人约定，由受托人处理委托人事务的合同。

委托关系一般具有以下特征：委托关系仅有两方主体，委托人和受托人；受托人系按照委托人的指示，以自己或委托人名义来管理。委托人所处理的财产本质上仍属于受托人；委托可以有偿，也可以无偿；委托关系双方均享有任意解除权。

（三）信托关系和委托关系的实质性区分

信托关系与委托关系存在一定的相似性，甚至于信托法中对"信托"的定义也使用了"委托"一词，导致在认定信托关系或是委托关系时容易出现混淆。但其实信托关系与委托关系在很多方面还是存在显著差异的，因此，若将投资人与基金管理人之间的法律关系误定为信托关系或是委托关系的，将会导致当事人的权利义务关系在以下方面存在差异（见表1）。

表1 具体问题在不同法律关系中相关权利义务关系的差异

序号	具体问题	信托关系	委托关系
1	基金财产是否具有独立性？	信托财产具有风险隔离功能，基金财产独立于投资者或管理人的固有财产，具有独立性（信托法第十四条至第十八条）	不具有独立性
2	是否可以随意解除私募基金合同？	投资者虽可解除合同，但受到一定限制（信托法第五十条）	投资者和管理人均有权随时解除合同（民法典第九百三十三条）
3	投资者是否可以撤销基金管理人的不当处分行为？	若基金管理人违反基金合同目的处分基金财产或者因违背管理职责、处理信托事务不当致使基金财产受到损失的，委托人有权申请人民法院撤销该处分行为（信托法第二十二条）	无明确相关法律规定
4	投资者是否需要和管理人承担连带责任？	无明确法律规定	如投资者明知基金管理人在执行基金事务时存在违法行为的，投资者需要承担连带责任（民法典第一百六十七条）
5	基金管理人是否有权自行决定执行基金事务？	无明确法律规定。基金管理人有更多的自主管理权限，同样地，也应当承担更严格的审慎管理义务	基金管理人应当按照投资者的指示执行基金事务（民法典第九百二十二条）

续表

序号	具体问题	信托关系	委托关系
6	投资者能否介入基金与第三方之间的法律关系？	无相关规定	可以（民法典第九百二十五、第九百二十六条）。如本文一开篇的案例中，如认定投资人甲与管理人A公司系委托关系的，则其可以介入A公司与B公司的合同关系中，即有权起诉B公司
7	基金管理人将其义务委托第三人时是否仍需要担责？	需要承担责任（信托法第三十条）	如投资者同意转委托的，不需要承担责任（民法典第九百二十三条）

三、私募基金常见范式合同项下的法律关系认定

正因为不同法律关系项下投资者和基金管理人的权利义务均存在显著的区别。故在认定投资者与基金管理人法律关系时，应当通过其所签署的私募基金合同中各方显著的权利义务内容来判定究竟属于信托关系还是委托关系。

中国证券投资基金业协会发布的《私募投资基金合同指引1号》载明：管理人通过契约形式募集设立私募证券投资基金的，应当按照本指引制定私募基金合同；私募基金管理人通过契约形式募集设立私募股权投资基金、创业投资基金和其他类型投资基金应当参考本指引制定私募基金合同。根据《私募投资基金合同指引1号》对于私募基金合同内容的规定，笔者认为在目前私募基金的范式合同项下，当事人间的法律关系更可能被认定为信托关系。

第一，就受托财产的转移及其独立性而言，《私募投资基金合同指引1号》第三十八条规定私募基金合同应当说明：（1）私募基金财产应独立于私募基金管理人、私募基金托管人的固有财产，并由私募基金托管人保管。私募基金管理人、私募基金托管人不得将私募基金财产归入其固有财产。（2）私募基金管理人、私募基金托管人因私募基金财产的管理、运用或者其他情形而取得的财产和收益归入私募

基金财产。(3)私募基金管理人、私募基金托管人以其固有财产承担法律责任,其债权人不得对私募基金财产行使请求冻结、扣押和其他权利。私募基金管理人、私募基金托管人因依法解散、被依法撤销或者被依法宣告破产等原因进行清算的,私募基金财产不属于其清算财产。(4)私募基金管理人、私募基金托管人不得违反法律法规的规定和基金合同约定擅自将基金资产用于抵押、质押、担保或设定任何形式的优先权或其他第三方权利。(5)私募基金财产产生的债权不得与不属于私募基金财产本身的债务相互抵消。非因私募基金财产本身承担的债务,私募基金管理人、私募基金托管人不得主张其债权人对私募基金财产强制执行。上述债权人对私募基金财产主张权利时,私募基金管理人、私募基金托管人应明确告知私募基金财产的独立性。上述内容均体现了信托法律关系项下信托财产的独立性特征。

第二,就基金管理人处理财产事务时的权限而言,《私募投资基金合同指引1号》第二十条、第二十七条分别规定:私募基金管理人按照基金合同约定,独立管理和运用基金财产;投资者不得违反基金合同的约定干涉基金管理人的投资行为。上述内容更符合信托法律关系项下受托人的主动管理——基金管理人以自己名义主动进行资产管理,在合同约定范围内享有充分的自主权。而非委托关系项下受托人按照委托人的指示被动管理。

第三,从解除权行使来看,《私募投资基金合同指引1号》第二十八条赋予了份额持有人大会有权提前终止基金合同,而未赋予投资者有任意解除权。

第四,《私募投资基金合同指引1号》第二十三条约定了基金管理人聘用其他基金管理人担任投资顾问的,并不因委托或该委托经过投资者的同意而免除其自身责任。

综上,笔者认为,就《私募投资基金合同指引1号》所规定的私募基金合同的内容要点来看,其更趋于信托法律关系的特征,此时更容易被认定为信托法律关系。中国证券投资基金业协会在《私募投资基金合同指引1号》起草说明中也明确指出:"契约型基金本身不具备法律实体地位,其与基金管理人的关系为信托关系。"

引申探讨

如前所述,在部分案例中法院以私募基金合同存在保底条款或刚兑条款而认定合同性质实质为借款合同。《九民纪要》第九十二条第一款规定,信托公司、商业银行等金融机构作为资产管理产品的受托人与受益人订立的含有保证本息固定回报、保证本金不受损失等保底或者刚兑条款的合同,人民法院应当认定该条款无效。受益人请求受托人对其损失承担与其过错相适应的赔偿责任的,人民法院依法予以支持。私募基金合同存在保底条款或刚兑条款的,究竟应认定其属于借款合同,抑或应参照适用《九民纪要》上述规定,认定私募基金合同中的此类条款无效,存在较大争议,具体分析可见下文《私募基金保底条款的效力问题研究》。

法律建议

从中国证券投资基金业协会发布的《私募投资基金合同指引1号》来看,其所约定的内容更符合信托关系的特征,但并不意味着所有私募基金合同的法律性质一概被认定为信托关系。上海金融法院发布的《私募基金纠纷法律风险防范报告》中也仅仅是建议私募基金合同应明确载明管理人与投资者之间的法律关系性质,明确管理人负有的义务性质为信义义务、受托代理义务或其他义务。

目前,司法实践中虽然对于判定涉案基金合同究竟是信托合同还是委托合同的裁判观点不一,但裁判路径基本一致,即通过私募基金合同所约定的当事人的权利义务来综合判断,此时法院可能考虑的因素包括:投资者是否交付财产、基金财产是否具有独立性、是否以管理人自己的名义管理、管理人是否主动直接参与管理等。因此,建议私募基金合同的当事方应根据自身交易目的,对合同项下各自的权利义务进行明确的约定。

违反合格投资者标准及适当性义务对私募基金合同效力影响之研究

问题的提出

某光投资公司（以下简称某光公司）是一家从事创业投资、资产管理、实业投资的公司，具有基金管理人资格。2017年10月17日，新某光投资中心（有限合伙）基金（以下简称新某光私募）成立。某光公司为新某光私募的执行事务合伙人，由某光公司投融资部总经理王某1全权经办。

2017年12月，王某1的配偶陈某1在同学微信群中向陈某2、李某、王某2、张某等人介绍王某1负责的新某光私募项目，陈某1建议微信群中的朋友拼300万元购买，产品期限为"2+2"，保底"6.5%+35%"利润分成。此后，李某、王某2、张某等人与陈某2分别签署《代持协议》，前者分别将投资款100万元、60万元、40万元打入陈某2的账户，委托陈某2购买基金产品并代持基金份额。在王某1的主持下，陈某2对《投资者信息表》《投资者风险测评问卷》《借记卡账户历史明细清单》《投资者风险匹配告知书及投资者确认函》《基金回访确认书》予以确认并签字，据此陈某2和某光公司签订私募股权基金合同。陈某2作为单一投资人将上述代持资金200万元及自有资金100万元，合计300万元统一打入某光公司的募集账户，陈某2成为新某光私募的基金份额持有人。

2020年9月，陈某2发现新某光私募存在投资风险，在与某光公司交涉无果的情况下，遂向法院提起诉讼，请求确认基金合同无效,并要求某光公司返还全部投资本金及利息。本案中投资者陈某2用于投资私募基金的300万元并非全部是其自有资金,其中200万元实系陈某2私下募集而来;而王某1作为某光公司投融资部总经理,明知陈某2私下募集拼凑300万元投资款,仍与陈某2签订基金合同。在此情况下,双方对于投资人陈某2能否主张本案合同无效及投资款返还产生巨大争议。

近年来,随着金融行业监管体制改革不断深化,有关私募基金合同效力的纠纷大幅增长,在私募基金不能正常兑付或者出现大额亏损的情况下,投资者往往会主张基金合同无效,意图让基金管理人返还投资本金并承担一定利息。其中,投资者以自身不满足合格投资者标准主张基金合同无效的案例大量涌现。由此带来的争议问题是:如何理解"合格投资者"和"适当性义务"两个概念,投资者不属于合格投资者、基金管理人未尽适当性义务是否影响基金合同的效力?笔者梳理、汇总目前法律法规及司法裁判观点,通过探究合格投资者标准规定的规范目的及不同合同效力认定所带来的影响及后果,对此问题进行探讨。

问题解析

一、概念辨析

(一)合格投资者标准

"受人之托、代人理财"是私募股权投资基金管理的本质,其存在着双重委托受托关系下的道德风险。具备股权投资价值的中小型企业,其企业创新与发展离不开创新资本与新技术、新理念、新创意的融合与联动作用。但二者的结合存在"双边信任困境":投资者付出资本之前,必须获得影响其投资决策的企业新技术、新理念、新创意等商业秘密,其才能确信其资本投有所值;但融资方须确保投资者不会"变相窃取"其包括上述新技术、新理念、新创意在内的商业秘密。控制权与所有权的分离,为解决上述双边信任困境提供了理论基础，但不可避免地落入了另一窠臼：募投双方之间存在严重的信息不对称。公开发行方式募集资金为解决上述困境确立了注册制，其对信息不对称的弥补发力在产品端；私募股权投资基金解决募投双方信息不对称的问题主要凭借合格投资者制度。

证券投资基金法第八十七条规定："非公开募集基金应当向合格投资者募集，合格投资者累计不得超过二百人。""前款所称合格投资者，是指达到规定资产规模或者收入水平，并且具备相应的风险识别能力和风险承担能力、其基金份额认购金额不低于规定限额的单位和个人。""合格投资者的具体标准由国务院证券监督管理机构规定。"证券投资基金法针对私募"证券"投资基金确立了合格投资者标准，基于该法调整对象限定于证券投资基金，无法直接适用于私募"股权"投资基金。

2014年中国证监会颁布实施《私募监管办法》，第十二条明确规定各类私募投资基金应当向合格投资者募集，并进一步明确了合格投资者的具体标准："私募基金的合格投资者是指具备相应风险识别能力和风险承担能力，投资于单只私募基金的金额不低于100万元且符合下列相关标准的单位和个人：（一）净资产不低于1000万元的单位；（二）金融资产不低于300万元或者最近三年个人年均收入不低于50万元的个人。""前款所称金融资产包括银行存款、股票、债券、基金份额、资产管理计划、银行理财产品、信托计划、保险产品、期货权益等。"该规定首次将合格投资者标准的适用范围扩大至除私募证券投资基金以外的其他类型私募投资基金。但由于《私募监管办法》的立法层级为部门规章，实践中有的法院因《私募监管办法》不属于法律、行政法规，从而认为违反该条并不导致私募股权基金合同无效。

2018年，中国人民银行、银保监会、证监会、外管局联合发布银发〔2018〕106号《金融机构资管指导意见》，对包括私募基金在内的资管产品之合格投资者标准予以明确规定："合格投资者是指具备相应风险识别能力和风险承担能力，投资于单只资产管理产品不低于一定金额且符合下列条件的自然人和法人或者其他组织。（一）具有2年以上投资经历，且满足以下条件之一：家庭金融净资产不低于300万元，家庭金融资产不低于500万元，或者近3年本人年均收入不低于40万元。（二）最近1年末净资产不低于1000万元的法人单位。（三）金融管理部门视为合格投资者的其他情形。""合格投资者投资于单只固定收益类产品的金额不低于30万元，投资于单只混合类产品的金额不低于40万元，投资于单只权益类产品、单只商品及金融衍生品类产品的金额不低于100万元。""投资者不得使用贷款、发行债券等筹集的非自有资金投资资产管理产品。"《金融机构资管指导意见》的规制对象资管产品包括私募基金，虽然《私募监管办法》已明确规定私募投资基金的合格投资者标准，但《金融机构资管指导意见》对私募合格投资者标准作了进一步完善，即不仅以客观资产或收入为衡量标准，而且与投资者主观投资经验、知识等相结合，要求投资者在具备一定财富基础的同时，还应具备一定的投资经验。

经梳理以上法律法规沿革可知，我国基本确立了私募股权投资基金的合格投资者标准：投资者应具备相应风险识别能力和风险承担能力，投资于单只私募基金的金额不低于100万元。对于单位投资者，净资产不低于1000万元；对于个人投资者，金融资产不低于300万元或者最近三年个人年均收入不低于50万元。

（二）机构适当性义务

随着我国金融市场的发展，我国在金融市场建设中也引进了适当性义务，相关规定由原则、抽象趋向充实具体，逐步构建起我国的适当性管理制度。

最早在2012年修订的《证券投资基金法》中，第九十九条明确规定私募证券投资基金销售机构的适当性义务，即基金销售机构应当向投资人充分揭示投资风险，并根据投资人的风险承担能力销售不同风险等级的基金产品。

2014年《私募监管办法》第十七条规定也提及了私募投资基金机构适当性义务的概念：私募基金管理人自行销售或者委托销售机构

销售私募基金，应当自行或者委托第三方机构对私募基金进行风险评级，向风险识别能力和风险承担能力相匹配的投资者推介私募基金。

2016年颁布，经2020年、2022年两次修正的《证券期货投资者适当性管理办法》（以下简称《适当性管理办法》）第三条规定对于适当性义务内涵进一步明确：对于私募证券投资基金、私募股权投资基金，经营机构应当遵守法律、行政法规、本办法及其他有关规定，在销售产品或者提供服务的过程中，勤勉尽责，审慎履职，全面了解投资者情况，深入调查分析产品或者服务信息，科学有效评估，充分揭示风险，基于投资者的不同风险承受能力以及产品或者服务的不同风险等级等因素，提出明确的适当性匹配意见，将适当的产品或者服务销售或者提供给适合的投资者，并对违法违规行为承担法律责任。

2019年发布的《九民纪要》第七十二条明确规定了卖方机构（包括金融产品发行人、销售者以及金融服务提供者）的适当性义务，即卖方机构在向金融消费者推介、销售银行理财产品、保险投资产品、信托理财产品、券商集合理财计划、杠杆基金份额、期权及其他场外衍生品等高风险等级金融产品，以及为金融消费者参与融资融券、新三板、创业板、科创板、期货等高风险等级投资活动提供服务的过程中，必须履行的了解客户、了解产品、将适当的产品（或者服务）销售（或者提供）给适合的金融消费者等义务。卖方机构承担适当性义务的目的是确保金融消费者能够在充分了解相关金融产品、投资活动的性质及风险的基础上作出自主决定，并承受由此产生的收益和风险。在推介、销售高风险等级金融产品和提供高风险等级金融服务领域，适当性义务的履行是"卖者尽责"的主要内容，也是"买者自负"的前提和基础。

基于上述法律法规，私募基金机构的适当性义务主要包括了解客户、了解产品、适当销售三大方面。对于适当性义务的具体内涵和实务操作标准，法律法规层面未有明确规定。中国证券投资基金业协会发布的行业规范《私募投资基金募集行为管理办法》（以下简称《募集行为管理办法》），对私募基金管理人在基金募集过程中应履行的各项程序予以规定，可作为私募基金机构履行适当性义务的参考。

关于"了解客户"。私募基金管理人是否对潜在投资者进行风险测评和对合格投资者资格进行确认，是判断私募基金管理人是否履行适当性义务的重要内容，也是管理人向潜在投资者推介"与其风险识别和承受能力相匹配的"私募基金的前提。因而，私募基金管理人应当通过科学有效的问卷调查等方式，对潜在投资者的风险识别和承受能力进行评估，同时，还应严格审核潜在投资者提供的资产、收入证明文件，并要求其作出书面承诺。换言之，管理人应尽一切合理努力确认潜在投资者是否系合格投资者，并了解其风险识别和承受能力。《募集行为管理办法》第二十七条明确规定："在完成私募基金风险揭示后，募集机构应当要求投资者提供必要的资产证明文件或收入证明。募集机构应当合理审慎地审查投资者是否符合私募基金合格投资者标准，依法履行反洗钱义务，并确保单只私募基金的投资者人数累计不得超过《证券投资基金法》、《公司法》、《合伙企业法》等法律规定的特定数量。"

关于"了解产品"。私募基金机构充分了解所推介的产品并对其进行风险分级是向潜在投资者最终销售该产品的前提条件。如管理人对所推介的产品没有清晰的认识，亦未对其进行风险分级（即不清楚产品的风险等级），则无法判断该产品是否适合潜在投资者（即是否与其风险识别和承受能力相匹配）。

关于"适当销售"。在了解潜在投资者和所推介的基金产品的基础上，私募基金管理人为确保自身准确、全面履行投资者适当性义务，还应当将"适当的"基金产品销售给"适合的"基金投资者，即向潜在投资者销售与其风险识别和承受能力相匹配的基金产品。在这一阶段，基金管理人至少应履行告知说明、适当推荐和回访确认三方面的义务。

（三）概念区分

前文已介绍了我国合格投资者标准与机构适当性义务的基本内涵。二者之间是何关系，又存在何种关联与界限，是分析二者对基金合同效力影响有必要厘清的前提。

有观点认为，合格投资者制度侧重于投资者进入私募基金市场的准入门槛，以适当性义务为核心的投资者适当性制度侧重于程序上的规制，体现的是基金管理人对合格投资者承担的信义义务。简言之，投资者适当性制度以合格投资者为基础，是加强投资者保护的程序性手段。

然而较多观点则认为，机构适当性义务与合格投资者制度有重大区别。一方面，二者发挥作用的路径不同。合格投资者制度是从投资者的主体资格方面构建的一项刚性的、静态的市场准入制度，通常适用于某个市场整体，譬如私募市场、新三板市场和最近设立的科创板市场等；而适当性义务的约束对象是金融机构，对其在提供金融服务和产品时施加交易对象、内容和程序等方面的要求，是一套柔性的、动态的行为监管规则，通常适用于投资者个体，具体运用因人而异。另一方面，二者体现的监管策略不同。合格投资者制度属于事前监管，对投资者进行甄别，只让某些符合条件的投资者进入市场，而他们进入市场后就要自行承担投资风险；适当性义务属于事中监管，关注金融机构与消费者的交易过程，金融机构有义务保证其销售产品与投资者的适当匹配，包括机构投资者的匹配。因此，不能将合格投资者制度等同于适当性义务规则，认为只要是合格投资者就自动符合适当性，从而金融机构可以豁免适当性义务。

从境外经验看，合格投资者并不自动排除适当性义务的适用。美国 FINRA 规则第 2111(b) 条明确规定，当客户是合格投资者时，只有同时满足以下两个条件，金融机构才能视为履行了适当性义务：第一，金融机构存在合理基础相信合格投资者有能力独立评估相关的投资风险；第二，合格投资者明确表明其正在独立判断金融机构的产品推荐建议。

我国《九民纪要》对于机构适当性义务的免责事由亦有所规定，因金融消费者故意提供虚假信息、拒绝听取卖方机构的建议等自身原因导致其购买产品或者接受服务不适当，卖方机构请求免除相应责任的，人民法院依法予以支持，但金融消费者能够证明该虚假信息的出具系卖方机构误导的除外。卖方机构能够举证证明根据金融消费者的既往投资经验、受教育程度等事实，适当性义务的违反并未影响金融消费者作出自主决定的，对其关于应当由金融消费者自负投资风险的抗辩理由，人民法院依法予以支持。

综上可知，合格投资者制度和适当性义务的区别在于，私募投资基金市场的法定准入门槛，是一项客观标准；而机构适当性义务属于对机构向投资者提供私募基金产品所施加交易对象、内容和程序等方面的要求，是对私募基金机构的约束。因此，交易对象符合合格投资者标准，并不必然得出机构未违反适当性义务；而交易对象不符合合格投资者标准，也不必然得出机构未履行适当性义务（如投资者故意提供虚假信息等情形）。二者之间的关联性在于，私募基金机构履行适当性义务的内容，包括确认交易对象是否符合合格投资者标准。

二、对基金合同效力的影响

在私募基金出现兑付困难和退出困难时，不少投资者以其不是合格投资者为由向法院提起诉讼，主张其所签订的私募基金合同违反上述规定应属无效，要求私募基金管理人返还其投资本金。虽然证监会《关于加强私募投资基金监管的若干规定》第六条再次重申不得向非合格投资者募集，但是不符合合格投资者标准、未尽到适当性义务是否必然导致基金合同无效仍然存在争议。

本文前述案例中，陈某2通过代持李某、王某2、张某合计200万元款项达到300万元的金融资产标准，其个人并非《私募监管办法》规定的合格投资者；而某光公司投融资部总经理王某1明知陈某2不符合合格投资者却仍向其推介私募基金产品，已违反适当性义务。本文将基于此案例情景，对合格投资者标准违反对基金合同效力的影响展开论证探讨。

（一）司法裁判观点

经检索相关裁判案例，对于违反合格投资者标准，私募基金合同存在有效说和无效说两种观点。

持有效说的理由之一为，合格投资者制度涉及的证券投资基金法及《私募监管办法》不属于法律、行政法规禁止性规定，且未违反公序良俗，故基金合同合法有效。如（2020）京02民终7993号案中，一审法院认为："《中华人民共和国证券投资基金法》关于合格投资者的相关规定属于管理性强制性规定，而非效力性强制性规定，而暂行办法系由中国证券监督管理委员会发布的部门规章，不属于法律、行政法规，本案亦不存在违反公序良俗的情形。上述法律规章关于合格投资者的规定目的在于保护投资者，避免投资者购买与其承受能力不匹配的投资产品……教育基金会与盈泰公司及西创公司签订的《转让协议》系各方真实意思表示，协议内容未违反国家法律、行政法规的强制性规定，应属合法有效。"二审法院认为："私募基金引入合格投资者制度，其目的在于保护投资人，在一定程度上起到风险提示与风险阻遏作用，是行政管理的需要。综上，《中华人民共和国证券投资基金法》第八十七条、第九十一条属于管理性强制性规定，并非效力性强制性规定，盈泰公司是否为合格投资人不影响案涉《转让协议》的效力。"

持有效说的理由之二为，合格投资者规定的立法目的在于保护投资者利益，如投资者明知不符合合格投资者标准仍投资的，损害的是个人利益，未危害到社会公共利益，故违反合格投资者标准并不导致基金合同无效。如（2020）京民终114号案中，一审法院认为："证券投资基金法、《私募投资基金监督管理暂行办法》规定的有关合格投资者的制度，其主要目的在于保护投资者利益，避免不具有风险识别能力和风险承担能力的投资者作出不适当的投资行为。投资者明知自己不是合格投资者但仍然进行投资的，损害的是投资者本人利益。因此，稳嘉股权企业、壹泽资本公司关于《转让合同》无效的主张，缺乏法律依据，一审法院不予采信。"二审法院认为："《私募投资基金监督管理暂行办法》中关于私募基金合格投资者的规定并非法律、行政法规强制性规定。监管部门制定有关合格投资者适当性管理的制度，其目的主要在于保护投资者利益，避免不具有风险识别能力和风险承受能力的投资者进行投资而受到损失。故即便如壹泽资本公司所称稳嘉股权企业并非合格投资者，但由于稳嘉股权企业在明知自身并非合格投资者的情况下，仍然与中融信托公司签订《转让合同》，其损害的是自身利益，并未损害金融秩序与社会公共利益，《转让合同》的效力不受稳嘉股权企业是否为合格投资者的影响。"

相较而言，无效说观点主要认为，违反合格投资者规定属于悖俗行为，基金合同当然无效。如（2019）粤0304民初26746号案、（2019）粤0304民初16322号案中，一审法院均认为："现有证据无法证明原告系具备风险识别能力和风险承担能力的合格投资者。因原告并非合格投资者，其与被告中晟达陆号（有限合伙）之间的基金合同违反了《私募投资基金监督管理暂行办法》关于私募基金应当向合格投资者募集的相关规定，属于《中华人民共和国民法总则》第一百五十三条第二款违背公序良俗之规定的情形，应当认定为无效。"

（二）笔者观点

私募的起源与公募密不可分。如前文所述，为解决投资方和融资方信息不对称的问题，公募产品建立了注册制，即发行人应充分履行主管机关规定的信息披露义务，将与证券发行有关的一切信息予以公开，使投资者能够基于足够的信息基础进行投资决策。然而，对于私募产品是否同样需要注册制下的信息保护，最早在美国SEC v. Ralston Purina Co.346 U.S.119(1953)案中明确，私募产品投资者是"可以获得那些通过登记注册所能披露的信息"的，因而不需要通过注册制对其提供保护。因此，与公募相区分的是，私募具有披露豁免的特性，这意味着投资者必须具备一定的风险识别能力和风险承受能力。

因此，笔者认为，私募基金合格投资者制度的规范目的在于两方面：第一，建立和维持私募市场秩序。私募与公募市场在募集对象、披露要求、产品特性等方面均不同，基于私募产品披露豁免以及高风险高收益的特性，而设定与之相匹配的投资者准入门槛，是为了区分公募和私募市场，建立和维持不同的投资市场生态。第二，保护投资者利益。由于私募产品具有披露豁免、高风险高收益的特性，普通的、不成熟投资者难以识别和承受该投资风险，极易遭受损失；设定投资者准入门槛，能够有效避免风险识别能力和风险承受能力不足的投资者进入市场，保护投资者利益。

基于此，笔者认为违反合格投资者标准不会导致基金合同无效，具体阐述如下：

第一，判断合同效力须探讨分析其无效抑或有效是否更有利于实现规范目的。一般来说，投资者在投资私募产品时均须承担投资风险，即如果产品无法实现收益将面临本金亏损。然而，在认定违反合格投资者标准导致基金合同无效的情形下，由于投资者在亏损情况下仍可根据民法典第一百五十七条、《最高人民法院关于适用〈中华人民共和国民法典〉合同编通则若干问题的解释》第二十五条向基金公司主张返还本金并支付资金占用费，投资者实质上无须自行承担投资亏损的风险。此"风险兜底"更易使不符合标准的投机型投资者想要进入私募市场，因为他们可以借助私募产品的特性获得更高收益，却不用承担相对应的投资风险。如此一来，不符合标准的投资者更可能通过隐瞒或伪造等方式规避合格投资者门槛，建立和维持私募市场秩序的规范目的将相应落空。相反，如认定违反后基金合同仍有效，不符合标准的投资者进入市场后将自行承担投资风险，由此自然产生优胜劣汰的市场筛选机制，反而有利于将私募市场秩序维持在规定的市场准入门槛之上。因此，认定基金合同有效相比认定其无效更有利于实现合格投资者制度的规范目的，故违反合格投资者标准并不导致基金合同无效。

第二，判断合同效力须结合个案情节权衡探讨是否违背诚信原则。如投资者在签订基金合同时明知不符合合格投资者标准，但恶意隐瞒或造假导致基金公司不知情的，此后再行主张合同无效，不应予以支持。因为，投资者明知自身违法又诉诸无效，构成矛盾行为，在相对人不知情的情况下，有违诚信原则，该等行为不应从法律评价上予以鼓励。又如，基金公司明知投资者不符合标准仍与之订立基金合同，在私募基金产品利润颇高时为了避免向投资者支付高额利润，反而主张基金合同无效的，亦不应得到支持。因为，基金公司明知投资者违法，若任由其主张合同无效，反而会鼓励恶意抗辩，违背诚信原则。

第三，判断合同效力须探讨是否有其他责任形式能够实现规范目的。前述案例中，某光公司明知陈某2不符合个人合格投资者标准却仍与其签订基金合同，已违反适当性义务，根据《私募监管办法》第三十八条规定，监管机构可要求某光公司承担责令改正、警告、罚款等行政责任。不仅如此，在私募产品亏损时，投资者陈某2亦可根据《九民纪要》第七十四条规定，请求违反适当性义务的某光公司承担相应损害赔偿责任。据此，违反合格投资者标准时，有过错的基金公司不仅要承担行政责任，而且面临投资亏损时投资者的损害赔偿索赔；该等行政责任、民事赔偿责任后果较严重，已足以促使基金公司充分审查投资者是否符合标准，并将不符合标准的投资者排除在私募产品购买队列之外。基金公司作为私募市场"守门人"，由此引起的客观效果是，私募市场秩序得以维护、投资者利益得以保护，合格投资者制度的规范目的得以实现。因此，在行政责任、民事责任规范已然能够实现规范目的的情况下，无须再对基金合同效力给予否定性评价。

第四，判断合同效力须探讨违反合格投资者标准是否会导致社会公共利益或公序良俗被严重侵害。若违反合格投资者标准，影响的是该位投资者的个人利益，即该投资者可能因为不具备相应风险承担能力和风险识别能力而遭受财产损失，但对于市场金融秩序、交易安全等社会公共利益，并未造成严重不利影响。因此，在违反行为未对社会公共利益或公序良俗造成严重侵害的情况下，不宜对民事法律行为当然作出否定性评价。

综上所述，从规范目的的角度，认定基金合同有效相比认定其无效更有利于实现合格投资者的规范目的；从诚信原则角度，认定基金合同有效更有利于防止投资者自身违法又诉诸无效的矛盾行为，以及基金公司的恶意抗辩；从其他责任规范角度，违反合格投资者标准已有相应行政责任、民事赔偿责任予以规制；从社会公共利益或公序良俗角度，违反合格投资者标准并未造成社会公共利益或公序良俗严重受损。因此，笔者认为，违反合格投资者标准不会导致基金合同无效。

 引申探讨

2023年国务院颁布实施的《私募监管条例》，首次在行政法规层面明确了私募基金的合格投资者标准，即私募基金应当向合格投资者募集或者转让，单只私募基金的投资者累计不得超过法律规定的人数。私募基金管理人不得采取为单一融资项目设立多只私募基金等方式，突破法律规定的人数限制；不得采取将私募基金份额或者收益权进行拆分转让等方式，降低合格投资者标准。上述"合格投资者"，是指达到规定的资产规模或者收入水平，并且具备相应的风险识别能力和风险承担能力，其认购金额不低于规定限额的单位和个人。合格投资者的具体标准由国务院证券监督管理机构规定。

《私募监管条例》在行政法规层面亦对私募基金机构的适当性义务予以明确：私募基金管理人应当向投资者充分揭示投资风险，根据投资者的风险识别能力和风险承担能力匹配不同风险等级的私募基金产品。

对于私募基金的合格投资者标准，2023年发布的《私募投资基金监督管理办法（征求意见稿）》（以下简称《私募管理办法征求意见稿》）作为拟出台的部门规章再次予以明确规定，但相较于《私募监管条例》有一定的调整："私募基金的合格投资者是指达到规定的资产规模或者收入水平，具备相应风险识别能力和风险承担能力，投资于单只私募基金不低于规定金额的自然人、法人或者其他组织，且符合下列条件之一：（一）具有两年以上投资经历，且满足下列条件之一的自然人：家庭金融资产不低于500万元，家庭金融净资产不低于300万元，或者近三年本人年均收入不低于40万元；（二）净资产不低于1000万元的法人或者其他组织。""前款所称金融资产，是指银行存款、股票、期货、债券、基金份额、资产管理产品等。""私募基金管理人的从业人员投资于该私募基金管理人所管理的私募基金不受本条和本办法第三十八条、第四十一条限制。"据此可知，个人合格投资者标准从此前单一的客观财富标准，转变为客观财富标准加主观资历标准（两年以上投资经历）的双重标准。

虽然《私募监管条例》已从行政法规层级规定私募股权投资基金应遵守合格投资者标准制度，但如前分析，《私募监管条例》关于合格投资者的规定应不属于导致民事法律行为无效的法律、行政法规强制性规定，违反该规定也不构成违背公序良俗，故笔者认为《私募监管条例》的颁布实施对于基金合同效力的认定并无影响。

法律建议

合格投资者制度既是市场准入门槛，又是基金公司履行适当性义务的一项核查内容。为了避免私募基金业务开展过程中出现程序瑕疵，笔者建议基金公司：其一，要求投资者提供资产、收入、投资经历等相关证明文件，有条件的可借助银行卡流水、社保缴费记录等方式进行核实。实践中，部分机构因未予核实上述文件的真实性而受到监管处罚，如2021年某地证监局的罚单中指出"部分私募基金产品投资者收入证明无法证实真实性，无法说明该投资者符合私募基金产品合格投资者条件"。其二，要求投资者签署书面承诺函，承诺其符合合格投资者标准且资金来源合法。虽然不具备合格投资者资格原则上不影响基金合同效力，但在非合格投资者受让私募基金产品份额的情形中，若管理人未对份额受让人是否符合合格投资者标准进行核查的，可能会在监管层面受到处罚。例如，2021年某地证监局对某机构作出责令改正的行政监管措施，原因即为该机构的个别基金产品发生投资者基金份额转让时，公司未对受让份额的投资者是否符合合格投资者条件的情况进行核查，未制作风险揭示书由投资者签字确认，未对投资者风险识别能力和风险承担能力进行评估。因此，为了避免监管风险，基金公司应当对基金份额持有人是否满足合格投资者标准予以审慎核查。

基金公司可以通过标准化问卷进行投资者风险承担能力等级划分，这是募集机构及代销机构评估风险的重要方式。但是，风险测评问卷不应千篇一律，而应针对产品属性及风险进行"个性化定制"，充分考虑对风险测评重点题目的权重安排，最大限度了解和评估投资者风险承担能力等信息。在完善问卷评测内容和结构的同时，募集机构应对问卷的填写情况进行必要的审查。有时投资者对问卷的填写会流于形式，随意填写，如投资者填写的答案出现明显可疑或与其了解不一致的信息，机构应进行必要提醒及再次确认，并做好录音录像等证据留存。此外，根据《九民纪要》的相关规定，金融产品发行人和销售者均应履行适当性义务。若投资者因发行人或代销机构违反适当性义务遭受了损失，可以同时请求金融产品发行人、销售者承担赔偿责任。因此，为最大化降低自身风险，募集机构有必要通过适当的方式对代销机构进行监督。

对于投资者而言，在购买金融产品时，应仔细阅读风险测评问卷，如实准确地提供信息，以便募集机构作出准确的风险评估结果和提供适当的投资建议，避免因不够审慎而造成"买者自负"的后果。根据《九民纪要》的相关规定，投资者故意提供虚假信息为募集机构的免责事由。如投资者未如实提供相关信息，很可能导致其最终的获赔比例降低或无法获得相应赔偿。

"管理人未登记或基金产品未备案"的基金合同效力问题研究

 问题的提出

2022年3月,投资者甲与乙公司签订《基金投资协议》,约定由甲认购乙公司非公开发售的基金,乙公司担任私募基金管理人。协议对基金投资范围、收益的计算方式、本金及收益的分配方式进行了约定,协议签订后,甲将款项汇入乙公司指定账户,全面履行了合同义务。

然而,乙公司并未按照《基金投资协议》的约定支付收益及本金,且甲经查询中国证券投资基金业协会网站"私募基金管理人综合查询"栏目后发现,乙公司未依法向中国证券投资基金业协会登记备案,未取得私募基金管理人资质。同时,乙公司也未按有关法律的规定将《基金投资协议》进行备案。

投资者甲遂将乙公司诉至法院,要求判决乙公司赔偿其投资本金及应得收益。本案具体审理过程中,争议焦点之一即为投资者甲与乙公司签订的《基金投资协议》是否有效。

投资者甲主张:乙公司未进行私募基金管理人登记,且也未按照相关法律规定将《基金投资协议》进行备案,合同应属无效。

乙公司主张:公司完全按照《基金投资协议》约定的内容履行,且已履行了私募基金管理人的职责,并未违反强制性法律规定,因而合同应属有效。

随着私募基金业务的发展,从事私募基金业务的公司逐渐增多,但违规操作现象频发。根据证券投资基金法和《私募监管条例》《私募投资基金监督管理暂行办法》《私募投资基金登记备案办法》的规定，私募基金管理人应当向中国证券投资基金业协会进行管理人登记，私募基金募集完毕后，应当向中国证券投资基金业协会备案。

虽然相关法律有明确的规定，但实践中，私募基金管理人未登记或者是私募基金产品未备案的情况却屡见不鲜，因此，笔者将通过对现有理论实践观点进行汇总分析，以探讨此问题对基金合同效力的影响。

问题解析

因私募基金管理人登记是基金产品进行备案的前提，所以，一般而言存在"私募基金管理人未登记且基金产品未备案"和"私募基金管理人已登记但基金产品未备案"两种情况，下文将具体展开分析这两种情形下基金合同效力的认定问题。

一、私募基金管理人未登记，基金产品未备案

私募基金管理人未登记，基金产品未备案情形下，对于基金合同的效力问题，司法实践中存在两种观点。一种观点认为，合同有效，但其性质不属于基金合同，合同性质应结合合同内容以及当事人的真实意思进行判断，可能是借贷合同、委托理财合同等，然后再根据最终认定的合同性质判断各方权利义务关系。另一种观点认为，合同无效，当事人应按照民法典第一百五十七条的规定相互返还财物，不能返还的应当折价补偿；有过错的一方应当赔偿对方由此所受到的损失；各方都有过错的，应当各自承担相应的责任。具体如下：

（一）合同有效

支持合同有效的观点认为，虽然证券投资基金法第八十九条、第

九十四条第一款①和《私募投资基金监督管理暂行办法》第七条第一款②明确规定，私募基金管理人应当按照规定向基金行业协会履行登记手续，并就募集完毕的基金产品办理备案，但前述规定并非民法典第一百五十三条第一款③所称"强制性规定"，因此基金管理人未登记、基金产品未备案，并不会导致基金合同因"违反法律、行政法规的强制性规定"而无效。同时，此种情形下并未损害社会不特定多数人利益、社会公共秩序和善良风俗，故基金合同也不会因此情形构成"违背公序良俗"而无效。④

在广西壮族自治区南宁市中级人民法院（2018）桂01民终783号案中，陆某与某基金管理公司签订了一份《资管计划合同》，约定陆某自愿认购某基金管理公司作为基金管理人的资管计划基金份额20万元，认购期限180天，预期年化收益率11.3%。随后，某基金管理公司未能按照合同约定履行合同。法院认为，陆某与某基金管理公司签订的《资管计划合同》虽然包含大量的"基金"字样，某基金管理公司亦主张案涉资管计划系其设立的私募基金，但其未在法院指定的期限内提交依法向中国证券投资基金业协会办理备案登记的相关证据，故其提出涉资管计划系私募基金的主张，证据不足，法院不予支持。《资管计划合同》系签约各方的真实意思表示，内容未违反法律、行政法规的强制性规定，合法有效。陆某与某基金管理公司基于该合同而形成委托理财法律关系。据此，法院最终判决合同有效，并将合同定性为委托理财合同。因某基金管理公司未能依约兑付

---

① 证券投资基金法第八十九条规定："担任非公开募集基金的基金管理人，应当按照规定向基金行业协会履行登记手续，报送基本情况。"第九十四条第一款规定："非公开募集基金募集完毕，基金管理人应当向基金行业协会备案。对募集的资金总额或者基金份额持有人的人数达到规定标准的基金，基金行业协会应当向国务院证券监督管理机构报告。"

② 《私募投资基金监督管理暂行办法》第七条第一款规定："各类私募基金管理人应当根据基金业协会的规定，向基金业协会申请登记，报送以下基本信息：（一）工商登记和营业执照正副本复印件；（二）公司章程或者合伙协议；（三）主要股东或者合伙人名单；（四）高级管理人员的基本信息；（五）基金业协会规定的其他信息。"

③ 民法典第一百五十三条第一款规定："违反法律、行政法规的强制性规定的民事法律行为无效。但是，该强制性规定不导致该民事法律行为无效的除外。"

④ 民法典第一百五十三条第二款规定："违背公序良俗的民事法律行为无效。"

本金，已构成违约，法院判决其自逾期付款之日起向陆某支付资金占用利息。类似判决的案例还有浙江省宁波市江北区人民法院（2019）浙0205民初3875号案、广东省深圳前海合作区人民法院（2020）粤0391民初9631号案。

此外，很大一部分被法院认定为有效的合同，被定性为借贷合同。例如，在北京市昌平区人民法院（2021）京0114民初4322号案中，法院认为刁某与某基金管理公司、吴某签订的外汇投资基金合同为有效合同。但涉案基金未在中国证券投资基金业协会进行备案公示，某基金管理公司、吴某亦不能举证证明并说明涉案基金的实际募集情况、已募集的涉案投资款真实投入到了约定项目以及涉案款项的具体使用用途等，某基金管理公司、吴某亦未进行私募基金管理人登记，故从性质上看，涉案合同不具备基金合同的构成要件，应当认定为民间借贷合同。类似判决的案例还有广东省深圳前海合作区人民法院（2021）粤0391民初42号案、陕西省西安市莲湖区人民法院（2020）陕0104民初6748号案、广东省深圳前海合作区人民法院（2021）粤0391民初590号案。

（二）合同无效

支持合同无效的观点认为，证券投资基金法第八十九条规定："担任非公开募集基金的基金管理人，应当按照规定向基金行业协会履行登记手续，报送基本情况。"第九十条规定："未经登记，任何单位或者个人不得使用'基金'或者'基金管理'字样或者近似名称进行证券投资活动；但是，法律、行政法规另有规定的除外。"此两条规定是强制性规定，故没有依法登记的基金管理人订立的基金合同，属于民法典第一百五十三条所规定的违反"强制性规定"，基金合同无效。

如在吉林省长春经济技术开发区人民法院（2021）吉0191民初145号案中，法院认为被告未向中国证券投资基金业协会登记的情况下，擅自以吉林省某股权投资"基金"管理有限公司的名义进行证券投资活动，违反了禁止性法律规定，且原告不属于私募基金的合格投资者，被告亦不属于合法的基金管理者，原、被告签订的《股权投资基金合伙协议》违反了法律强制性规定，依据合同法（已废止）第五十二条第五项①规定，应认定为无效合同。类似判决的案例还有广东省深圳市宝安区人民法院（2019）粤 0306 民初 14652 号案、上海市浦东新区人民法院（2020）沪 0115 民初 32467 号案、湖南省株洲市石峰区人民法院（2021）湘 0204 民初 119 号案、北京市昌平区人民法院（2020）京 0114 民初 9783 号案等。

对于合同无效的原因，大多数法院认为合同违反了证券投资基金法第八十九条、第九十条、第九十四条的规定，属于违反法律强制性规定，因而合同无效。部分法院进一步分析，认为上述规定涉及金融安全、市场秩序、国家宏观政策等公序良俗，系效力性强制规定，因而合同无效。此外，也有法院认为基金管理人未登记、基金产品未备案的情形有悖于稳健有序的证券市场监管秩序，有损国家利益和社会公共利益。

笔者认为，在管理人未登记、基金产品未备案的情况下，不应据此认定合同无效。决定合同是否有效，首先应探寻所涉法律的目的和规范重心，同时应衡量无效的必要性和妥当性。

首先，取得私募基金管理人的资质仅需向中国证券投资基金业协会进行登记，而非经政府行政部门审批，而中国证券投资基金业协会仅是行业自律组织，其审查私募基金管理人申请时，仅审查营业执照、公司章程、股东及高管信息等较为基础的材料，并未涉及投资经验等与管理人进行投资行为密切相关的材料，与一般的特许经营存在较大的区别。

其次，基金合同签订的主体仅为私募基金管理人与特定的投资者，并未涉及不特定多数人的权益，因此，私募基金管理人未登记应不涉及公共秩序和善良风俗的违反。

再次，无效的必要性是指个案中合同虽有违反强制规范之嫌，但

---

① 合同法（已废止）第五十二条第五项规定："有下列情形之一的，合同无效：……（五）违反法律、行政法规的强制性规定。"

实际上并未发生强制性规范所旨在预防的事情。私募基金管理人，是指凭借专门的知识与经验，运用所管理基金的资产，根据法律、法规及基金章程或基金契约的规定，按照科学的投资组合原理进行投资决策，谋求所管理的基金资产不断增值，并使基金持有人获取尽可能多收益的机构。要求管理人进行登记，目的在于避免不具有专门知识和经验的主体随意从事此类业务，给投资人造成损失，但若有投资经验和能力的主体与投资者订立合同，帮助投资者进行投资活动，仅是未向中国证券投资基金业协会登记，此时没必要否定合同的效力。

最后，无效的妥当性是指要结合个案情事权衡使合同无效是否有违诚信原则。私募基金管理人是否按照法律规定在中国证券投资基金业协会登记，投资者可自行在中国证券投资基金业协会官网进行查询，而投资者在明知或应知管理人未进行登记的情况下，仍自愿与其签订基金合同，若投资获利，投资者自然不会主张合同无效，而在投资亏损的情况下否定合同效力，判决返还投资本金和利息，似乎并不公平。

综上，笔者认为在私募基金管理人未登记、基金产品未备案的情况下，不应直接据此认定合同无效，但因私募基金管理人未登记而不具备募集风险投资资金的资格，故宜根据当事人的真实意思表示对合同的性质进行认定。裁判案例显示法院主要是根据合同内容及实际履行情况对合同性质进行判断，如果合同约定了固定收益或在实际履行中按固定收益支付，法院通常认定这种情况下不具有投资的属性，因此合同会被认定为借贷合同；若合同未约定固定收益，且履行中不存在固定收益的支付，收款方确实将款项用于投资，则会被认定为委托理财合同。但基金合同与委托理财合同的性质并无本质区别，基金管理人、理财受托人的合同义务都是按照约定进行资产投资管理和收益分配，二者仅是称谓上的不同，此时法院认定合同性质为委托理财合同，更多的应是考虑到管理人未登记而不具有基金募集资格，不宜仍将合同称为基金合同。

二、私募基金管理人已登记，基金产品未备案

相比第一种情形，此种情形的合规性显然更高一些，在这种情形下，观点分歧不大，主流观点认为私募基金管理人已登记，仅基金产品未备案并未违反法律强制性规定，亦不违反公共秩序，故不会因违反民法典第一百五十三条而无效。

例如，在广东省广州市中级人民法院（2018）粤01民终8168号案中，甲与A公司签订《入伙协议》，约定甲出资100万元，并约定本金及收益的计算等。甲在实际出资后，A公司向甲出具了《出资确认书》。其后，因甲未能按约定取得本金、收益，甲与A公司等签订了《还款协议书》。A公司进行了基金管理人登记，但涉案基金没有经过备案。其后A公司等没有履行《还款协议书》。法院认为，虽然证券投资基金法规定了非公开募集基金募集完毕应当向基金行业协会备案，但该规定并非效力性强制性规定，并不能当然导致相应的民事行为无效，即合同关系并不因此而无效。因此，《入伙协议》及《还款协议书》中关于返还本金及收益的约定无效的主张理据不足。据此，法院最终判决合同有效，各方应按协议约定履行各自义务。同旨案例还包括广东省深圳前海合作区人民法院（2016）粤0391民初1193号案等。

笔者认为，仅是基金产品未备案的情况下合同应属有效，但仍不应以是否违反效力性强制规定进行判断，而应探寻其规范意旨。管理人登记的要求是为了规范准入制度，对可以进行资产管理和投资的主体进行限制和规范，具有非常重大的意义。而基金产品备案则更多是事后的监督，虽然也有其意义，但若管理人依照正常的程序进行募集，并按照基金合同的约定进行资产管理和投资，仅是没有办理备案手续的情况下，没必要否认基金合同的效力；若合同中明确约定合同需备案后才生效的，一般被认定为附生效条件的合同，此时若未备案，则合同未生效。

三、管理人未登记、基金产品未备案的后果

（一）投资者的损害赔偿

在私募基金管理人未登记、基金产品未备案的情况下，笔者认为合同应属有效，但应根据当事人的真实意思表示确定合同的类型，可能为借贷合同、委托理财合同等。完成合同性质认定后，再进一步判断投资者是否受有损害，若是，则私募基金管理人应承担相应的赔偿责任。

（二）中国证券投资基金业协会采取自律监管措施

私募基金未按规定登记、备案的，中国证券投资基金业协会根据《中国证券投资基金业协会自律管理和纪律处分措施实施办法》的规定，对机构实施的自律管理措施包括：（1）谈话提醒；（2）书面警示；（3）要求限期改正；（4）要求增加内部合规检查次数；（5）协会规定的其他自律管理措施。中国证券投资基金业协会对机构实施的纪律处分措施包括：（1）警告；（2）行业内谴责；（3）公开谴责；（4）限制相关业务活动；（5）撤销登记；（6）取消会员资格；（7）协会规定的其他纪律处分措施。

（三）证监会行政处罚

根据证券投资基金法，对于未按照规定登记、备案的私募基金，中国证监会有权对私募基金管理人、管理人员和直接责任人员予以行政处罚并公告，具体标准如下：

管理人未登记：违反证券投资基金法规定，未经登记，使用"基金"或者"基金管理"字样或者近似名称进行证券投资活动的，没收违法所得，并处违法所得一倍以上五倍以下罚款；没有违法所得或者违法所得不足一百万元的，并处十万元以上一百万元以下罚款。对直接负责的主管人员和其他直接责任人员给予警告，并处三万元以上三十万元以下罚款。

基金产品未备案：违反证券投资基金法规定，非公开募集基金募

集完毕，基金管理人未备案的，处十万元以上三十万元以下罚款。对直接负责的主管人员和其他直接责任人员给予警告，并处三万元以上十万元以下罚款。

引申探讨

值得注意的是，国务院于 2023 年 7 月 3 日发布的《私募监管条例》对私募基金管理人的登记以及私募基金的备案作了相应的规定，填补了行政法规层面对于私募基金管理的法律空白。该条例明确要求未作登记或备案的私募基金管理人需依法承担相应的罚款等法律责任，但是并未对未作登记或备案时基金合同的效力作相应的规定，因此这一问题仍有待案例和学说进一步的探讨和检验。

法律建议

在遇到私募基金管理人登记和备案的问题时，不能简单地一概而论，而应当根据案件事实及合同内容，具体情况具体判断，步骤如下：

首先，应当判断基金管理人是否在中国证券投资基金业协会进行了私募基金管理人登记，若基金管理人未按照法律规定进行登记，则必然无法进行后续的基金产品备案。此种情形下，笔者认为合同有效，但因其性质不属于基金合同，应结合合同约定、当事人的真实意思判断双方的法律关系。

其次，若管理人已经按照法律规定进行了登记，则需要看基金产品是否已经备案。若基金产品已按照法律规定进行备案，则不存在效力瑕疵，基金合同有效，当事人可按照基金合同的约定履行。若基金产品未备案，则需要区分几种情况：第一，若基金合同未对备案进行特别约定，此种情况笔者认为合同有效，且合同性质应定为基金合同，当事人可按照基金合同的约定履行；第二，若基金合同明确约定了备案是合同的生效要件，则基金合同性质上属于附生效条件的合同，若未备案，则生效条件未成就，基金合同没有发生效力，此时应按照民法典第一百五十七条的规定处理；第三，要判断基金产品未备案是否会导致合同目的不能实现，若未备案导致投资人订立合同的目的不能实现，则投资人可以因此获得法定解除权，可以解除合同，管理人应返还投资款，赔偿利息损失。

  对于投资者而言，投资者在进行私募基金投资时应注意核查基金管理人登记情况。投资者可以登录中国证券投资基金业协会私募基金管理人综合查询系统来查询私募基金的登记情况。通过系统可以了解到私募基金管理人的登记编号、登记时间、成立时间、已发行基金产品信息等内容，由此可大概了解所投资的基金产品的基金管理人是否依法取得登记以及已发行基金产品的运作情况、是否存在风险警示等情况，作为投资的参考。

私募基金保底条款的效力问题研究

📝 问题的提出

近年来,私募基金在资产管理中的规模日益增加,已成为我国金融市场的重要参与成员。为了迎合投资者好利益、恶风险的心理倾向,保底条款已经成为受托人鼓励、吸引投资者的重要手段,但是保底条款的效力问题在实践中存在很大的争议。

📝 问题解析

一、私募基金保底条款的分类

实践中一般通过直接约定保本保收益、约定回购义务、约定差额补足义务等方式来提供保底,按照提供保底人的身份划分,可将保底条款分为管理人直接提供的保底、管理人的关联方提供的保底、劣后级投资人为优先级投资人提供的保底、其他第三方提供的保底,不同身份的人提供的保底在效力方面的认定也有所差异。

(一)管理人直接提供的保底

管理人直接提供的保底,即私募基金管理人向所管理的私募基金的投资人直接提供保本保收益。

(二)管理人的关联方提供的保底

管理人的关联方提供的保底,即私募基金管理人的股东、实际控制人或其他关联方等主体向该管理人所管理的私募基金的投资人提供保本保收益。

(三）劣后级投资人为优先级投资人提供的保底

劣后级投资人为优先级投资人提供的保底，即私募基金管理人所管理的私募基金的部分投资人向其他投资人提供保本保收益。

（四）其他第三方提供的保底

其他第三方提供的保底，即除前述三类保底提供者之外的其他主体提供保本保收益，实践中主要是被投公司及其关联方。

二、私募基金保底条款的相关规定

（一）法律

探究私募基金保底条款的效力首先应当考虑如何适用民法典中有关民事法律行为无效的规定，即行为人无民事行为能力；行为人与相对人存在虚假意思表示；该行为违反法律、行政法规的强制性规定或违背公序良俗；行为人与相对人恶意串通，损害他人合法权益的民事法律行为无效。

我国证券投资基金法是规范私募基金行业效力位阶最高的法律文件。该法第二十条第四项明确禁止公募基金的基金管理人及其董事、监事、高级管理人员与从业人员对基金份额进行违规承诺，包括禁止违规承诺收益或者违规承诺承担损失。据此学界大多数认为公募基金中禁止保底条款的存在，但也有研究者认为该条文仍然为保底条款在公募基金中的存在留有余地。然而对于私募基金项下承诺收益的问题，该法却并未提及，反而于第三条第三款规定私募基金的"收益分配和风险承担由基金合同约定"，考虑到保底条款正属于风险收益和分配约定，故难以得出私募基金合同的保底条款是否被证券投资基金法禁止的结论。

（二）部门规章

虽然私募基金保底条款的效力问题在法律层级的规范中未作出明确规定，但在证监会等金融监管部门的规章中均明确禁止私募基金保底条款。

《私募投资基金监督管理暂行办法》规定私募基金管理人不得向

投资者承诺投资本金不受损失或者承诺最低收益，①《中国证券监督管理委员会关于加强私募投资基金监管的若干规定》将不得向投资者承诺投资本金不受损失或者承诺最低收益的主体扩大到私募基金管理人的出资人、实际控制人、关联方。②《金融机构资管指导意见》中也规定金融机构开展资产管理业务时不得承诺保本保收益。③

（三）行业自治规范

在《私募投资基金备案指引第2号——私募股权、创业投资基金》中明确私募基金管理人不得通过约定管理费返还等方式，变相向投资者提供保本保收益安排。④《私募投资基金募集行为管理办法》规定募集机构不得以任何方式承诺投资者资金不受损失，或者以任何方式承诺投资者最低收益。⑤

（四）最高人民法院会议纪要

《九民纪要》认为劣后级投资人对优先级投资人提供差额补足有

---

① 《私募投资基金监督管理暂行办法》第十五条规定："私募基金管理人、私募基金销售机构不得向投资者承诺投资本金不受损失或者承诺最低收益。"

② 《中国证券监督管理委员会关于加强私募投资基金监管的若干规定》第六条规定："私募基金管理人、私募基金销售机构及其从业人员在私募基金募集过程中不得直接或者间接存在下列行为：……（三）口头、书面或者通过短信、即时通讯工具等方式直接或者间接向投资者承诺保本保收益，包括投资本金不受损失、固定比例损失或者承诺最低收益等情形；……""私募基金管理人的出资人、实际控制人、关联方不得从事私募基金募集宣传推介，不得从事或者变相从事前款所列行为……"

③ 《金融机构资管指导意见》第二条规定："……资产管理业务是金融机构的表外业务，金融机构开展资产管理业务时不得承诺保本保收益。出现兑付困难时，金融机构不得以任何形式垫资兑付。金融机构不得在表内开展资产管理业务……"

④ 《私募投资基金备案指引第2号——私募股权、创业投资基金》第十九条规定："私募基金管理人应当设置合理的管理费。私募基金管理人不收取管理费或者管理费明显低于管理基金成本的，应当具有合理性，并在申请办理备案时提供相关说明。私募基金管理人以外的其他主体不得收取管理费。私募基金管理人不得通过约定管理费返还等方式，变相向投资者提供保本保收益安排。"

⑤ 《私募投资基金募集行为管理办法》第二十四条规定："募集机构及其从业人员推介私募基金时，禁止有以下行为：……（三）以任何方式承诺投资者资金不受损失，或者以任何方式承诺投资者最低收益，包括宣传'预期收益'、'预计收益'、'预测投资业绩'等相关内容……"

效;①信托合同之外的当事人提供的第三方差额补足、代为履行到期回购义务、流动性支持等类似承诺文件作为增信措施有效;②信托公司、商业银行等金融机构作为资产管理产品的受托人与受益人订立的保证本息固定回报、保证本金不受损失等保底或者刚兑条款无效。③

三、私募基金保底条款效力的司法认定

（一）管理人直接提供保底的效力

对于管理人直接提供保本保收益的问题，法院存在两种不同的裁判路径。

裁判路径一：认定为民间借贷关系，管理人应当还本付息。对于约定了固定的投资回报的基金合同，虽然在名义上是基金投资，实质上却是民间借贷，故该约定"名为投资，实为借贷"。法院最终按民间借贷予以处理,④ 从结果上认可了保本保收益。

裁判路径二：认定为委托理财关系，保底条款无效。在私募基金投资关系中，管理人提供保本保收益属于委托理财关系，但是管理人提供保本保收益的约定具有以下法律后果：一是违反了委托代理制度

---

① 《九民纪要》第九十条第一款规定："信托文件及相关合同将受益人区分为优先级受益人和劣后级受益人等不同类别，约定优先级受益人以其财产认购信托计划份额，在信托到期后，劣后级受益人负有对优先级受益人从信托财产获得利益与其投资本金及约定收益之间的差额承担补足义务，优先级受益人请求劣后级受益人按照约定承担责任的，人民法院依法予以支持。"

② 《九民纪要》第九十一条规定："信托合同之外的当事人提供第三方差额补足、代为履行到期回购义务、流动性支持等类似承诺文件作为增信措施，其内容符合法律关于保证的规定的，人民法院应当认定当事人之间成立保证合同关系。其内容不符合法律关于保证的规定的，依据承诺文件的具体内容确定相应的权利义务关系，并根据案件事实情况确定相应的民事责任。"

③ 《九民纪要》第九十二条规定："信托公司、商业银行等金融机构作为资产管理产品的受托人与受益人订立的含有保证本息固定回报、保证本金不受损失等保底或者刚兑条款的合同，人民法院应当认定该条款无效。受益人请求受托人对其损失承担与其过错相适应的赔偿责任的，人民法院依法予以支持。""实践中，保底或者刚兑条款通常不在资产管理产品合同中明确约定，而是以'抽屉协议'或者其他方式约定，不管形式如何，均应认定无效。"

④ 参见王某云与深圳锦尚股权投资基金合伙企业、深圳锦途股权投资基金管理有限公司民间借贷纠纷案，福建省福州市鼓楼区人民法院（2017）闽 0102 民初 5794 号民事判决书；河北盛懋股权投资基金管理股份有限公司、石家庄懋中融股权投资基金民间借贷纠纷案，河北省石家庄市中级人民法院（2017）冀 01 民终 12431 号民事判决书。

的根本属性即有偿代理的代理人只承担因自己的过错造成被代理人损失的责任,而不承担因不可归责于代理人的事由所造成的被代理人损失的责任;二是将本应该由投资者承担的投资风险转嫁给管理人,导致双方的权利义务配置不对等;三是根据《九民纪要》第九十二条的精神,虽然私募基金管理人不属于持牌金融机构,但是其属于具有资质的投资机构,应当适用该条的规定认定保底条款无效;四是结合《九民纪要》第三十一条来理解《私募投资基金监督管理暂行办法》第十五条规定的意旨是私募基金管理人提供保本保收益的行为违背公序良俗,以此为依据认定管理人直接提供保本保收益无效。[①]

笔者更认同第二种裁判路径,因为根据基金合同的约定,交易双方的真实意思表示并非借款合同所约定的保本保息,私募基金投资者的首要目的是希望获得基金投资所产生的超额收益,虽然合同约定保底条款,但不能就此否定投资者获取风险投资回报意思表示的真实性及合法性,因此,直接认定双方成立借款法律关系,将背离当事人的真实意思表示。

对于裁判路径二,根据上文对于有关规定的梳理可知,在2023年7月3日国务院发布《私募监管条例》之前,法律和行政法规层面并没有规定私募基金保底条款问题,只有部门规章以下层面的监管规定,无法直接通过保底条款违反法律、行政法规的强制性规定而认定保底条款无效。《九民纪要》第三十一条规定:"违反规章一般情况下不影响合同效力,但该规章的内容涉及金融安全、市场秩序、国家宏观政策等公序良俗的,应当认定合同无效。人民法院在认定规章是否涉及公序良俗时,要在考察规范对象基础上,兼顾监管强度、交易安全保护以及社会影响等方面进行慎重考量,并在裁判文书中进行充分说理。"因此,即便效力层级未达到法律、行政法规的级别,但若

[①] 参见江苏嘉和源资产管理有限公司、丁某与被上诉人江某春委托理财合同纠纷案,江苏省南京市中级人民法院(2020)苏01民终6867号民事判决书;赖某静、广州财大投资管理有限公司委托理财合同纠纷案,广东省广州市中级人民法院(2019)粤01民终23878号民事判决书。

合同条款违反此类监管规定亦将违反公序良俗时，也应认定无效。因此，需要进一步分析的是，私募基金管理人承诺保本保收益为何违反公序良俗。

具体到私募基金管理人不得向投资者承诺保本保收益的规定上，该规定到底违反了什么公序良俗呢？

第一，模糊储蓄和资管的界限，变相从事银行储蓄业务。

私募基金产品属于资管产品，资管产品的本质在于"受人之托，代人理财"，具体体现为以下两点：一是卖者尽责，私募基金管理人是利用其在理财方面的专业能力为投资者提供服务的同时收取相应的管理费用，因此管理人只要保证其在提供服务的过程中以投资者的利益为优先勤勉尽责即可，投资风险的后果应由投资者承担。二是买者自负，其与储蓄产品存在着本质区别，对于储蓄产品而言，存款人与银行之间实质上是债权人和债务人的关系，银行到期必须还本付息。而资管产品的投资者和管理人之间属于委托人和受托人的关系，委托人应当自担风险，风险和收益是相匹配的。

在私募基金领域，私募基金投资者投资时本应当关注所投行业的发展前景和私募基金管理人的专业能力，私募基金管理人提供保本保收益，会使私募基金投资趋向债性，从而导致投资者在投资时反而去关注管理人的信用是否能为其兜底，这使私募基金产品在实质上趋向于银行的储蓄业务——通过主体信用作担保吸收不特定多数人的资金，银行之所以能够以自身信用吸收不特定多数人资金是因为其持有银行牌照，如果允许私募基金管理人提供保本保收益业务，相当于变相允许私募基金管理人从事银行才能从事的储蓄业务，扰乱了金融监管秩序。

第二，保本刚兑使风险积蓄，容易诱发系统性金融风险。

私募基金管理人提供保本保收益，会使本应该由投资者承担的投资风险转嫁给管理人承担，从而引发更多不理性投资，进而使管理人承担更多的风险，造成一种恶性循环。当这种风险逐渐累积，一旦投资的底层资产集中发生亏损时，管理人可能无法承担约定的保本保收益责任，从而影响管理人的存续，进而引发更多的其在管基金时的亏损。特别是当该私募基金管理人本身处于该行业的重要地位，个别的崩溃更容易引起物理性和心理性的连锁反应，从而引发系统性金融风险造成恐慌，影响市场的稳定性和金融安全。

综上，应当认定私募基金管理人向投资者提供保底的约定无效。但保底条款无效，只是基金合同条款的部分无效，不应影响基金合同其他约定的有效性。如果基金投资盈利，投资者仍可按照约定获得盈利分配；如果基金投资亏损，由于保底条款无效，投资者应自行承担相应亏损，但是管理人作为专业机构对于该条款的无效存在的过错程度更大的，法院可能据此酌定管理人对投资者的损失承担相应的赔偿责任。

（二）管理人的关联方提供保底的效力

对于私募基金管理人的关联方提供的保底承诺的效力问题，由于具体案情不同，在不同的案件中有着不同的裁判路径，部分法院认为无效，部分法院认为有效。

裁判路径一：关联方提供的保底无效。在采用"穿透"式监管的背景下，对于私募基金保底条款的监管应穿透全私募基金管理人的出资人、实际控制人和关联方等，其与私募基金管理人实为一体，其作出的保底承诺与私募基金管理人作出的保底承诺无本质差异。实质上是私募基金管理人为了规避法律、行政法规的监管而采取的措施，因此该约定应认定为无效。[①]

裁判路径二：关联方提供的保底有效。虽然该约定违反了相关部门规章，但是未违反法律、行政法规的强制性规定，不应作为认定合同无效的依据。而且该约定系私募基金管理人的关联方为自身利益和

[①] 参见余某义与吴某顺委托理财合同纠纷案，江苏省南京市中级人民法院（2019）苏01民终4872号民事判决书；熊某红、张某伟合同纠纷案，广东省广州市中级人民法院（2019）粤01民终17502号民事判决书；祝某怡与江西世行大通资产管理有限公司、世行大通资本管理有限公司委托理财合同纠纷案，江西省南昌市东湖区人民法院（2020）赣0102民初771号民事判决书；熊某红、张某伟合同纠纷案，广东省广州市中级人民法院（2019）粤01民终16045号民事判决书。

合伙企业经营发展考虑，是其与投资人之间对投资风险及投资收益的判断与分配，属于当事人对私权利的处分行为。因此应当认为该约定有效。①

笔者更认同第一种裁判路径，原因在于：

第一，规避管理人不得提供保底的监管规定。管理人与其关联方属于利益共同体，由管理人的关联方提供保底实质上是管理人为了规避监管而作出的约定，若是认定关联方所作出的保底有效，那么所有私募基金管理人均可以寻求其关联方为投资者提供保底，那么私募基金管理人提供保底的禁止性规定将形同虚设，没有适用的余地。

第二，影响市场在资源配置上的决定性作用，破坏市场秩序。探究禁止管理人关联方提供保底的规范意旨，即关联方提供保底会影响市场在资源配置上的决定性作用。实践中会存在这样一种操作，一个实力雄厚、信用等级较高的母公司为了给其子公司的相关业务融资，通过下设私募基金管理人子公司的方式来设立一系列私募基金，该私募基金管理人通过其在管基金所募集到的资金都会投向该母公司的其他子公司的相关业务，为了吸引较多的投资，会由该母公司为投资者提供保本保收益，此时投资者其实并不关注管理人的理财能力也不关注底层行业的情况，而是仅仅因为提供保本保收益的母公司的信用来作出该投资决策，母公司利用其信用干扰了投资者的决策，将本应由市场来调节的资金投向进行了不当的干预，破坏市场秩序，当该母公司引导所投向的行业出现"爆雷"，会引发连锁性的反应。

（三）劣后级投资人为优先级投资人提供保底的效力

在私募基金内部对投资者进行分级的情况下，由劣后级投资人对优先级投资人提供保本保收益，法院一般认定其有效。②《九民纪要》

---

① 参见刘某明、宁波梅山保税港区领辉资产管理有限公司合同纠纷案，浙江省宁波市中级人民法院（2020）浙02民终2364号民事判决书；马某俊与王某春合同纠纷案，福建省厦门市思明区人民法院（2020）闽0203民初6477号民事判决书；杭州新鼎明影视投资管理股份有限公司、陈某合同纠纷案，浙江省杭州市中级人民法院（2020）浙01民终9807号民事判决书。

② 参见恒丰银行股份有限公司与大连天神娱乐股份有限公司等合同纠纷案，北京市第三中级人民法院（2020）京03民初243号民事判决书。

第九十条也肯定了劣后级投资人为优先级投资人提供保底的条款的有效性。在司法裁判上一般认为，实践中劣后级投资者可能基于利益原因而为其他投资者提供保底，内部投资者提供保底的行为属于意思自治的结果。内部投资者提供保底的行为与管理人以及其关联方提供的保底行为不同，其风险的外延性很弱，范围仅局限于特定投资者之间或者特定私募基金产品中，不存在风险扩散的可能。①

引申探讨

除了以上几种情况外，实践中还存在其他第三方与私募基金投资者约定保底条款的情形，其他第三方一般是指被投公司及其关联方。被投公司及其关联方提供的保底可以分为两种类型：一种是融资端的保底即被投公司及其关联方与基金管理人约定承担回购义务或者差额补足义务从而间接对私募基金的投资人提供保底，这在私募股权投资中属于一种十分常见的安排；另一种属于产品端的保底即被投公司及其关联方直接对私募基金的投资人提供保本保收益的安排。对于其他第三方提供的保底，在没有其他法定无效情形的情况下，一般认定其有效。② 原因在于：首先，该约定属于当事人的意思自治，属于各方当事人处分自身民事权利的行为，应当予以尊重；其次，保护契约效力和鼓励交易是一项基本原则，从鼓励交易的角度出发，法律对交易中合同的效力应尽最大可能予以维护，在合理的范围内，给予交易最大限度的支持；最后，在金融市场中，风险总伴随着收益，如果将私募基金中可能存在的损失情况作为一种风险再打包出售给独立第三方

---

① 参见王珊珊：《私募基金保底条款效力认定的困境与纾解》，载《山西省政法管理干部学院学报》2022年第2期。

② 参见深圳市中恒汇志投资有限公司、国金证券股份有限公司合同纠纷案，最高人民法院（2018）最高法民终667号民事判决书；吴某与中国华宇经济发展有限公司保证合同纠纷案，北京市海淀区人民法院（2019）京0108民初26998号民事判决书；柴某等与郑某军合同纠纷案，北京市第二中级人民法院（2020）京02民终5038号民事判决书；陈某涛、深圳市金色木棉投资管理有限公司合伙协议纠纷案，广东省高级人民法院（2021）粤民终1974号民事判决书。

由后者提供保底，亦可以视为一种市场导向下的金融创新。①

国务院于 2023 年 7 月 3 日发布的《私募监管条例》规定，私募基金不得向投资者承诺投资本金不受损失或者承诺最低收益。②基于该规定的效力层级为行政法规，笔者预计未来将有更多的司法案例据此认定私募基金合同中的保底条款因违反法律、行政法规的强制性规定而无效。

法律建议

私募基金交易中，对于不同主体提供保底的行为的效力，在司法裁判上会采取不同的评价。

第一，对于私募基金管理人直接提供的保底一般应认定为无效。

第二，对于私募基金管理人的关联方提供的保底目前存在有效和无效的不同观点，笔者认为应当认定为无效。

第三，对于投资人之间劣后级投资人对优先级投资人提供的保底一般认定为有效，但需要注意的是在提供保底的主体存在双重身份时，虽有司法案例从其劣后级投资人身份而非管理人关联方角度认定保底约定有效，但我们基于上述观点认为仍存在保底约定被认定为无效的风险。

第四，对于其他第三方提供的保底，在无其他无效事由的情况下一般认为其有效。

综上，建议私募投资基金交易各方结合各自的主体身份情况，评估预判保底条款的效力，并做好相应的风险应对防范。

---

① 参见邱梦蝶：《风险隔离视角下"保底条款"的立法路径探析——基于全国 495 份裁判文书的实证研究》，载《法律与金融》2016 年第 1 期。

② 《私募投资基金监督管理条例》第二十条规定："私募基金不得向合格投资者以外的单位和个人募集或者转让；不得向为他人代持的投资者募集或者转让；不得通过报刊、电台、电视台、互联网等大众传播媒介，电话、短信、即时通讯工具、电子邮件、传单，或者讲座、报告会、分析会等方式向不特定对象宣传推介；不得以虚假、片面、夸大等方式宣传推介；不得以私募基金托管人名义宣传推介；不得向投资者承诺投资本金不受损失或者承诺最低收益。"

私募基金有限合伙人权利边界探寻及有限责任之突破

问题的提出

2018年8月,投资方甲作为有限合伙人(以下简称LP)和作为普通合伙人的基金管理人(以下简称GP)乙共同设立有限合伙型私募基金A(以下简称A合伙基金)对外进行投资,由GP对外代表A合伙基金进行洽谈商议、签订合同,但实际上,A合伙基金的重大事项均由LP进行实际决策。

两年后,A合伙基金无力清偿债务。此时,债权人根据合伙企业法第二条要求GP对A合伙基金的债务承担无限连带责任。

GP抗辩称,自己只是名义上的基金管理人,合伙事务是按照LP的指示执行,债权人应向基金的实际控制人LP主张权利。

债权人后要求LP对A合伙基金的债务承担无限连带责任。LP抗辩称,根据合伙企业法第二条,债权人无权要求LP对A合伙基金的债务承担无限连带责任。

分析上述案例,根据合伙企业法规定,LP就其出资限额承担有限责任,债权人不存在要求LP承担连带责任的请求权基础。但如果有限合伙事务实际上由LP决定,抑或合伙事务执行有LP参与,则有违合伙企业法关于LP不得执行合伙事务之规定,也就存在债权人在特定条件下要求LP承担连带责任的可能。

实际上,有限合伙企业的核心特征在于GP对合伙企业债务承担无限连带责任,而LP以其认缴的出资额承担有限责任,同时丧失对合伙企业事务的经营管理权。本案中，投资方甲以 LP 之名行 GP 之实，如果其享受着 GP 的权利却只承担 LP 的义务，这对债权人显然不公。为了维护债权人的合法权益、彰显合伙企业法权利义务对等的内核，在一定条件下否定 LP 对合伙企业债务的有限责任，有其必要性。以下，笔者将从制度逻辑、实务现状、合规建议几方面对有限合伙型私募基金中的 LP 突破有限责任略作探讨。

问题解析

承接上文，LP 承担有限责任的隐含前提是 LP 向 GP 让渡对合伙企业的经营权，当 LP 突破权利的边界，其有限责任也可能被否定，须和 GP 一样对合伙企业债务承担连带责任。

据此，要否定 LP 有限责任，一方面需 LP 超越权利边界行 GP 执行合伙事务之实，而 LP 的权利边界，在合伙企业法在第六十八条第一款作了正面限制，明确要求有限合伙人不执行合伙事务，不得对外代表合伙企业，又在第二款进行了反向列举，规定了不视为执行合伙事务的八种情形，即所谓的"安全港规则"；另一方面需 LP 使第三人有理由相信该 LP 为 GP 并与之交易，即根据合法企业法第七十六条第一款，第三人有理由相信有限合伙人为普通合伙人并与其交易的，该有限合伙人对该笔交易承担与普通合伙人同样的责任，这涉及"信赖检验规则"。两项规则均借鉴于美国的《统一有限合伙法》。

一、安全港规则：LP 的权利边界探寻

合伙企业的核心特征之一是 LP 以不执行合伙事务来置换有限责任，LP 不得执行合伙事务的边界，合伙企业法在正向限制之外参考 1976 年美国《统一有限合伙法》中的方案，规定了"安全港规则"，即合伙企业法第六十八条第二款的八项内容，具体规定了 LP 的下列行为不视为执行合伙事务：（1）参与决定普通合伙人入伙、退伙；（2）对企业的经营管理提出建议；（3）参与选择承办有限合伙企业审计业务的会计师事务所；（4）获取经审计的有限合伙企业财务会计报

告；（5）对涉及自身利益的情况，查阅有限合伙企业财务会计账簿等财务资料；（6）在有限合伙企业中的利益受到侵害时，向有责任的合伙人主张权利或者提起诉讼；（7）执行事务合伙人怠于行使权利时，督促其行使权利或者为了本企业的利益以自己的名义提起诉讼；（8）依法为本企业提供担保。

但问题在于，该条款仅列举了八种行为，对于LP超出"安全港规则"的行为如何认定，就存在不同的理解。一种意见认为，合伙企业法只罗列了八种行为不视为执行合伙事务，并未采取列举+兜底条款的形式（例如，在八种情形后增加一项"其他不视为执行合伙事务的行为"），因此从字面意思来看，超出八种行为之外的行为均有可能被视为执行合伙事务；另一种意见认为，合伙企业法虽然列明了安全港条款项下行为不视为执行合伙事务，但对于何种行为构成"执行合伙事务"，只有合伙企业法第六十八条的释义①进行了说明，现行法律及相关司法解释并未进行明确界定，那么LP实施上述八种行为之外的行为被认定为执行合伙事务并没有法律依据。

由于法律未规定八种行为之外的行为的性质和法律后果，合伙企业法第七十六条就成了没有操作弹性的法律规定，给实践中LP的权利边界造成了疑义。除了合伙企业法作为法律的宽泛规定，中国证券投资基金业协会于2016年4月18日发布的《私募投资基金合同指引3号（合伙协议必备条款指引）》第五项第一款规定了LP的八种行为不视为执行合伙事务，这与合伙企业法中的"安全港规则"一致，但其第二款规定：合伙协议可以对有限合伙人的权限及违约处理办法作出约定，但是不得作出有限合伙人以任何直接或间接方式参与或变相参与超出前款规定的八种不被视为执行合伙事务行为的约定。这对于LP的权限进行了更加明确的否定。然而，合同指引属于中国证券投资基金业协会发布的自律规则，不具有对合伙企业法进行解释或补充的效力。

---

① 参见徐景和、刘淑强：《〈中华人民共和国合伙企业法〉条文释义与适用》，人民法院出版社2006年版。

二、信赖检验规则：突破有限责任的关键

信赖检验规则在我国的适用，其实是表见代理制度适用于有限合伙的发展。但"表见代理"制度适用于有限合伙企业只能在第三人与合伙企业之间发生法律关系，即有限合伙人以合伙企业的名义对外交易，若构成表见代理，第三人可以选择合伙企业对交易的结果承担责任，而不要求有限合伙人承担责任。虽然第三人也可以不主张"表见代理"，而直接主张"无权代理"要求该有限合伙人承担个人责任，但其不足之处是有限合伙的普通合伙人对该笔交易的无限连带责任因第三人主张"无权代理"而消灭。因为，根据"表见代理"规则，合伙企业对第三人承担责任后，可以向该交易的行为人（有限合伙人）主张赔偿，但交易行为人（有限合伙人）并不因"表见代理"对第三人直接承担责任。对有限合伙企业来说，只有普通合伙人对合伙债务承担连带责任，有限合伙人仅以其出资额为限对合伙债务承担有限责任是法定的。但有限合伙人以合伙名义对外实施交易行为，第三人是否有正当理由请求行为人对交易后果承担连带责任？如果这种请求在法律上具有正当性，显然"表见代理"制度并不能满足上述要求，这正是"信赖规则"独立于"表见代理"在我国存在的法律价值。

回到 LP 突破有限责任上来看，合伙企业法第六十八条对 LP 不得执行合伙事务作了规定，但并未释明违反此项规定的法律后果。事实上，LP 即便实施了八种情形之外的行为，也并非都要承担无限责任，如合伙企业法第九十八条即规定，对于不具有事务执行权的合伙人擅自执行合伙事务给合伙企业或者其他合伙人造成损失的须依法承担赔偿责任。此属于合伙企业的内部追偿，并未突破 LP 的有限责任。

总体来看，关于 LP 责任的承担，合伙企业法采取的是"安全港规则＋信赖检验规则"的结合，LP 突破"安全港规则"不会直接导致其承担连带责任，只有在第三人基于合理信赖与 LP 进行交易，即 LP 构成表见普通合伙人时，才突破 LP 的有限责任，要求其就该笔交

易承担与 GP 同样的连带责任。如果仅仅突破了"安全港规则"但不满足"信赖检验规则",则债权人仍旧只能要求 GP 承担连带责任。

引申探讨

一、LP 参与合伙事务之合法性分析

近年来,私募基金发展迅速,尤其是有限合伙型基金,因其能规避双重纳税、组织结构灵活、投资流程相对高效,特别是在股权投资领域不对项目公司上市构成障碍,相比较公司型和契约型这两种形式而言,具有明显的优势。实践中,大部分私募基金采用有限合伙企业的形式进行组建和运作,由投资方作为 LP、GP 作为基金管理人来执行合伙事务。鉴于中国经济的大环境走入市场经济并不久,信用体系尚在健全,监管体系尚未完善,私募基金市场尚不成熟,国内的经理人阶层和经理人文化也尚在形成过程中,GP 的投资管理能力有限,而 LP 多为主动投资者且机构投资者居多,他们将自己仅定位于一名被动投资者的角色的商业条件尚不具备。因此合伙型基金实践中,出于对 GP 的监督、对投资方向的把控、对投资风险的规避和控制等原因,存在 LP 通过各种途径来参与合伙事务管理的情况,大体上包括 LP 向投资决策委员会委派代表、LP 设立咨询委员会、LP 委派观察员或监督员、LP 成为 GP 控股股东来间接参与通过合伙人大会等几种情形,此时 LP 是否逾越了权利边界、其责任边界是否应当随之突破,就是值得讨论的问题。

(一)LP 向投资决策委员会委派代表

实践中,合伙基金的具体投资事项主要由投资决策委员会进行决策,对于具备丰富管理经验的 GP 的基金来说,投资决策委员会主要由 GP 委派的人员组成。另外,也有不少合伙型基金的投资决策委员会由 GP 和 LP 共同委派的人员组成。就投资决策委员会的表决机制来看,一般以人头多数决为主,但是也有不少基金赋予 LP 委派的委员一票否决权。通过在巨潮资讯网检索上市公司的公开信息可以发

现，上市公司或其子公司作为 LP 投资有限合伙企业并向投资决策委员会委派代表的情况较为普遍（摘录见表 1）。

表 1　部分上市公司或其子公司作为 LP 投资有限合伙企业
并向投资决策委员会委派代表的情况

公司名称	公告文件	相关内容
中鼎股份（000887）	《关于投资设立股权投资基金的公告》（2020.9.26）	投委会由 3 人组成，各合伙人分别委派 1 名。投委会表决时各委员一人一票。投委会设主任委员一名，由执行事务合伙人指定。投委会举行会议应由过半数成员出席方可举行。投委会对任何事项的表决，均应由全体委员过半数同意方视为通过。中鼎股份（LP）委派的一名投委会委员享有一票否决权
建发股份（600153）	《关于认购产业投资发展基金的公告》（2020.12.05）	管理人将组建由投资专业人士构成的投资决策委员会，对合伙企业的项目投资进行专业的决策。投资决策委员会由 5 名成员组成，包括吴某平先生及有限合伙人北京盛世宏明投资基金管理有限公司委派的 1 名委员，其他成员由管理人委派，每人拥有一票投票权。投资决策委员会在投资项目的决策方式为：需五分之三以上有表决权的委员同意通过，涉及关联交易等重大事项的，需全部有表决权的委员一致同意方可通过；有限合伙人北京盛世宏明投资基金管理有限公司委派的 1 名委员主要对基金拟投资项目是否符合国家法律法规及合伙协议约定等进行合规性审核，在合规性上拥有一票否决权
钢研高纳（300034）	《关于公司拟参与投资设立产业投资基金暨关联交易的公告》（2020.12.15）	投资决策委员会共由 5 名委员组成：钢研高纳委派 1 名委员（担任主任委员），钢研大慧委派 2 名委员，华煜永享委派 1 名委员，青岛城发委派 1 名委员，决策机制为 4 名及以上委员通过决策方为有效
威帝股份（603023）	《关于投资成立产业基金暨关联交易的公告》（2021.01.23）	1. 有限合伙人的权利：……（3）有权委派一名投资决策委员会委员，该委员具有一票否决权
安徽建工（600502）	《安徽建工关于设立安建私募股权投资基金合伙企业（有限合伙）暨关联交易的公告》	投资决策委员会由各方合伙人派出代表，行使投资、重大事项决策。其中国改基金派出 1 名，安建资本派出 1 名，本公司派出 1 名，如后期基金增加合伙人，以变更后的合伙协议为准

续表

公司名称	公告文件	相关内容
海泰科（301022）	《关于与关联方成立产业投资基金暨关联交易的公告》（2021.12.21）	基金设立投资决策委员会，设不超过9名委员（为保证基金决策运行的高效率，按照在出资额不低于2000万元的有限合伙人中推选不超过9名委员，GP推荐一名委员）

上述LP向投资决策委员会委派一名或多名委员，并约定投资决策委员会决议应经全体委员一致通过，或者LP委派的委员有一票否决权的安排，是否会被认定为该LP执行合伙事务，从而导致其突破有限责任承担连带责任？

一种观点认为，LP向投资决策委员会委派委员或享有一票否决权，属于LP实际掌握合伙企业投资事务决策权并在实质上控制合伙企业的行为，与GP的职权无异，且其参与投资决策委员会的行为不属于合伙企业法第六十八条规定的"执行合伙事务"的例外情形，违反了"有限合伙人不执行合伙事务"的强制性规定，其有限责任应予以否认。

另一种观点认为，LP向投资决策委员会委派委员属于合伙人之间的合意安排，投资决策委员会仅是内部机构，LP参与投资决策委员会是为控制自身风险，同时LP并没有对外代表合伙企业，且合伙企业法并未规定超出"安全港"原则的行为就应突破有限责任，合伙企业法关于LP突破有限责任的内容仅规定在第七十六条第一款："第三人有理由相信有限合伙人为普通合伙人并与其交易的，该有限合伙人对该笔交易承担与普通合伙人同样的责任。"而LP参与投资决策委员会的行为只会影响内部机构的决策，不能直接对外产生影响，更不会导致第三人有理由相信LP为GP并基于合理信赖与其交易，因此要求LP突破有限责任于法无据。同样，赋予LP委派的委员一票否决权或者LP委派的代表在投资决策委员会中占多数席位且实际控制投资决策委员会对投资事项的决策权的情形，虽然突破了"安全港规则"，但是该种行为尚未具备合伙企业法第七十六条规定的LP突破有限责任的条件，因此 LP 参与投资决策委员会的各种设置都不能成为要求 LP 承担无限连带责任的理由。

对此笔者认为，第二种观点更具合法性和合理性，原因如下：

第一，在资管金融领域，受托人和管理人具有审慎管理的职责，但金融机构出于风险控制的要求会对执行事务合伙人的投资进行必要的监督以防范其能力不足和潜在的道德风险。而常见的被动控制手段即是向投资决策委员会委派一名或少数委员。因此，LP 该种行为的目的并不在于要执行合伙事务或是对外代表合伙企业，而是企业进行风控的必然要求和有效措施。

第二，公司法规定了董事会（执行董事）、监事会（监事）等为公司的必备内部组织机构，但合伙企业法未对合伙企业的内部组织机构进行明确规定。投资决策委员会是合伙人意思自治、协商设立的内部机构，其结构设置、职责权限、表决方式、决策程序等是都由合伙人合意安排的，但对外来看，投资决策委员会不能代表合伙企业，投资决策委员会中的委员更不可能代表合伙企业执行合伙事务，最终对外执行合伙事务的仍是 GP。

第三，LP 仅向投资决策委员会委派委员不属于 LP 以合伙企业名义与第三方交易的情形。并且，从合伙企业法第七十六条的归责原则来看，LP 只对个案中受到影响的债权人承担连带责任，或者因给合伙企业或者其他合伙人造成损失而承担赔偿责任，并不会丧失普遍的有限责任保护。

经检索，截至本文撰稿日，笔者在公开网站上尚未发现 LP 向有限合伙基金投资决策委员会委派人员从而被中国证券投资基金业协会拒绝基金备案的情况，也未发现 LP 由于向投资决策委员会委派代表从而突破有限责任、对合伙企业的债务承担无限连带责任的司法案例。因此，无论从理论上还是实务上来说，LP 向投资决策委员会委派代表、参与投资决策事项的行为，即便在定性上略有争议，但几乎可以确定的是并不会产生 LP 突破有限责任对合伙企业债务承担连带责任的法律后果。

（二）LP 设立咨询委员会

有限合伙基金实践中，LP 为参与对重大事项的决策而设立咨询委员会的做法也存在，但不如向投资决策委员会委派代表的做法普遍。LP 委派至咨询委员会的代表主要职责在于筛选投资项目以及为投资决策提出意见和咨询，也有极少数委派代表可以就特定重大事项进行表决。

根据合伙企业法第六十八条第二款第二项规定，LP 对合伙企业的经营管理提出建议不视为执行合伙事务。因此，LP 设立咨询委员会并向其委派代表不属于执行合伙事务，也就不会产生突破有限责任的风险。

（三）LP 委派观察员或监督员

实务中，存在由 LP 委派观察员的情形，观察员一般没有合伙企业所议事项的决策权，仅拥有知情权和建议权，有权列席投资决策委员会并进行陈述，但也存在少数观察员享有对重大决策事项否决权的情形。笔者在巨潮资讯网进行相关检索，摘录部分上市公司委派观察员或监督员的公告如表 2 所示。

表 2　部分上市公司委派观察员或监督员的情况

公司名称	公告文件	相关内容
金信诺 （300252）	《关于公司参与设立投资基金的进展公告》 （2020.09.15）	有限合伙人广大恒安有权委派 1 名观察员，以观察员身份参与投资决策委员会会议的讨论，并有权获取合伙企业的投资决策委员会的通知、纪要、决议和其他文件
南钢股份 （600282）	《关于设立南钢转型升级投资基金暨关联交易的公告》 （2020.12.05）	南京市产业基金可以根据本合伙企业的运作需要委派观察员列席投资决策委员会会议，观察员有权对会议的审议事项发表意见，但没有表决权
至纯科技 （603690）	《关于参与投资基金的公告》 （2020.12.26）	南通紫荆华通股权投资合伙企业（有限合伙）、福州紫荆海峡科技投资合伙企业（有限合伙，合伙"紫荆投资"）可以共同委派 1 名代表作为观察员列席投委会会议，廊坊立邦涂料有限公司（简称"立邦"）可以分别委派 1 名代表作为观察员列席投委会会议。观察员对投资委员会决议不享有表决权。观察员享有与投委会成员同等的知情权

续表

公司名称	公告文件	相关内容
方盛制药（603998）	《方盛制药关于公司参与设立创业投资基金的公告》（2021.07.20）	投资项目经投资决策委员会决策通过后，且未被观察员一票否决的，由执行事务合伙人组织落实执行
阿尔特（300825）	《关于参与投资产业基金的进展公告》（2021.11.25）	成都高新新经济创业投资有限公司、成都新经济产业股权投资基金合伙企业（有限合伙）、成都产投先进制造产业股权投资基金合伙企业（有限合伙）有权分别向投决会委派1名观察员。在召开投决会前，管理人应当将项目材料分别提交给各观察员审核。观察员仅对基金投资是否违法、违规或是否偏离政策导向进行审核，若不符合有权拒绝项目提交投决会
百诚医药（301096）	《关于公司参与认购私募基金份额的公告》（2022.03.09）	有限合伙人杭州百诚医药科技股份有限公司、葵花药业集团股份有限公司有权分别委派1名投资决策委员会观察员，列席投资决策委员会会议
韦尔股份（603501）	《关于参与投资私募股权投资基金的公告》（2022.03.26）	海泰资本可以委派1名观察员，观察员有权列席投资决策委员会会议但不具有表决权。有限合伙人海泰资本有权随时变更观察员人选，但应书面通知基金管理人

由表2可以看出，LP委派的观察员或者监督员列席投资决策委员会仅是为了监督投资决策委员会的决策事项，一般不参与投资决策委员会的具体决策，不享有表决权，但有时也会对基金投资是否违反我国法律法规、监管部门的规定进行审核。因此，设置观察员或监督员主要是为了保障LP的建议权和知情权，即便少数项目赋予观察员或监督员对于重大事项的一票否决权或者纠正权，但和LP向投资决策委员会委派代表同理，属于合伙企业内部的组织架构安排，仍旧不属于合伙企业法第七十六条规定的LP突破有限责任的情形。

总体来看，有限合伙型基金实践中，LP出于防范GP的道德风险、维护自身权益等目的通常会采取多种方式来参与合伙事务，例如向投资决策委员会委派代表、向咨询委员会委派代表、委派观察员或监督员等，这些方式基本上都是LP在行使自身的合法知情权和建议权，并非LP在执行合伙事务，因此其并未逾越权利边界；即便LP

对于决策事项享有表决权甚至一票否决权，也属于合伙企业内部通过合伙协议对决策权限的约定，不直接产生对外效力，难以构成合伙企业法第七十六关于LP突破有限责任的情形。

但需要注意的是，我国私募基金发展迅速，基金投资的项目也越发多样化、复杂化，尤其是最近几年来，基金投资项目风险频发，底层项目存在违约的事件越来越多，有关合伙企业法的法律纠纷也越来越多。未来可能会出现因突破"安全港规则"而产生纠纷的案件，也不排除法院以LP通过投资决策委员会委派观察员等方式实质上间接控制了合伙事务为由，从而认定《合伙协议》关于该等组织结构安排的条款违反合伙企业法第六十八条，并认定相关条款无效的风险。出于风控的要求，合伙企业在进行组织结构设计时，对于如何在LP有效参与合伙企业运营与防范连带责任之间进行平衡仍需予以关注。

二、LP突破有限责任之司法实践

即便合伙企业法规定的"安全港"条款较为简单和固定，但其对于判断LP的行为是否超越边界仍提供了相对明确的指引，而实践中比较困难的是合伙企业法第七十六条的适用，即如何在确定LP违反"安全港规则"（其行为不属于八种情形）后判断第三人是否有理由相信该LP为GP。LP和GP的身份对第三人来说是相对容易识别的，比如查阅合伙企业相关登记文件、向合伙企业执行事务合伙人核实等，因而，对于何为"有理由相信"，总结司法案例以及参照表见代理制度的要件，可以发现主张LP构成表见普通合伙的第三人需承担较高的证明义务，至少应当包括：（1）LP的行为不属于合伙企业法第六十八条规定的八种情形；（2）LP具有被授权代表合伙企业执行合伙事务的权利外观；（3）第三人善意且无过失；（4）第三人基于合理信赖与LP进行了交易。

一般来说，法院会更着重审查后三项标准以判断第三人是否有理由相信该LP为GP而与之为交易。关于LP被授权的权利外观，需要第三人从表象上看LP具有合伙企业的授权，例如在广东省清远市清城区人民法院（2019）粤 1802 民初 4010 号民事判决中，[①] 法院认为：被告清远清城现代医院（有限合伙）出具的欠条、委托授权书明确注明被告胡某钰为法定代表人，而被告胡某钰在部分销售单中签名确认收货，其行为代表被告清远清城现代医院（有限合伙）执行合伙事务，应视为普通合伙人。因此，被告胡某钰对上述交易承担与普通合伙人同样的责任，即对上述债务承担无限连带责任。可见，当 LP 出示合伙企业明确授权并以法定代表人等负责人身份签署了相关合同文件，可能会被认定为具有 GP 的权利外观。对应文章开头所提及的案例，虽然 GP 遵照 LP 的指示执行合伙事务，但由于 LP 一直在幕后，并未走到台前直接与第三人进行交易，LP 不具备权利外观，不存在第三人把 LP 当作 GP 的可能性，第三人当然无法据此主张权利。

关于第三人善意且无过失，要求第三人证明其在合理范围内对该 LP 代表合伙企业的授权文件（如授权书、合伙协议、登记文件等）进行了相应的审查，并向合伙企业进行了核实，不存在明知或者应知交易对方为 LP 而与之进行交易的情形。

即便分析了前述要件，对于 LP 突破有限责任之认定也仍旧不够清晰，毕竟当前没有任何司法解释对合伙企业法第七十六条进行解释和细化。司法实践中，对于"第三人有理由相信"的认定多半依赖于法官行使自由裁量权，并且相关的案例并不多，尚未形成成熟的可参考经验。

法律建议

纵览"安全港规则"与"信赖检验规则"以及实务现状和司法实践，笔者在立法层面和实操层面对于私募基金 LP 权利边界之界定及有限责任之突破有以下建议。

[①] 笔者在中国裁判文书网及威科先行数据库以相关关键词单独或排列组合进行检索，截至撰稿之日，仅检索到此判决认定有限合伙人构成了表见普通合伙人，其他判决均未认定有限合伙人构成表见普通合伙人，可见第三人举证义务之严苛及法院认定表见普通合伙人之审慎。

一、立法层面

（一）适度拓宽"安全港规则"的范围

如前所述，我国私募基金发展的客观环境决定了 LP 不愿意也不可能作为被动投资者被完全隔离在合伙企业的经营管理之外，非常严格地要求 LP 完全不参与任何合伙事务有可能会限制投资产业的发展，也不利于多层次资本市场的形成，但实务中 LP 参与合伙事务的界限，仍存在疑义与困惑。鉴于合伙企业法对于 LP 执行合伙事务的正向限制属于法律规定中的核心条款，难以动摇和更改，要清晰地界定 LP 的权利边界，更宜从合伙企业法第六十八条的反向列举着手。适度增加"安全港规则"的具体情形或者设置一般性的兜底条款，有利于引导和规范 LP 对于合伙事务的参与，从而有利于防范 GP 的道德风险、增强合伙基金的经营能力，且对于激发整个私募基金市场的活力也是有所裨益的。

（二）细化合伙企业法第七十六条的规定

如何认定合伙企业法第七十六条第一款的"第三人有理由相信"，在实务中较为困难。尽管有民法中的表见代理制度作为参考，但鉴于合伙企业法默认由 GP 代表合伙企业并明确禁止 LP 对外代表合伙企业，因此第三人要证明其"有理由相信"LP 为 GP 难度较大，法官在认定表见普通合伙时相当审慎。对此，笔者建议通过司法解释明确一些具有代表性的可认定 LP 存在被授权表象的行为，如 LP 持有授权委托书、合伙企业以 LP 的姓名作为商号、LP 以负责人身份对外签署交易文件等，并对合伙企业进行授权的授权主体、授权范围、授权公示方式等作出规定，以此减少争议和混乱、增强法律条文在实务中的可操作性。

（三）引入刺破有限合伙人面纱制度

在允许 LP 适度参与合伙企业事务的同时，LP 凭借其有限责任滥用权利来损害债权人或者其他 LP 利益的情形也时有发生，这将导致

LP权责不对等,对债权人而言并不公平。

在有限责任公司中,大股东利用其有限责任侵害债权人的情形经常出现,对此,公司法确立了公司人格否认制度对于滥用股东权利的股东追究其无限连带责任,这一制度发展至今已经有了较为完善的制度安排。参照公司法对法人人格否认的规定,合伙企业法可以就有限合伙基金中LP滥用有限责任问题建立刺破有限合伙人面纱制度:首先,LP违法控制有限合伙基金架空GP、损害第三人权益时,可引入类似于"实际控制人"的概念否认其有限责任;其次,LP与合伙基金在人员、财务等方面过度混同时,也可刺破LP的面纱使之承担连带责任。当然,从有限责任与LP对合伙事务参与权的良性互动考虑,不能一味地突破LP有限责任,需明确这种否定仅存在于特定交易中、一定条件下;从"过错—担责"和权利义务对等的法律逻辑出发,亦要适时建立与公司人格否认制度类似的刺破有限合伙人面纱制度以更好地保护其他合伙人和债权人的权利。

二、实操层面

在现有法律规定不甚明确的情况下,合伙型私募基金应当在实践中从以下几方面防范法律风险:

第一,严守合伙企业法的禁止性规定,尽量规避在合伙协议中约定直接委托有限合伙人执行合伙事务,以免产生重大的法律风险。

第二,在合伙协议中尽量明确界定"合伙事务"的范围,明确有限合伙人权利边界,弱化其相关行为被认定为执行合伙事务以及丧失有限责任保护的风险。

第三,如果LP要实现对基金的控制和管理、实现自身在合伙企业中的相关诉求,可以通过投资决策委员会、咨询会等形式获得一定的表决权,以保证对投资项目的把控和资金安全。

第四,LP除应重点关注合伙企业内部治理结构(包括合伙人会议、投资决策委员会、咨询委员会等)的具体构成及其议事规则外,还应特别关注对执行事务合伙人选聘、更换以及报酬的约束机制。

契约型私募基金投资人的知情权问题研究

虽然法律法规及行业自律规则对私募基金的信息披露进行了一定程度的规制，但与公募基金采用严格的标准化信息披露制度不同，在私募基金领域，投资人对基金运作相关的知情权在更大程度上尊重管理人与投资人间就相关事项的意思自治。

此外，由于私募基金的不同组织形式适用不同的组织规则，投资人知情权的主张依据也即请求权基础存在一定差异，在这一层面上，与合伙企业型私募基金（适用合伙企业法）、公司型基金（适用公司法）相比，契约型基金由于并不具有实体而更显示出其特殊性。本文将主要围绕契约型私募基金这一组织形式下投资人知情权亟待厘清的若干问题展开，为投资人在知情权主张和管理人相关义务履行方面提供路径参考。

问题的提出

在商业实践中围绕知情权问题展开的争论，往往发生在私募基金收益不及预期或经营异常时，投资人希望收集尽可能多的信息来达成止损或索赔的目的。

在华设资产管理（上海）有限公司（以下简称华设资管上海公司）、常某人与平安银行股份有限公司上海分行（以下简称平安银行上海分行）证券投资基金交易纠纷一案中，常某人作为资产委托人同华设资管上海公司（资产管理人）、平安银行上海分行（资产托管人）订立《资管合同》，同时签署了《风险承诺函》，约定常某人投资"华设专爱1号"资产管理计划（于中国证券投资基金业协会备案为私募证券投资基金，以下简称资管计划）。后常某人多次表示资管计划到期即退出，但由于投资财产份额到期尚未变现，华设资管上海公司决定延长投资期限，此后发生了部分投资损失。

经一审，常某人上诉主张华设资管上海公司单方面延期行为构成严重违约，要求解除合同，同时主张华设资管上海公司未揭露投资产品的上市风险、延期风险及退出风险，对合同风险性条款也未作特别提示或释明，导致合同目的不能实现。华设资管上海公司则认为华设资管上海公司已在给常某人的邮件中提示了股权投资风险远大于其他投资，《资管合同》中的风险揭示条款揭示了该资管计划采取的投资策略可能存在使计划收益不能达到投资目的或本金损失的风险，常某人也签署了《风险承诺书》，因此，华设资管上海公司认为自身在投资者适当性管理方面不存在瑕疵。二审法院经审查后认定，华设资管上海公司不仅违反了投资者适当性义务，并且在告知说明义务的履行方面亦存在瑕疵，对适当性义务与告知说明义务之履行作了区分。

以上案例体现出契约型私募基金投资人知情权的一些常见特点：首先，投资人关于自身知情权的主张往往并非最终诉请，而是作为手段和基础为其他与自身获益/损失直接关联的诉请提供支撑，希望构建起关键信息的知悉或未获知悉与个人资产损益之间的因果关系；其次，投资人关于资金募集过程中风险揭露及告知的诉求往往会被管理人以适当性义务的合理履行作为回应，然而风险揭露及告知能否与适当性义务等同，投资人对于风险的知情应通过管理人的何种义务履行以获保障，投资人知情权能够通过哪些途径得以实现或获得救济？下文希望针对以上问题进行思路梳理并作出回应。

📝 问题解析

一、请求权基础的明确

需要明确的是，除特别说明，本文所有的讨论或归纳均建立在双方未就有关事项作特别约定的前提下。

首先，证券法、证券投资基金法以及《私募投资基金监督管理暂行办法》《私募投资基金信息披露管理办法》中都就投资人知情权或管理人信息披露义务等作出规定。其次，根据证券投资基金法第二条规定，证券投资基金法未就私募基金投资活动作出规定的，适用信托法、证券法和其他有关法律和行政法规的规定。由此可以认为，从法律适用的角度，证券投资基金法至少在私募基金投资活动范畴内应视为信托法的特别法，投资者可以援引信托法中相关法律规定作为行使知情权的请求权基础。实务中亦有观点认为无论私募基金组织形式为何，其本质上同属于信托法律关系。此外，根据信托法第二十条规定，投资人作为信托关系中的委托人，私募基金管理人作为受托人，委托人对于受托财产的管理运用、处分以及收支情况是具有充分的知情权的，可以要求受托人进行说明；也有权查阅、抄录或者复制与其信托财产有关的信托账目以及处理信托事务的其他文件。而且此时的知情权，不同于合伙型私募基金和公司型私募基金中由于新架构的引入，考虑到利益平衡，管理人可以以投资人具有不正当目的为由拒绝其请求，在契约型私募基金单纯信托架构下，投资人知情权主张不受此种理由排除。

二、投资人知情权在契约型私募基金运作各阶段的具体体现

投资人知情权在契约型私募基金运作各阶段的具体体现，如表1所示。

表 1 投资人知情权在契约型私募基金运作各阶段的具体体现

运作阶段	投资人应获知情内容	知情依据	法律法规、政策依据	备注
募集阶段	投资活动的投资风险和收益	管理人告知说明义务	证券法第八十八条；《九民纪要》第七十六条	
募集阶段	基金的基本信息；基金管理人基本信息；基金的投资信息；基金的募集期限；基金估值政策、程序和定价模式；基金合同的主要条款；基金的申购与赎回安排；基金管理人最近三年的诚信情况说明；其他事项	管理人信息披露义务	《上市公司信息披露管理办法》第十四条	
投资管理阶段	基金月报、季报、年报、重大事项临时报告	管理人信息披露义务	《上市公司信息披露管理办法》第四章	私募股权投资基金对季报、月报披露不作强制要求
投资管理阶段	信托财产的管理运用、处分及收支情况	管理人应投资人要求作说明&管理人每年定期信息披露义务	信托法第二十条、第三十三条	
投资管理阶段	与信托财产有关的信托账目以及处理信托事务的其他文件	管理人应配合投资人查阅、抄录或复制的请求	信托法第二十条	
投资管理阶段	可能影响投资人合法权益的重大信息	管理人通知义务	民法典第五百零九条	
退出阶段	可能影响投资人合法权益的重大信息	管理人通知义务	民法典第五百零九条	

三、投资人知情权与相关义务

知情权是投资人知悉投资资金动向相关情况的权利，从权利的功能来看，其处于基础和先导地位，对于信息的获取可能并非投资人的最终目的，而是为了在获取相关信息的基础上行使其他权利，或建立起知情权的未获实现与投资损失、合同目的不能实现等的关联，实现诉讼目的。

　　知情权并非孤立存在的要素，而是处在由众多彼此联系的权利主张和义务履行形成的网状结构之中。具体而言，这一权利的实现需要借助相关的规范，信托视角下契约型私募基金管理人的信息披露义务、告知说明义务、通知义务、投资人的查阅权、请求说明权利等诸多设计正是为了缓解信息不对称、实现信息流动，从这个角度来说，信息拥有人负担的义务与信息需求方的知情权才是一体两面的关系。鉴于信息拥有人负担的义务绝不仅限于信息披露义务，因此，笔者对"信息披露义务之履行与投资人知情权之享有二者是一体两面的关系，管理人、托管人以投资人为对象、受众所作的信息披露范围正是投资人所享有的知情权范畴"这一观点的判断是否周严，持否定态度。

　　从类型上来说，知情权应当包括积极权能和消极权能，前者包括查阅权、请求说明权等，权利实现建立在信息持有方的配合查阅、说明基础上，此部分主要见于信托法第二十条及《信托公司集合资金信托计划管理办法》第三十五条之规定；后者则以信息接收权为典型，须以信息披露或通知、告知方的义务履行为前提，证券法及《私募监管办法》《上市公司信息披露管理办法》对这部分义务的履行方式及内容有明确规定，其中，管理人的通知义务在上述法律法规中并无明文体现，但能否动用民法典第五百零九条之规定，通过合同附随义务履行的引入将通知义务纳入管理人法定义务范畴，将在后文具体阐述。

　　与此相对应，信息拥有人负担的义务也包括两个方面，一为消极意义上的询问告知及配合查阅义务，二为积极意义上的披露义务。管理人、托管人的披露义务是投资人知情权消极权能的对应，能够起到促进投资人知悉基金基本运作情况的作用。尽管询问告知、配合查阅义务与披露义务均有促进信息流动的功能，但二者作用发挥并不相同：前者采取被动式的告知模式，信息流动效率较低，但针对性较强，告知内容通常取决于权利人的询问和查阅申请，具有不确定性和片面性；而后者意味着管理人、托管人须主动承担信息披露义务，面向私募基金所涉全部披露对象，信息传输效率较高，且法律对披露内容等事项作了明确要求，因此，传递的信息更为全面完整，但也存在泛化的风险。从这个意义上来说，信息披露义务和告知说明义务的设计为投资人知情权的实现提供了法律层面最低限度的保障，而询问告知、配合查阅义务则为投资人对自身资产运作的进一步知情主张提供了可能，通知义务在基金运作过程中主要体现为重大事项发生时基金管理人应及时、准确通知投资人使其知悉，以便根据双方合意推进后续处置事宜，以上各项义务的落实都从不同角度推动着私募基金投资人知情权的实现。

引申探讨

一、管理人适当性义务之履行不可对抗投资人知情权之主张

《私募监管办法》第十六条和第十七条规定明确了私募基金管理人销售私募基金应当承担投资者适当性义务，具体包括：对投资者的风险识别能力和风险承担能力进行评估，即了解客户；对私募基金进行风险评级，即了解销售的产品；保证二者相互匹配，即将合适的产品销售给风险匹配的客户。由于其中涉及对投资者风险能力的评估，于是有观点将此评估过程作为管理人告知说明义务的履行过程，进而将基金募集过程中的告知说明义务看作适当性义务的组成部分，认为通过说明适当性义务的尽职履行就可当然地推定其并未违反告知说明义务。

但告知说明义务与适当性义务并不能等同，也非简单的被包含关系。基金募集阶段的告知说明义务旨在缓解交易双方信息不对称，确保投资者充分了解投资活动的性质及风险，从程序上保障投资者能够作出"知情的同意"；而适当性义务则是防止卖方机构为追求自身利益而推荐不适合的产品，对之加以确保投资建议适当的实体性义务。两种义务共同作用于合同缔结过程中失衡的信息秩序，以及由此产生

的交易风险。① 从义务履行效果上看，告知说明义务的履行与适当性义务的履行是互为表里的，只有通过对私募基金的风险评级，管理人才能将投资产品的风险情况对投资人进行准确告知，并在此基础上充分了解投资人的风险偏好，确保投资人在充分知情、自愿的基础上作出同意的意思表示。

前海开源资产管理有限公司、深圳市锦安基金销售有限公司委托理财合同纠纷案二审民事判决书中的"风险承受能力和投资意愿是两个不同的问题"②观点，对于本文观点亦为佐证，风险承受能力主要由适当性义务之履行考察，而投资意愿则很大程度上依赖于管理人的告知说明，对投资人风险承受能力的判断不能取代对其投资意愿的确认，但投资意愿的确定与否往往会影响法院对于管理人适当性义务履行瑕疵的认定。这样看来，与其将告知说明义务视作适当性义务的一部分，倒不如将二者视为基金募集阶段流程上的部分重合或并行，共同作用于投资人投资决策前置程序的规范运作。

需要注意的是，就基金募集阶段的告知说明义务而言，管理人不仅须就投资收益风险进行提示，对于项目未来不确定性等风险（如不能上市、投资退出等）也须充分告知投资者。而何谓"充分"，《九民纪要》第七十六条提出了"主观+客观"的认定标准——人民法院应当根据产品、投资活动的风险和金融消费者的实际情况，以综合理性人能够理解的客观标准和金融消费者能够理解的主观标准来确定卖方机构是否已经履行了告知说明义务。卖方机构简单地以金融消费者手写了诸如"本人明确知悉可能存在本金损失风险"等内容主张其已经履行了告知说明义务，不能提供其他相关证据的，人民法院对其抗辩理由不予支持。本文开篇所举案例中，正是因为华设资管上海公司员工给常某人的邮件中虽然提示了项目的未来具有不确定性等风险，但

---

① 参见华设资产管理（上海）有限公司、常某人诉平安银行股份有限公司上海分行证券投资基金交易纠纷案，上海金融法院（2020）沪74民终461号民事判决书。
② 参见前海开源资产管理有限公司、深圳市锦安基金销售有限公司诉赵某胜、洪某东、王某梅委托理财合同纠纷案，广东省深圳市中级人民法院（2020）粤03民终19093、19097、19099号民事判决书。

同时又通过项目背景、市场前景等介绍，客观淡化了项目介绍中的风险描述，法院认定华设资管上海公司在告知说明义务的履行方面存在瑕疵。这实际也反映出法院审查的严格标准，私募基金管理人可通过特殊风险警示书、冷静期、回访等方式①确保告知说明义务的严格履行，并可作为争议解决中对该标准的回应。

二、底层保密承诺不可对抗投资人知情权

出于项目投资需要，私募基金运行过程中往往会与不同主体签署承诺协议、出具承诺函等，就特定事项开展中获悉的披露方信息及其相关方信息在约定期限内承担保密义务。此时若发生保密义务与投资人主张知情权的冲突，管理人能否以保密义务的存在拒绝配合投资人知情权的实现，笔者认为可以通过以下三个问题展开。

第一，何时会发生保密义务与投资人知情权的冲突？以实务中常见的保密协议或保密承诺函为例，保密信息通常涵盖了交易主体间的洽谈、协商记录、交易协议，交易对手方内部财务信息、经营计划、各类数据、合同等以口头、书面或电子形式为载体的资料。其中，交易协议通常作为原始凭证存档于会计凭证之中，同时也是财务账簿的数据来源和制作依据，如前文所述，投资人主张合理查阅会计凭证的请求往往能够得到法院的支持。此时，基于交易协议的双重身份——"财务资料"同时又是"保密信息"，管理人便会面临向投资人披露、配合查阅与对交易对手方保密之间的冲突。

第二，保密承诺能否对抗投资人知情权合理主张？同样以实务中常见的保密协议或保密承诺函为例，保密信息接收方通常承诺除必要知悉的第三方（如项目相关雇员、财务顾问、律师以及监管部门等）不向任何其他第三方或任何其他雇员披露、公布、援引保密信息。一般而言，信息接收方的出资人不被特别列出作为必要知悉的第三方。但部分保密协议中会将应司法部门、监管机构的要求或根据法律法规

---

① 参见《私募投资基金募集行为管理办法》第二十六条第一款。

的规定而披露保密信息作为另一类例外情形，笔者认为，私募基金或其管理人对于投资人披露义务或配合查阅义务之履行可以落入此情形下。从属性上看，保密义务是基于双方合意的约定义务，披露和配合查阅财务资料则是法定义务，二者并非同一位阶，对于两项义务履行的衡量似乎更倾向为一种商业选择。《上海市高级人民法院关于审理股东请求对公司行使知情权纠纷案件若干问题的问答》中对于商业秘密获悉与知情权主张目的间关联的考虑，以及由此引出的对于善意主张的判断，被其纳入作为审理知情权案件与商业秘密保护之间平衡的重要因素。其他领域知情权相关案例中，也体现了类似的考量，以破产领域为例，在上海破产法庭2020年3月发布的典型案例某仓储服务公司破产清算案中，合议庭对于债权人查阅债务人财务和经营信息资料请求，认为需满足以下条件："……其二，查阅内容应限于参与破产程序内的债务人财务和经营信息资料，涉及商业秘密的，债权人应负有保密义务……"鉴于债权人查阅请求符合所述条件，法院准许其申请同时作了保密告知。此种认定及做法在当今实务操作中较为常见，即认定知情权人有权查阅特定文件，但要求其作出保密承诺并约定相应违约责任作为知情权行使的附带条件，以避免日后因保密信息泄露发生争议时产生的违约主体认定纠纷。回到此种认定的逻辑起点，其实其承认了：（1）底层保密承诺对商业秘密的实际保护作用；（2）投资人非保密承诺主体，不受保密承诺约束；（3）私募基金或其管理人不得以保密承诺为由对抗履行合理披露或配合查阅义务，但能够通过进一步约束投资人传播、利用商业秘密的行为，对披露后果加以限制。

第三，如何通过事先安排规避上述冲突？首先，笔者认为，虽然约定保密义务不能够对抗法定披露、配合查阅义务，但这并不意味着私募基金与交易对手方之间的保密约定必然无效，毕竟其并未违反法律、行政法规的强制性规定，也不存在其他可能导致合同无效的情形。其次，基于双方合意的有效约定，一方发生违约行为同样须承担保密协议项下的违约责任。此时，为有效控制可能因履行法定披露义务发生的违约风险，笔者建议，在签署底层保密协议或保密承诺时，私募基金或其管理人应明确将履行法定披露义务或应司法机关要求履行披露义务等作为保密义务的例外情形予以明确并排除违约责任的适用，通过事先避免两种义务履行中的冲突；在此基础上，应在保密协议或保密承诺中明确因投资人故意或重大过失造成保密信息泄露时的责任承担问题，为自身排除承担来自第三方的不确定风险。同时，在向投资人披露特定保密信息时，也应审慎告知并采取适当手段（如要求投资人签署保密承诺等）约束投资人利用保密信息的行为，一方面是履行底层保密协议的信义要求，另一方面也为未来争议发生时责任主体的认定提供依据。

三、投资人知情权救济路径之选择——基于义务类型的判断

信托合同关系中，受托人按委托人的意愿以自己的名义，为受益人的利益或者特定目的，恪尽职守，履行诚实、信用、谨慎、有效管理的义务，委托人支付相应报酬的义务。而在信托合同履行过程中，双方还应承担各自从给付义务和附随义务的履行责任，以促进主给付义务的实现，确保债权人的利益能够获得最大限度的满足，维护对方当事人财产上利益。那么如何区分从给付义务与附随义务？与投资人知情权相关的义务中哪些义务应当归为信托关系项下的从给付义务，从给付义务与附随义务的违反分别可以通过哪些途径以获救济？本部分将通过分析作出解答。

通说认为，合同的从给付义务是指主给付义务之外的，有助于完全满足债权人给付利益且能够独立以诉请求履行的义务，从给付义务的产生原因一般有三：其一，基于法律规定；其二，基于当事人的约定；其三，基于诚信原则及合同的补充解释。而附随义务是指在合同关系存续及履行过程中，债务人在约定和法律规定之外，基于诚信原则，根据合同性质、目的和交易习惯，履行通知、协助、保密等义务。附随义务和从给付义务的区别，主要体现在二者的功能、价值，能否独立以诉请求履行，以及救济方式的选择上。

以基金投资管理阶段的信息披露义务为例,该部分义务在法律法规中有明确规定,且由管理人向投资人就基金及基金投资运作情况等事项进行主动披露能够实现对管理人审慎尽责履约的监督、促进主给付义务的实现。实践中,受托人跳脱委托人对受托事项管理和处分的知情与监督,将大大增加投资风险,为委托人给付利益的实现增加不确定性。由此,管理人在基金投资管理阶段的信息披露义务应为信托关系项下的从给付义务。与之相似,管理人应投资人要求对信托财产的管理运用、处分及收支情况进行说明(询问告知义务),管理人应投资人请求配合其查阅、抄录、复制与信托财产有关的信托账目以及处理信托事务的其他文件(配合查阅义务)也属于契约型私募基金架构下当事人间从给付义务的范畴。对于上述从给付义务的违反,投资人可视其对合同目的达成的影响决定是否解除合同,同时请求损害赔偿。

附随义务的特点主要体现在从属性、不确定性和法定性上。其中,不确定性是指附随义务并非自始确定,而是随着合同关系的进行,视具体情况要求当事人遵守一定的义务,以维护相对方的利益。而法定性则指向附随义务以诚信原则为基础产生,即使双方在订立合同时没有约定也不影响此种义务的存在。当然,一般情况下当事人也无权排除适用此义务。在契约型私募基金投资人知情权相关的义务群中,附随义务主要包括合同履行期间管理人的通知义务,即管理人有义务就基金运作过程中发生的可能影响投资人合法权益的重大信息及时、准确地通知投资人知悉,也是受托人信义义务的体现。由于附随义务的违反一般不会引发合同目的不能实现的风险,故即便一方违反附随义务,原则上另一方也不能行使解除权,但债务人须承担损害赔偿责任。

至于基金募集过程中管理人对投资人所负的信息披露义务(包括常被单独提及的风险告知说明义务),笔者认为其为双方当事人信托法律关系成立前的先合同义务内容,并被广义上的附随义务所涵盖。这是因为在双方当事人为缔结契约而接触、磋商之时,已进入一种特殊的关系（即信赖关系），双方均应依诚信原则互负说明、告知、保密、保护等义务，管理人对于基金运行投资收益风险、项目未来不确定性等风险须尽如实告知义务，或在对方询问相关情况时如实回答，否则，若因先合同义务之违反为投资人带来信赖利益损失，管理人须就其过错承担缔约过失责任。

四、投资人知情权主张必要限度之检视与思考

由于信托架构对委托人资产利益保护的绝对立场，契约型私募基金对投资人查阅信托财产有关账目的要求，并不采2018年公司法第三十三条①中对股东查阅会计账簿"不正当目的"的审查和限制，以及书面形式请求的限制，也未将查阅权限限缩在排除抄录和复制的范围内。此情形下，投资人知情权主张之边界为何？是否有必要对之加以限制？希望本部分探讨能够为实务操作提供参考，亦能够为法律的适用与解释提供思路。

首先，须明确对股东查阅财务账簿权限的"正当目的"限制、书面请求形式限制、排除抄录和复制权利等主要是出于股东与公司之间利益的平衡。如果过于限缩股东的知情权，将有可能严重地影响股东财产性权利或者身份性权利的行使，对股东合法权益造成侵害；同时，也不利于公司经营管理约束机制的形成。而过于扩张股东的知情权范围，则在一定程度上对公司应有的商业隐私以及秘密构成极大的威胁，最终害及公司的合法利益。因而，股东知情权制度是在寻求双方利益保护的最佳平衡点。但股东对公司章程、股东会会议记录、董

---

① 此条为2018年公司法规定，经修订，2023年公司法第五十七条规定："股东有权查阅、复制公司章程、股东名册、股东会会议记录、董事会会议决议、监事会会议决议和财务会计报告。""股东可以要求查阅公司会计账簿、会计凭证。股东要求查阅公司会计账簿、会计凭证的，应当向公司提出书面请求，说明目的。公司有合理根据认为股东查阅会计账簿、会计凭证有不正当目的，可能损害公司合法利益的，可以拒绝提供查阅，并应当自股东提出书面请求之日起十五日内书面答复股东并说明理由。公司拒绝提供查阅的，股东可以向人民法院提起诉讼。""股东查阅前款规定的材料，可以委托会计师事务所、律师事务所等中介机构进行。""股东及其委托的会计师事务所、律师事务所等中介机构查阅、复制有关材料，应当遵守有关保护国家秘密、商业秘密、个人隐私、个人信息等法律、行政法规的规定。""股东要求查阅、复制公司全资子公司相关材料的，适用前四款的规定。"

事会、监事会决议以及财务会计报告的绝对知情权则并无特别限制。

反观契约型私募基金，信托法第二十条看似对于投资人的询问、查阅权限未加任何限制，实则不然，与公司法、合伙企业法不同，信托法规范下，投资人询问、查阅范围限制在与自身信托财产有关的管理处分和账目以及其他文件上。那么这是否意味着投资人在法定权利行使范围内可以随时、不限频次地主张相关知情权？管理人能否与投资人约定对上述权利的行使加以限制？

在国投财务有限公司与中粮信托有限责任公司营业信托纠纷案[①]中，关于知情权重复主张问题，北京市第二中级人民法院认为，尽管中粮信托有限责任公司此前已向国投财务有限公司披露了《尽职调查报告》等文件，但"相关法律或者合同条款并未对国投财务有限公司再次查阅相关文件作出限制性规定或者约定"，故中粮信托有限责任公司应当依据合同相关约定予以提供。根据此判决思路可以认为：其一，当事人及裁判者都不得妄加法律未对投资人主张重复查阅作出的限制；其二，如果投资人与管理人间就重复查阅事宜作出特别约定，法院认可该约定之效力。同样在该案中，关于约定限制知情权实现方式问题，北京市第二中级人民法院认可了双方对于案涉文件行使知情权的方式仅限于"查阅、抄录，不包括复制"的约定效力，并出于衡平各投资人之间以及委托人、受益人和受托人之间相关利益保护，未支持国投财务有限公司复制案涉文件的请求。

故此，实践中或可通过双方合意，出于经济和效率考量，对投资人知情权行使的频次、方式、重复主张等加以约定，但此种约定和限制不得触及投资人知情目的的本质实现，且不得以对同一私募基金中多位投资人采不同限制（如有）的形式存在，否则有违管理人信义义务和公平原则，难以衡平利益关系。

但若该私募基金为结构化私募基金，不同于普通平层化的风险承担及收益模式，投资结构本身即具有风险及收益的优先、劣后差异构

---

① 参见国投财务有限公司诉中粮信托有限责任公司营业信托纠纷案，北京市第二中级人民法院（2020）京02民终10989号民事判决书。

造，其中，优先级份额认购者所承担的风险和收益往往较为稳定，而劣后级份额认购者承担更大的交易风险，在此情形下，维持二者间在投资人知情权行使上的同等保护／限制固然不会于法有悖，但是否确有需要对二者知情权行使加以区分？若从风险承担和知情权主张必要性的角度考虑，似乎确有道理，但随着监管部门对于优先级、劣后级划分这一变相杠杆的管理收紧，《证券期货经营机构私募业务运作管理规定》明确"证券期货经营机构设立结构化资产管理计划，不得违背利益共享、风险共担、风险与收益相匹配的原则"。不得"直接或者间接对优先级份额认购者提供保本保收益安排，包括但不限于在结构化资产管理计划合同中约定计提优先级份额收益、提前终止罚息、劣后级或第三方机构差额补足优先级收益、计提风险保证金补足优先级收益等"。不允许"股票类、混合类结构化资产管理计划的杠杆倍数超过1倍，固定收益类结构化资产管理计划的杠杆倍数超过3倍，其他类结构化资产管理计划的杠杆倍数超过2倍"。即便在现有结构化私募基金中，优先级和劣后级份额认购者在风险承担和收益获取上依然普遍存在差异，但如真就此差异安排而专门设计相对应的知情权差异行使方式，则又可能与"致力降低杠杆，实现利益共享、风险共担"的监管理念背道而驰，况且究竟以何种标准确定承担风险与可享有知情权间的转化比例也并无定论，投资人知情权属于法定权限，当事人意思自治不能剥夺知情权，故本文并不认可在结构化私募基金中分级约定／限制知情权主张的做法。

法律建议

投资人知情权由于自身属性的基础性、先导性特征，实践中极易受到忽略。于管理人一方而言，法定主动信息披露义务和告知说明义务的存在，是其保护投资人知情权的显性体现；但对于投资人一方，基金投资过程中，往往因为疏于对知情权的关注，对于管理人告知说明义务、信息披露义务、询问说明义务、查阅配合义务、通知义务等的不履行或不完全履行不能做到及时识别、固定证据，在自身利益出现损害时才想起借助知情权这一工具，希望建立起知情权未获保障与自身利益受损或合同目的不能实现的直接因果关系，却有诸多投资人因举证不足，主张未获支持。

　　因此从投资人角度而言，应当对自身知情权在私募基金运作各阶段的体现和内涵有所了解，及时、合理行使知情权主张，保证对于自身资金运作管理情况的掌握；对于投资人拒不履行相关义务的行为及时固定证据。

　　从管理人角度而言，首先应严格履行法定披露义务，积极履行管理职责；其次，在基金合同中，注意就基金运作过程中具体披露内容、披露义务分配（与托管人等主体）、披露方式等与投资人作出明确约定；再次，如需基于经济和效率考量，对投资人主张知情权情形（譬如已获取信息的重复主张、不得复制等）作必要限制，须建立在双方当事人合意基础上，且不得超越法律对投资人知情权的基本保障；最后，契约型私募基金运作中，管理人对投资人始终负有高度的信义义务，以投资人的利益为首要考量，恪尽职守，审慎管理，同时需注意留存受托义务妥善履行的证据，以备未来可能产生的纠纷争议应对之用。

契约型私募基金下托管人的职责边界

📝 问题的提出

2018年7月,阜兴集团旗下私募基金管理人失联,导致托管行上海银行浦东分行遭到投资人围堵,这一事件引发了资管行业对于托管人职责边界的热烈讨论,甚至中国证券投资基金业协会和中国银行业协会作为行业自律组织也发表声明,从各自行业角度阐明托管人的具体权责。

中国证券投资基金业协会认为,在私募基金项下,管理人和托管人构成证券投资基金法项下的共同受托人,因此托管人应履行证券投资基金法项下的法定职责,包括投资监督、召开基金份额持有人大会等,并且在投资者发生损失时,向投资者承担连带赔偿责任。而中国银行业协会则认为,私募股权投资基金不受证券投资基金法规制,因此私募股权投资基金的托管人无须按照证券投资基金法的规定承担托管责任,其托管职责应以《私募监管办法》以及合同约定为准,主要包括资产保管、资金清算、核算估值、投资运作监督、信息披露、独立建账、资料保管等事项。可见,两个行业协会对于托管人从业所需依据的法律规定存在方向性的分歧。

2019年3月18日,中国银行业协会发布了《商业银行资产托管业务指引》(以下简称《指引》),被业界普遍认为是对2018年7月关于托管行职责范围的讨论以及来自行业协会的正面回应。就托管行职责范围而言,《指引》除了在第十二条正面规定了托管行的职责范围,[①] 还在第十五条对托管行的职责进行了排除性规定,即明示特定事项不属于托管人的职责范围,例如投资者的适当性管理、交易项目及信息的真实性、托管产品的本金及收益保证、自身职责之外的连带责任等。[②]

问题解析

一、托管制度的发展

托管制度作为舶来品,在我国发展历程尚短。

1997年11月,国务院证券委员会发布了《证券投资基金管理暂行办法》(已废止),首次对托管制度进行规定。其第十五条规定:"经批准设立的基金,应当委托商业银行作为基金托管人托管基金资产,委托基金管理公司作为基金管理人管理和运用基金资产。"第十九条规定:"基金托管人应当履行下列职责:(一)安全保管基金的全部资产;(二)执行基金管理人的投资指令,并负责办理基金名下的资金往来;(三)监督基金管理人的投资运作,发现基金管理人的投资指令违法、违规的,不予执行,并向中国证监会报告;(四)复核、审查基金管理人计算的基金资产净值及基金价格;(五)保存基金的

[①] 参见《商业银行资产托管业务指引》第十二条:"托管银行开展资产托管业务,应当根据法律法规规定和托管合同约定,承担下述全部或部分职责:(一)开立并管理托管账户;(二)安全保管资产;(三)执行资金划拨指令,办理托管资产的资金清算及证券交收事宜;(四)对托管资产的资产、负债等会计要素进行确认、计量,复核受托人或管理人计算的托管资产财务数据;(五)履行投资监督和信息披露职责;(六)保管托管业务活动的记录、账册、报表等相关资料;(七)法律法规明确规定的其他托管职责。"

[②] 参见《商业银行资产托管业务指引》第十五条:"托管银行承担的托管职责仅限于法律法规规定和托管合同约定,对实际管控的托管资金账户及证券账户内资产承担保管职责。托管银行的托管职责不包含以下内容,法律法规另有规定或托管合同另有约定的除外。(一)投资者的适当性管理;(二)审核项目及交易信息真实性;(三)审查托管产品以及托管产品资金来源的合法合规性;(四)对托管产品本金及收益提供保证或承诺;(五)对已划出托管账户以及处于托管银行实际控制之外的资产的保管责任;(六)对未兑付托管产品后续资金的追偿;(七)主会计方未接受托管银行的复核意见进行信息披露产生的相应责任;(八)因不可抗力,以及由于第三方(包括但不限于证券交易所、期货交易所、中国证券登记结算公司、中国期货市场监控中心等)发送或提供的数据错误及合理信赖上述信息操作给托管资产造成的损失;(九)提供保证或其他形式的担保;(十)自身应尽职责之外的连带责任。"

会计账册、记录 15 年以上；（六）出具基金业绩报告，提供基金托管情况，并向中国证监会和中国人民银行报告；（七）基金契约、托管协议规定的其他职责。"《证券投资基金管理暂行办法》作为我国首次颁布的规范证券投资基金运作的行政法规，为我国基金业的规范发展奠定了规制基础。托管制度在我国进行基金行业的顶层设计时被纳入体系考量，是基金行业的基础制度之一。

2003 年 10 月，证券投资基金法正式发布，对托管人的任职资格、履行职责、行为规范、任职程序等进行了全面的规定，托管制度在法律层面正式确立，其适用范围为公募基金。随着 2012 年我国对证券投资基金法的修订，私募证券投资基金纳入证券投资基金法的规制范围，托管制度的适用范围也从公募基金扩展到私募证券投资基金。

在此前后，伴随着我国资管业务的迅猛发展，托管制度被相应的监管机构（主要是银保监会和证监会）通过部门规章的形式，广泛引入银行理财产品、证券公司/基金子公司资管计划、保险投资计划等金融产品中。

2018 年 4 月，资管行业的重磅监管文件《金融机构资管指导意见》正式发布，其第十四条规定，本意见发布后，金融机构发行的资产管理产品资产应当由具有托管资质的第三方机构独立托管，法律、行政法规另有规定的除外。根据《金融机构资管指导意见》第三条规定，资产管理产品包括但不限于人民币或外币形式的银行非保本理财产品、资金信托、证券公司、证券公司子公司、基金管理公司、基金管理子公司、期货公司、期货公司子公司、保险资产管理机构、金融资产投资公司发行的资产管理产品等。

至此，除了部分由私募基金管理人发起设立的私募基金可依合同约定不托管外，其他的资产管理产品均需安排托管。托管制度经过二十余年的发展，已经成为资产管理行业的基础制度之一。

二、私募基金托管要求的发展

回到文本重点讨论的私募基金领域,监管机构对私募基金的托管要求也经历了由宽松到严格的发展过程。

2014年2月,证监会发布的《私募投资基金监督管理暂行办法》第二十一条规定,除基金合同另有约定外,私募基金应当由基金托管人托管。基金合同约定私募基金不进行托管的,应当在基金合同中明确保障私募基金财产安全的制度措施和纠纷解决机制。

2019年,中国证券投资基金业协会发布的《私募投资基金备案须知》(已废止)第一条第四项规定,契约型私募投资基金应当由依法设立并取得基金托管资格的托管人托管,基金合同约定设置能够切实履行安全保管基金财产职责的基金份额持有人大会日常机构或基金受托人委员会等制度安排的除外。私募资产配置基金应当由依法设立并取得基金托管资格的托管人托管。私募投资基金通过公司、合伙企业等特殊目的载体间接投资底层资产的,应当由依法设立并取得基金托管资格的托管人托管。托管人应当持续监督私募投资基金与特殊目的载体的资金流,事前掌握资金划转路径,事后获取并保管资金划转及投资凭证。管理人应当及时将投资凭证交付托管人。

纵观托管制度在资管领域的适用,托管方主要起到"保管+监督"的作用:(1)降低所有权和经营者分离而产生的代理成本。在资管业务下,所有权与经营权分离的特征尤为明显。通过引入托管方,对基金的现金财产加以控制,确保资金可以按照合同约定的方式支付至适当主体,进而控制基金的资金流向,避免管理人挪用基金财产。(2)要求托管人承担信息披露、复核估值财务信息等责任;对管理人的基金管理业务进行辅助和监督。

引申探讨

一、托管制度下，究竟是"委托"还是"信托"法律关系

在托管制度下，托管人与投资人构成委托关系还是信托关系？基础法律关系的认定，直接影响认定托管人的义务及责任范围。如前所述的本文开篇案例中，中国证券投资基金业协会和中国银行业协会两大行业协会对托管人在管理人失职情形下的义务范围理解的差异，即属于因基础法律关系认定上的不同导致托管人义务认定的差异。因此，辨明托管人与投资人的法律关系实属必要。概言之，在信托法律关系下，托管人对于基金投资人除履行合同约定的义务之外，还需履行信托法下受托人的信义义务。学界通说认为，信义义务是对处置别人的事务有裁量权的人所增加的特别义务。信义义务项下涵盖忠实义务、谨慎（善管注意）义务、分别管理义务、亲自执行义务等。

在委托法律关系下，托管人对基金/管理人履行委托法律关系项下的受托人义务。在委托的法律关系下，受托人的主要义务为遵守委托人的指示办理受托事项。由于委托事务的裁量权由委托人享有，相应地，受托人的注意义务也仅为一般的注意义务。

以下我们以契约型私募基金为例，就各方的法律关系进行讨论，进而辨识托管人应承担的责任范围。

（一）契约型私募基金项下的投资人、管理人、托管人之间构成信托法律关系

学界通说认为，契约型私募基金项下的投资人、管理人及托管人之间构成信托法律关系。笔者同意上述观点，理由包括：

第一，根据证券投资基金法第三条规定，基金的托管人应履行受托职责。

私募基金的投资范围，分为私募证券投资基金和私募股权投资基金。就私募证券投资基金而言，其适用证券投资基金法。该法第三条第一款、第二款规定："基金管理人、基金托管人和基金份额持有人

的权利、义务,依照本法在基金合同中约定。""基金管理人、基金托管人依照本法和基金合同的约定,履行受托职责。"第二条规定:"在中华人民共和国境内,公开或者非公开募集资金设立证券投资基金(以下简称基金),由基金管理人管理,基金托管人托管,为基金份额持有人的利益,进行证券投资活动,适用本法;本法未规定的,适用《中华人民共和国信托法》、《中华人民共和国证券法》和其他有关法律、行政法规的规定。"据此,私募证券投资基金的托管人应构成信托法下的受托人。

就私募股权投资基金而言,其是否适用证券投资基金法存在较大争议。持否定说的观点认为,根据证券投资基金法第二条规定,进行证券投资活动的基金(包括私募证券投资基金)适用证券投资基金法。而私募股权投资基金所投资的对象不包含证券,因此证券投资基金法没有私募股权投资基金的适用空间。而持肯定说的观点则认为,《私募监管办法》第二十条规定:"募集私募证券投资基金,应当制定并签订基金合同、公司章程或者合伙协议(以下统称基金合同)。基金合同应当符合《证券投资基金法》第九十三条、第九十四条规定。""募集其他种类私募基金,基金合同应当参照《证券投资基金法》第九十三条、第九十四条规定,明确约定各方当事人的权利、义务和相关事宜。"根据该规定,非证券类私募基金应参照证券投资基金法项下关于各方的权利义务安排。所以就托管人和投资人的法律关系,不应仅因投资标的的差异(私募证券投资基金主要投资于股票和债券;私募股权投资基金主要投资于非上市公司股权或产权)而认定不同。笔者认同肯定说观点。

综上,根据证券投资基金法的规定,契约型私募投资基金投资者、管理人和托管人构成信托关系,管理人和托管人均为信托法律关系下的受托人。

第二,从立法历史沿革角度,基金托管初始被设计为基金的基石制度之一,后被不断强化,与委托关系有明显差异。

从前文托管制度的发展历程可见,其伴随着公募基金而生,构成了基金制度中的基石制度。随着证券投资基金法将私募基金纳入规制范围，私募基金的托管人亦应向投资人履行信托法律关系项下的托管人职责。托管制度设计的目的是，对基金财产进行专户管理，并对基金管理人的行为加以监督和约束。该等义务及责任系信托法律关系项下的信义义务范畴，而非由托管合同约定产生。换言之，即便托管合同未对此作出约定，托管人同样应对投资人承担该等义务。

（二）契约型私募基金项下的管理人和托管人不构成共同受托人，托管人独立向投资人履行信义义务

基金中的投资人为信托法律关系下的委托人及受益人，管理人及托管人共同为信托法律关系下的受托人，基金财产为信托财产。中基协提出的托管人与管理人构成"共同受托人"之观点的法律依据亦源于此。

但是笔者认为，在契约型私募基金项下管理人与托管人均为信托法律关系下的受托人，并不导致其当然地构成信托法第三十一条及第三十二条提及的"共同受托人"的关系，进而承担"连带赔偿责任"，简要分析如下：

第一，从连带责任承担角度，证券投资基金法为特殊法，优先于一般法信托法适用。根据证券投资基金法第一百四十五条规定，基金管理人和托管人承担连带赔偿责任的情形不是因为双方系共同受托人，而是因为双方共同行为造成基金财产或基金份额持有人的损害。

第二，从受托人处理信托事务角度，如管理人与托管人之间构成共同受托人，则其应共同处理信托事务且权利平等不分顺序。而证券投资基金法分别规定了管理人和托管人的职责、权利、义务等，均有不同。管理人重在勤勉尽责地管理、运用受托财产开展投资，而托管人重在保管财产及监督管理人履职。该等规定亦足以体现二者的独立性，其并非"共同处理信托事务"。

二、托管人的法定义务范围

（一）托管人的义务

信托法律关系项下的受托人，应向投资人履行信义义务，包括忠实义务、勤勉义务（也称谨慎义务）、分别管理义务、亲自执行义务等，其中最主要的义务包括忠实义务和勤勉义务。

第一，忠实义务是要求义务人不得侵吞属于委托人的资产或者抢夺委托人的机会，如果违反忠实义务，受托人应赔偿委托人的相应损失。在私募投资中，管理人未经允许改变投资用途（如超越明确约定的投资范围和投资比例，尤其是从低风险到高风险、关联交易、挪用投资资产），在性质上构成实质违约，鉴于多半存在利益冲突的情况，因此可以认为其构成对忠实义务的违反。但由于私募基金的投资标的均由管理人或投资决策委员会决定，托管人通常不涉及此类问题。

第二，勤勉义务要求义务人审慎工作，努力履行专业机构的职责。勤勉义务是托管人需要向投资人履行的主要义务，包括其应勤勉地对基金财产进行保管、审慎地判断基金管理人的付款指令是否符合基金合同以及投资协议的约定、专业地判断基金的估值是否符合基金合同约定并加以复核等。可见，托管人的主要义务均落在勤勉义务的范畴。若违反该义务，应结合义务违反的程度、损害的内容、因果关系等判断投资人可获得的赔偿数额。

第三，资管合同履约过程中的信息披露义务是忠实义务和勤勉义务的辅助性义务，是辅助委托人了解受托人是否履行忠实义务和勤勉义务的工具保障。信息披露义务本身的违反，并不当然产生赔偿责任或可据此认定构成对忠实义务或勤勉义务的违反，而应结合忠实义务和勤勉义务违反的具体情形加以认定。

（二）托管人的职责

根据证券投资基金法第三十六条规定，托管人的职责包括：（1）安全保管基金财产；（2）按照规定开设基金财产的资金账户和证券账户；

（3）对所托管的不同基金财产分别设置账户，确保基金财产的完整与独立；（4）保存基金托管业务活动的记录、账册、报表和其他相关资料；（5）按照基金合同的约定，根据基金管理人的投资指令，及时办理清算、交割事宜；（6）办理与基金托管业务活动有关的信息披露事项；（7）对基金财务会计报告、中期和年度基金报告出具意见；（8）复核、审查基金管理人计算的基金资产净值和基金份额申购、赎回价格；（9）按照规定召集基金份额持有人大会；（10）按照规定监督基金管理人的投资运作；（11）国务院证券监督管理机构规定的其他职责。根据前述规定，托管人的义务包括保管基金财产、确认/计量托管财产的会计要素、执行基金管理人指示、监督管理人行为、开展与托管有关的信息披露等。

结合基金的"募投管退"流程以及上述法律规定，我们可概括托管人在私募基金生命周期的主要职责包括：

（1）募集阶段：由于基金尚未成立，托管人尚未开始履职。按照基金业操作惯例，通常在募集完成后，管理人将投资者认购的资金从募集账户汇入托管账户之日，基金宣告成立，托管人开始履行托管职责。因此在募集阶段，基金托管人并无审核项目资金真实性、合规性的义务。

（2）投资阶段：基金托管人主要是依据托管协议约定，按照管理人指令及基金的对外投资协议，办理基金投资款的划付，以及履行相关投资监督义务。

（3）投后管理阶段：区别于基金管理人的主动核算、开展申购/赎回（适用于开放型基金）、主动管理投资项目等职责，托管人义务主要为现金资产的保管、信息披露、对管理人提供的数据复核监督等。

（4）基金清算：基金管理人应当主动依法依约组织清算组对基金财产进行清算，托管人为清算组参与人。

由上可知，托管人的义务范围和管理人的义务范围有较大差别。基金管理人对基金投资具有主动的、全面的决策权利，其应在履行忠实义务、勤勉义务的原则下，主动对基金财产开展投资；而基金托管人的主要义务为保管基金财产并对管理人开展监督，其主动决策事项范围较小，其权利更倾向于否决权，比如对管理人下达的不符合基金合同的投资指令拒绝执行。

三、托管人对付款指令是否具有实质审查义务

实务操作中，托管人的一项重要职能为：根据基金管理人的划款指令以及基金投资协议的约定，将基金账户内的资金支付至被投资的企业。在一些基金纠纷中，基金管理人向托管人提供了虚假的收款账号，导致基金财产未支付至实际的被投资企业，而是被管理人挪用。那么，托管人对基金管理人的划款指令是否需要进行实质审查？

在吴某与某银行股份有限公司民间委托理财合同纠纷案[①]中，投资人吴某投资了上海某股权投资基金管理有限公司在中国证监会备案发行的"中云当代一号私募股权投资基金"。该基金由恒丰银行托管，各方共同签署基金合同，合同约定投资厦门某文化传播有限公司股权。基金合同中约定，托管人收到管理人发送的指令后，应对传真划款指令进行表面一致性审查；托管人不负责审查管理人发送指令时提交的其他文件资料的合法性、真实性、完整性和有效性，管理人应保证上述文件资料合法真实、完整、有效。

2017年8月，基金与被投资企业厦门某文化传播有限公司等签署了增资协议，并约定增资款的收款账户为厦门某文化传播有限公司名下账户。2017年10月，厦门某文化传播有限公司另出具说明函，变更收款账户为第三方名下账户。后投资者了解到，2017年10月的账户变更文件为管理人股权投资基金管理有限公司伪造的被投资目标公司厦门某文化传播有限公司的印章付款函件。

就以上争议，法院认为，银行作为涉案基金托管人，依约依规开立了托管资金账户，对托管账户内的基金财产进行了保管。根据基金

---

① 参见吴某诉某银行股份有限公司民间委托理财合同纠纷案，济南铁路运输中级法院（2021）鲁71民初2号民事判决书。

合同约定，托管人仅就管理人的划款指令进行表面一致性审查，属于形式上的审查，并不就管理人所提供文件的真实性负责。在实际履行过程中，管理人上海某股权投资基金管理有限公司向银行提供了被投资目标公司的《增资扩股协议书》、被投资目标公司出具了《增资扩股收款银行账户说明函》，银行是依据划款指令及被投资目标公司的《增资扩股收款银行账户说明函》将款项划至第三人上海某新能源科技有限公司账户，划款行为符合约定。根据基金合同约定，即便是管理人上海某股权投资基金管理公司伪造了被投资目标公司的付款函件，亦不属于托管人银行的审查范围，银行亦不对其不真实性承担赔偿责任。

从上述案例中可以看到，法院的裁判思路是以基金合同的约定为准。本案的托管合同中明确约定了托管人对划款指令仅有形式审查义务，因此无须进一步审查其底层文件的真实性。

四、托管人是否负有清算义务

实务中常发生管理人因失联等原因，导致基金无法清算的困境。基金托管人因均为大型金融机构，且掌握基金账户以及投资人的信息，投资人希望托管人可以在管理人未根据合同对基金进行清算时作为清算主体，负责对基金进行清算。关于托管人是否具有对基金进行清算的义务，我们通过如下案例[①]简要分析。

2017年4月27日，莫某与某公司、某银行签订《金色木棉－锦腾1号私募投资基金三期基金合同》，莫某作为投资人，某公司作为基金管理人，某银行为托管人。后因基金期限届满未能如期退出，投资人诉至法院。投资人认为，托管人在基金到期终止、管理人不履行的情况下，未组织成立清算小组对基金财产进行清算，导致投资人的投资无法收回。上述违约行为违反了诚信、勤勉尽责原则，因其未能切实履行受托管理职责，需向投资人承担损害赔偿责任。

---

① 参见莫某诉深圳市某投资管理有限公司、某银行股份有限公司民间委托理财合同纠纷案，济南铁路运输中级法院（2020）鲁71民初147号民事判决书。

裁判法院认为，根据案涉基金合同约定，在基金合同终止后，管理人应立即组织成立清算小组。清算小组成员由管理人、托管人组成。据此，银行并不负有组织成立清算小组的义务，其实际履行基金清算义务以管理人组织成立清算小组为前提。因此，托管人不负有对基金主动开展清算的义务。

法律建议

根据上述分析，在契约型基金项下，托管人构成信托法下的受托人，需在法定及约定的职责范围内向委托人承担信义义务。

从托管人角度，根据目前的司法裁判思路，建议在基金合同和托管协议中明确承担的托管事项以及具体的职责。对于托管人不需要承担的事项，也可以在合同中明确排除，避免因合同约定不清晰导致托管人职责边界模糊，进而需承担责任的情形。

从投资人角度，如投资权利受损，应准确检视权利受损系因管理人的违约或违法行为，还是托管人未尽忠实勤勉义务，如结合证券投资基金法第三十六条明确列举的托管人职责进行判断，然后再根据受损原因关系判断系向管理人还是托管人主张赔偿权利，避免索赔主体错位产生额外诉讼成本。

从管理人角度，不仅应当根据特定基金的具体情况，在基金合同和托管协议中对托管人的职责进行明确约定，避免职责混淆导致管理人与托管人责任界限难以划分。同时，在面临投资人的索赔时，应注意判断投资人受损的原因行为是否为托管人违反职责，从而作出准确抗辩。

回购型对赌在履行减资程序中的困境与对策

问题的提出

对赌协议，又称估值调整协议，是指私募股权投资机构与融资方在达成股权性融资协议时，为解决交易双方对目标公司未来发展的不确定性、信息不对称以及代理成本而设计的包含了股权回购、金钱补偿等对未来目标公司的估值进行调整的协议。对赌协议作为一种估值调整机制，几乎成为私募股权投资的必备条款。2002年蒙牛乳业与摩根士坦利等三家私募机构的对赌成功，使得对赌协议在后来的私募基金运作中被以广泛引用。但是由于对赌协议的舶来属性，对赌协议在我国立法中还未成为一种明确的制度设置。因为制度等尚不完善，致使投融资双方因对赌失败在股权回购时遇到了重重阻碍。

另外，对赌协议主要分为私募股权投资机构与目标公司的股东或者实际控制人的对赌、私募股权投资机构与目标公司的对赌以及与目标公司的股东和目标公司同时对赌等形式。其中，与目标公司对赌，指的是私募股权投资机构与目标公司签订的协议约定，目标公司从私募股权投资机构融资，私募股权投资机构成为目标公司的股东，当目标公司在约定期限内实现双方预设的目标时，由私募股权投资机构给予目标公司奖励；相反，由目标公司按照事先约定的方式回购私募股权投资机构的股权或者向私募股权投资机构承担金钱补偿义务。本文主要讨论在与目标公司对赌的情况下，目标公司没有实现双方预设目标，对赌失败后需要目标公司进行股权回购的情形下，目标公司减资涉及的相关程序性问题。

问题解析

一、目标公司回购股权的法律限制

（一）减资作为回购前置程序的必要性

近年来，随着国内对赌类型的投资越来越多，学界和实务界的研究也越来越深入，司法实践中对于私募股权投资机构与目标公司的对赌协议的效力问题都没有太大争议。最高人民法院于2019年发布《九民纪要》，第一次对公司与私募股权投资机构签署的对赌协议的有效性进行了确认。根据《九民纪要》第五条规定，私募股权投资机构与目标公司订立的对赌协议在不存在法定无效事由的情况下，目标公司仅以存在股权回购或者金钱补偿约定为由，主张对赌协议无效的，人民法院不予支持。

这相当于给私募股权投资机构以公司回购股权的方式退出公司提供了附条件的路径。但对赌协议有效，私募股权投资机构也未必能请求公司履行回购义务。《九民纪要》第五条第二款规定，私募股权投资机构请求目标公司回购股权的，人民法院应当依据2018年公司法第三十五条[1]关于"股东不得抽逃出资"或者第一百四十二条[2]关

---

[1] 此条为2018年公司法规定，经修订，2023年公司法第五十三条规定："公司成立后，股东不得抽逃出资。""违反前款规定的，股东应当返还抽逃的出资；给公司造成损失的，负有责任的董事、监事、高级管理人员应当与该股东承担连带赔偿责任。"后同。

[2] 此条为2018年公司法规定，经修订，2023年公司法第一百六十二条规定："公司不得收购本公司股份。但是，有下列情形之一的除外：（一）减少公司注册资本；（二）与持有本公司股份的其他公司合并；（三）将股份用于员工持股计划或者股权激励；（四）股东因对股东会作出的公司合并、分立决议持异议，要求公司收购其股份；（五）将股份用于转换公司发行的可转换为股票的公司债券；（六）上市公司为维护公司价值及股东权益所必需。""公司因前款第一项、第二项规定的情形收购本公司股份的，应当经股东会决议；公司因前款第三项、第五项、第六项规定的情形收购本公司股份的，可以按照公司章程或者股东会的授权，经三分之二以上董事出席的董事会会议决议。""公司依照本条第一款规定收购本公司股份后，属于第一项情形的，应当自收购之日起十日内注销；属于第二项、第四项情形的，应当在六个月内转让或者注销；属于第三项、第五项、第六项情形的，公司合计持有的本公司股份数不得超过本公司已发行股份总数的百分之十，并应当在三年内转让或者注销。""上市公司收购本公司股份的，应当依照《中华人民共和国证券法》的规定履行信息披露义务。上市公司因本条第一款第三项、第五项、第六项规定的情形收购本公司股份的，应当通过公开的集中交易方式进行。""公司不得接受本公司的股份作为质权的标的。"后同。

于"股份回购的强制性规定"进行审查。2018年公司法第一百四十二条中与请求目标公司回购股权相关的只有"减少公司注册资本"这一种情形。从现行立法可以推断目标公司没有履行减资程序的情况下，私募股权投资机构请求目标公司收购其股权的请求不会得到法院的支持。

（二）减资的程序性规定

在目标公司定向回购私募股权投资机构股权的情况下，公司资本维持的原则可能受到挑战，且并非所有的股东都有平等退出权，所以公司必须在满足规定的条件、履行规定的程序后才能将资产返还给股东。

1. 公司减资决议程序

由于减资存在同比减资和不同比减资两种情况，不同比减资会直接突破公司设立时的股权分配情况，其因为主要针对特定而非全部的股东，也叫作定向减资。同比减资是常见的减资方式，其效力并无争议。但公司能否进行定向减资以及定向减资是否需要全部股东一致同意，还需要进一步分析。2018年公司法第四十三条[①]、第一百零三条[②]分别规定了有限公司和股份公司股东（大）会作出减少注册资本决议的表决程序，即需三分之二以上表决权的股东通过。司法实践中，也有裁判观点认为，定向减资突破公司设立时的股权分配情况，采用多数决的表决方式无疑是对其他股东的利益侵害，可能造成股东实质不公平的结果。为了实质公平，除全体股东已有约定或者公司章程另有约定外，定向减资决议应当由全体股东一致同意。

---

① 此条为2018年公司法规定，经修订，2023年公司法第六十六条规定："股东会的议事方式和表决程序，除本法有规定的外，由公司章程规定。""股东会作出决议，应当经代表过半数表决权的股东通过。""股东会作出修改公司章程、增加或者减少注册资本的决议，以及公司合并、分立、解散或者变更公司形式的决议，应当经代表三分之二以上表决权的股东通过。"

② 此条为2018年公司法规定，经修订，2023年公司法第一百一十六条规定："股东出席股东会会议，所持每一股份有一表决权，类别股股东除外。公司持有的本公司股份没有表决权。""股东会作出决议，应当经出席会议的股东所持表决权过半数通过。""股东会作出修改公司章程、增加或者减少注册资本的决议，以及公司合并、分立、解散或者变更公司形式的决议，应当经出席会议的股东所持表决权的三分之二以上通过。"

2. 减资通知、公告程序

关于通知公告程序的履行，公司实质减资时应当自减资决议作出之日起十日内通知已知债权人，包括在减资登记完成之前形成债权事实基础的或然债权人必须逐一通知。告知其减资原因、方式、资产负债表、财产清单、可以要求提前清偿或者提供担保的权利等内容，通知不能以公告代替之。并且，自决议作出之日起三十日内根据公司规模和营业地域范围在全国或者公司注册登记地省级有影响的报纸上进行公告。

3. 减资登记程序

2018年公司法第一百七十九条①、《市场主体登记管理条例》第二十四条规定了公司减资的应当自作出减资决议之日起三十日内申请工商变更登记。公司变更注册资本涉及实收资本变更或变动的，还应当同时办理实收资本变更登记或申报变动情况。

引申探讨

一、股权回购型对赌协议的减资履行障碍与实务建议

《九民纪要》仅仅肯定了对赌协议之效力，进而提供了对赌协议履行的逻辑可能，但履行过程中的各种细节仍有待厘定。比如，其中并未对诸如无法减资、无盈余利润等情形下，私募股权投资机构如何进行权利救济等问题进行实质回应。根据上文的分析，已经明确"减资程序"是目标公司回购股权的前置程序，那么在减资程序中会存在哪些障碍？这些障碍产生的效果具体是什么？

（一）减资程序履行完毕的时间节点尚不明确

《九民纪要》中提及的"完成减资程序"是指目标公司作出减资决议即可，还是需要以目标公司通知、公告债权人，并应要求为其提

---

① 此条为2018年公司法规定，经修订，2023年公司法第三十四条规定："公司登记事项发生变更的，应当依法办理变更登记。""公司登记事项未经登记或者未经变更登记，不得对抗善意相对人。"

供担保为标准，或者是要求目标公司完成减资的工商变更登记为准，存在一定争议。

司法实践往往从保护债权人利益、维护公司资本维持原则等实质角度出发，认为只有目标公司已根据2018年公司法第一百七十七条[1]规定完成减资程序，才可能支持投资人的回购请求。例如，在（2020）最高法民申2957号案中，最高人民法院认为，投资人回购股份属于减少公司注册资本的情形，须经股东大会决议，并依据2018年公司法第一百七十七条的规定完成减资程序。在（2020）最高法民申1191号案中，最高人民法院也持同样观点。

因此，为谨慎起见，建议私募股权投资机构对赌协议的预先安排应该将减资不能完成的风险覆盖到减资的最后一步，即明确完成减资的工商变更登记为完成减资程序。

（二）股东不配合减资，无法通过决议

上文提到，公司作出减资决定须经代表三分之二以上表决权的股东或全体股东的同意方可通过。而实务中，私募股权投资机构通常只持有被投企业较低比例的股权（一般不高于30%），若无关于表决权的特别约定，私募股权投资机构无法独自推动被投企业作出减资的决议。如果要顺利通过减资决议，一定是私募股权投资机构与其他股东（通常是创始股东）协商一致的结果。而当目标公司经营恶化，股东很大可能不会出席股东会会议或协助私募股权投资机构达成有效减资决议。因此，在与目标公司进行对赌时，如对赌失败，私募股权投资机构诉请目标公司履行对赌安排面临极大困难。

关于如何顺利通过股东会决议，实现目标公司回购，建议私募股权投资机构可以通过协议约定提前做好应对措施。第一，在协议中提

---

[1] 此条为2018年公司法规定，经修订，2023年公司法第二百二十四条规定："公司减少注册资本，应当编制资产负债表及财产清单。""公司应当自股东会作出减少注册资本决议之日起十日内通知债权人，并于三十日内在报纸上或者国家企业信用信息公示系统公告。债权人自接到通知之日起三十日内，未接到通知的自公告之日起四十五日内，有权要求公司清偿债务或者提供相应的担保。""公司减少注册资本，应当按照股东出资或者持有股份的比例相应减少出资额或者股份，法律另有规定、有限责任公司全体股东另有约定或者股份有限公司章程另有规定的除外。"后同。

前约定决议投票事宜，私募股权投资机构与目标公司大股东签订协议，要求大股东将来在减资决议时投赞成票，以确保相关决议符合通过比例；第二，协议约定全体股东在股权回购协议上签字视为同意减资决议，同时确保所有股东均在对赌协议中签字；第三，股东会就股权回购预先形成决议，并确保该决议符合目标公司的章程规定；第四，可以通过协议约定，目标公司若因无法作出减资决议等情形不能按照约定回购私募股权投资机构持有的目标公司股权，则控股股东或实际控制人保证按照协议约定的价格回购私募股权投资机构持有的目标公司股权。

（三）公司减资时未履行通知债权人的义务

对于债权人的通知义务，公司减资时不得以公告代替向其通知的义务。司法实践中通常认为通知和公告针对的是不同的债权人，通知是对已知债权人的告知方式，而公告应作为通知的补充，是对未知债权人或者公司无法联络的债权人的告知方式。实务中，司法裁判机构认为即使履行了减资登报公告也不必然认定目标公司已履行完毕对债权人的减资通知程序，而是根据实质重于形式之原则要求目标公司在减资过程中履行对所有已知、应知债权人的实际通知义务。

因此，公司不能在未先行通知的情况下直接以登报公告形式代替通知义务。若公司减资未按照法律规定通知债权人，减资行为对该债权人不发生法律效力，且当公司减资后不能偿付减资前的债务时，公司股东应就该债务在减资范围内对债权人承担补充赔偿责任。为了顺利完成减资，私募股权投资机构可以通过协议约定减资程序中债权人通知义务人为目标公司大股东或实际控制人。同时，由于行政登记机关对减资程序中债权人通知程序仅作形式审查，即使回购型对赌协议已履行完毕，私募股权投资机构依然存在因减资程序中的债权人通知瑕疵而需对减资过程中的未通知债权人承担补充赔偿责任之风险，为此，建议私募股权投资机构通过协议约定：因未通知债权人而产生的赔偿责任最终由目标公司大股东或实际控制人承担，即私募股权投资机构在向债权人承担赔偿责任后有权向目标公司大股东及实际控制人进行追索。

（四）目标公司破产的情况

对赌方进入破产程序后，对赌协议的履行问题受两方面因素影响：一是对赌协议的合同履行情况，是否为双方均未履行完毕的合同；二是破产管理人的决定，如认定对赌协议属于双方均未履行完毕的合同，则管理人有权决定对赌协议继续履行或者解除。那么司法实践中，对投资者和对赌方是否履行完毕对赌协议该如何去界定？管理人决定继续履行或者解除对赌协议时，私募股权投资机构又该如何寻求救济？

1. 对赌双方是否履行完毕合同的界定

在股权回购型对赌协议中，私募股权投资机构的主要义务为：前期按合同约定向目标公司投入资金，后期配合目标公司办理股权变更、转让手续。目标公司的主要义务为：前期办理增资扩股、股权登记手续，后期回购投资者持有的股权。实践中，对赌双方未履行完毕合同一般存在两种情况。

第一种情况：投资者未投入或未足额投入资金，对赌方未办理增资扩股手续。此种情形下，司法实践中一般并无争议，认定该对赌协议属于双方均未履行完毕的合同，破产管理人有权决定解除或者继续履行。

第二种情况：投资者已足额投入资金且已成为公司股东，对赌方未能完成对赌承诺，尚未办理股权回购手续。针对第二种情况，目前存在两种观点：一是认为投资者的主要义务为投入资金，资金足额投入目标公司后，投资者的义务则已完成，因此对赌协议不属于双方均未履行完毕的合同；二是认为股权投资行为与股权回购行为属于不同的法律关系，股权回购的本质是股权转让，双方义务为一方支付股权回购款、另一方交付股权，因此如对赌方并未支付股权回购款，私募股权投资机构亦未交付股权，则对赌协议属于双方均未履行完毕的合同。

对赌双方的义务分为前期和后期两个阶段，双方后期关于股权回购衍生的义务均是建立在对赌失败的情况下才需要履行，因此无法以目标公司是否回购股权来判断合同是否已经履行完毕，应当根据对赌协议履行阶段来判断。在股权回购阶段，私募股权投资机构负有交付股权义务，对赌方负有支付股权回购款义务，如双方均未履行，则该对赌协议属于双方均未履行完毕的合同。①

2. 管理人决定继续履行或解除合同的效果

此种情形下，如管理人决定继续履行对赌协议，则因履行对赌协议而产生的债务应该列为共益债务，由目标公司的财产随时清偿。②实践中，除非继续履行合同能够有利于债务人保全财产，否则管理人不会轻易决定继续履行合同。如私募股权投资机构主张股权回购有两种可能：第一种可能，按照对赌协议约定的价格回购；第二种可能，法院会综合考虑目标公司现状、全体债权人利益等对股权回购价格予以适当调整。根据检索结果发现，关于管理人决定继续履行对赌协议的案件十分罕见。究竟以何种价格回购股权目前尚无定论，笔者更倾向于适当调整股权回购价格这一观点。

3. 管理人决定解除合同

管理人解除对赌协议后，投资者可以向管理人申报债权，但申报债权的范围仅限于因协议解除所产生的实际损失，且不包含违约金。那么此处的"实际损失"应当如何认定？是按协议约定的股权回购价格申报债权，还是以约定的股权回购价格与此时股权的实际价值之间的差额来申报债权？笔者认为，从投资者角度来说，债权申报自然以约定的股权回购价格来申报债权，但是实际操作中，管理人可能会综合考虑全体债权人的利益，仅支持差额部分。另外，此处需要注意的是，在目标公司破产的情形下，法院可能会以违反公司法关于股东不得抽逃出资的规定为由不予确认债权。

综上所述，目标公司进入破产程序后，应由管理人决定是否继续履行对赌协议。管理人决定继续履行的，因履行该合同所产生的债务

---

① 参见某创业投资有限公司诉某经贸有限公司、某资本有限公司、周某股权转让纠纷案，山东省济南市中级人民法院（2020）鲁01民初2774号民事判决书。

② 参见企业破产法第四十三条："破产费用和共益债务由债务人财产随时清偿。""债务人财产不足以清偿所有破产费用和共益债务的，先行清偿破产费用。""债务人财产不足以清偿所有破产费用或者共益债务的，按照比例清偿。""债务人财产不足以清偿破产费用的，管理人应当提请人民法院终结破产程序。人民法院应当自收到请求之日起十五日内裁定终结破产程序，并予以公告。"

将作为共益债务随时清偿;管理人决定解除的,私募股权投资机构可以依法申报债权。

(五)目标公司未完成回购违约责任的承担

目标公司因为没有完成减资程序或者没有资金用于支付回购股权价款,那么此时私募股权投资机构能否要求其承担违约责任呢?笔者认为,此时首先需要判断目标公司承担的回购股权义务属于手段债务还是结果债务。

1. 手段债务与结果债务

手段债务与结果债务是一对相对的概念:所谓结果之债是指该债务重视的是给付结果,要求必须完成一定的结果,而不是实施某种行为即可;手段债务则不重视给付结果,仅要求依法实施一定的行为。国际统一私法协会发布的《国际商事合同通则》对"手段债务"和"结果债务"作了区别规定。譬如,该通则第5.4条中,就"获得特定结果的义务(结果债务)和尽最大努力的义务(手段债务)"作如下规定:"(1)如果一方当事人的债务涉及实现某一特定结果的债务的场合,该当事人在此限度内负有实现该结果的义务。(2)如果一方当事人的债务涉及履行某一项行为时尽最大努力的债务的场合,该当事人在此限度内负有与其有同等资格的通情达理的人在相同情况下可能作出努力的义务。"

关于目标公司无法回购股权是否应该承担违约责任,此时需要厘清目标公司在对赌协议中承担的是什么样的义务。前文中提到,在股权回购协议中,目标公司在回购阶段的主要义务为回购投资者持有的股权,即实现回购股权的结果。由此推断,目标公司此时承担的是结果债务。那么,即使尽最大努力,只要没有按照对赌条款约定完成回购义务就构成违约,需要承担违约责任。

2. 目标公司无法完成回购是否应该支付违约金

在确定了目标公司应该承担违约责任的前提下,我们需要确定责任承担方式,也就是关于支付违约金的问题。关于对赌协议违约后请求支付违约金,现行法律中对此并无明文规定,为填补这种法律漏洞，我们可以借助类推解释。

笔者认为，对赌金钱补偿和股权回购义务不履行的违约赔偿，均需要公司向投资人履行金钱给付义务，此二者义务履行对标的公司及外部债权人产生的影响相同，应当适用相同的规则予以认定。因此，根据《九民纪要》第五条第三款关于投资人请求目标公司承担金钱补偿义务的要求，投资人要求标的公司承担股权回购义务不履行的违约赔偿责任的，同样应当符合 2018 年公司法第三十五条关于"股东不得抽逃出资"和第一百六十六条①关于利润分配的强制性规定。

法律建议

一是对于减资程序履行完毕的时间节点：建议在私募股权投资机构对赌协议中明确约定为完成减资的工商变更登记时。

二是对于顺利通过股东会决议：建议首先在协议中约定股东已提前同意减资程序；其次约定若是公司无法完成减资，控股股东或实际控制人应回购股权。

三是对于公司减资时通知义务：建议约定将通知义务转移给公司大股东或实际控制人，由其承担未履行通知义务时的补充赔偿责任；若私募股权投资机构承担补充赔偿责任后有权向大股东或实际控制人追偿。

四是对于目标公司破产：股权回购的价格应适当调整，且目标公司决定解除合同申报债权时存在法院认定不予确认债权之风险。

五是对于目标公司无法完成回购时违约金的支付：建议约定类推适用《九民纪要》第五条第三款的规定。

---

① 2018 年公司法规定，经修订，2023 年公司法第二百一十条规定："公司分配当年税后利润时，应当提取利润的百分之十列入公司法定公积金。公司法定公积金累计额为公司注册资本的百分之五十以上的，可以不再提取。""公司的法定公积金不足以弥补以前年度亏损的，在依照前款规定提取法定公积金之前，应当先用当年利润弥补亏损。""公司从税后利润中提取法定公积金后，经股东会决议，还可以从税后利润中提取任意公积金。""公司弥补亏损和提取公积金后所余税后利润，有限责任公司按照股东实缴的出资比例分配利润，全体股东约定不按照出资比例分配利润的除外；股份有限公司按照股东所持有的股份比例分配利润，公司章程另有规定的除外。""公司持有的本公司股份不得分配利润。"第二百一十一条规定："公司违反本法规定向股东分配利润的，股东应当将违反规定分配的利润退还公司；给公司造成损失的，股东及负有责任的董事、监事、高级管理人员应当承担赔偿责任。"

PE/VC 诉请公司履行"现金补偿"条款的疑难解析

问题的提出

对赌是近些年国内 PE/VC 投资（即私募股权与风险投资）中的热词，其虽非舶来品，[①] 但对赌问题受到法律界的关注和持续讨论是从海富案[②]开始的。在海富案中，最高人民法院认为，投资者与目标公司本身之间的补偿条款使得投资者取得相对固定的收益，将直接或间接地损害公司利益和公司债权人利益，并认定对赌条款无效。裁判作出后，一石激起千层浪，引发理论与实务界对对赌问题的关注和激烈讨论：如果约定目标达到，双方有利，也同样认定合同无效吗？再者，认定合同无效，主要是为保护公司债权人的利益，但如果公司债权人利益保护得到满足，为什么要认定合同无效？[③]

经瀚霖案[④]、华工案[⑤]等案件的积累，法院的裁判思路渐趋清晰：投资方与目标公司对赌问题涉及传统民法和组织法的交叉，存在投资

[①] 参见张巍：《资本的规则》，中国法制出版社2017年版。
[②] 甘肃世恒有色资源再利用有限公司、香港迪亚有限公司与苏州工业园区海富投资有限公司、陆某增资纠纷案（本文简称海富案），最高人民法院（2012）民提字第11号民事判决书。
[③] 参见最高人民法院民事审判第二庭编著：《〈全国法院民商事审判工作会议纪要〉理解与适用》，人民法院出版社2019年版。
[④] 参见强某延与曹某波、山东瀚霖生物技术有限公司股权转让纠纷案（本文简称瀚霖案），最高人民法院（2016）最高法民再128号民事判决书。
[⑤] 参见江苏华工创业投资有限公司与扬州锻压机床股份有限公司、潘某虎等请求公司收购股份纠纷再审案（本文简称华工案），江苏省高级人民法院（2019）苏民再62号民事判决书。

方合同法权利与公司法义务的冲突。一方面，投资人根据对赌协议，对目标公司享有金钱债权；另一方面，因为投资人已成为目标公司的股东，必须受限于公司法施加的义务，如资本维持原则、利润分配规则等。2019年《九民纪要》的出台使得对赌协议的性质和分类得到界定，且对"不存在法定无效事由的"对赌条款的效力进行了认可，原本焦灼的效力之争转向了履行之争。

《九民纪要》将现金补偿视同利润分配是否为妥帖的规制之道？本文聚焦于现金补偿型对赌协议，结合理论与实践，就投资人与目标公司对赌的"现金补偿"条款诉请履行的要点展开分析，并最终回答三个层次的问题：法律规制层面，现金补偿条款可否履行的底线规则或控制阀门是什么？司法裁量层面，对现金补偿能否实际履行的合理判断标准是什么？诉讼策略方面，原、被告双方的抗辩如何认定和展开？①

问题解析

一、现金补偿条款的性质为何？

在分析与目标公司对赌的"现金补偿"条款诉请履行之前，实践中争议较多的另一个问题必须首先予以回应，即现金补偿的性质是什么？是估值调整机制、分红还是违约金？法院对现金补偿性质的理解和认定，将影响投资者诉请的数额能否获得法院支持以及支持多少，实为投资方利益关切。

（一）商业实践中典型的现金补偿条款：以海富案为例

PE/VC与目标公司采取现金补偿型对赌的模型通常为：估值环节，投资者依据双方商定的市盈率（P/E）和被投资公司及其股东对被投资公司一定期限内业绩的承诺，对被投资公司股权的当期价值作出初步计算，并以此作为计算该笔投资应占股权的依据，通过增发或

---

① 参见游冕：《对赌裁判的发展与思索：资本维持、履行标准与法定抗辩》，载天同律师事务所网站，http://www.tiantonglaw.com/Content/2020/07-12/1013234452.html，2022年4月14日访问。

股权转让进行出资；调整环节，在约定期限届满时，根据公司实际的经营业绩，计算该笔投资实际应占有股份或被投资企业实际应占用的该笔资金数额，并对超出或不足资金占用进行"多退少补"的调整。

以海富案为例，众星公司原注册资本为 384 万美元，迪亚公司占投资的 100%。后海富公司以现金 2000 万元人民币对众星公司进行增资，其中新增注册资本 114.7717 万元（占注册资本的 3.85%），资本公积金 1885.2283 万元。海富公司投入的资本公积金一小部分用于调整目标公司的在资金公积、盈余公积和未分配利润项下的存量，以平衡自己与公司原有股东之间的利益，另一大部分则是对未来利润的估值。案涉《增资协议书》第 7 条第 2 项业绩目标约定：补偿金额 =(1-2008 年实际净利润 / 3000 万元)× 本次投资金额。如果公司 2008 年的净利润达不到 3000 万元，海富公司的股权比例保持不变，但是要下调原来的高估值部分，从而实现对海富公司的补偿。

（二）司法裁判中的争议观点呈现

1. 现金补偿等同于利润分配

在（2015）浙绍商初字第 13 号增资纠纷案[①]中，投资人依据投资合同书及补充协议要求目标公司股东回购股权，又根据承诺函要求后者补偿其 300 万元现金补偿款。浙江省绍兴市中级人民法院认为，现金补偿金的性质等同于分红款，根据承诺函及股权回购协议的约定："在原股东回购或收购投资方的股权时，股权回购或收购的价格应按以下原则确定：按 10% 年利率计算的投资款项的本利之和，并扣除投资方从公司获得的分红。"最终法院没有支持投资人关于现金补偿款的诉讼请求。

在（2019）最高法民申 6709 号案[②]中，投资方与目标公司所签《补充合同》第二条约定，如公司未能实现该合同第一条规定的经营

---

① 江阴安益股权投资企业与洪某坤、邵某江等公司增资纠纷案，浙江省绍兴市中级人民法院 (2015) 浙绍商初字第 13 号民事判决书。

② 郭某辉、重庆京庆重型机械股份有限公司公司增资纠纷案，最高人民法院（2019）最高法民申 6709 号民事裁定书。

目标，即2011年完成净利润3000万元、2012年完成净利润4000万元，投资方有权要求原股东或公司支付现金补偿款并约定了计算公式。最高人民法院认为，"该条实质是对公司利润的分配"，根据目标公司章程和2018年公司法第一百六十六条①的规定，利润分配方案应当由股东大会作出普通决议，且要求公司在弥补亏损和提取法定公积金后仍有利润的情况下才能分配利润，"《补充合同》的利润分配条款既未经股东大会决议通过也不符合公司法的规定"，投资方不能基于此请求目标公司对其现金补偿。

2. 现金补偿是违约金

因企业经营业绩本身固有的不确定性而使得估值调整条款具有一定射幸属性（这也是"对赌"一词的由来），但股权投资行为本身不是也不应当是单纯"赌博"。如果当事人的商业风险与收益的展开超过合理的幅度，法院对估值调整条款有调整的动力和需求，相应的实现手段便会借助于违约金酌减规则。

在（2020）京民终677号案②中，昆颉中心与万安公司（目标公司）、向艺公司、樊秦安、昆吾公司签订的《补充协议》第1.2.1条约定，若万安公司2018年税后净利润未达到2250万元，向艺公司、樊秦安均应对昆颉中心予以补偿。一审法院认为，《补充协议》中约定的现金补偿款虽名为"补偿"，但根据约定内容，支付该部分费用显然具有强制性，因此"现金补偿款"的法律性质实际属于合同法第一

---

① 此条为2018年公司法规定，经修订，2023年公司法第二百一十条规定："公司分配当年税后利润时，应当提取利润的百分之十列入公司法定公积金。公司法定公积金累计额为公司注册资本的百分之五十以上的，可以不再提取。""公司的法定公积金不足以弥补以前年度亏损的，在依照前款规定提取法定公积金之前，应当先用当年利润弥补亏损。""公司从税后利润中提取法定公积金后，经股东会决议，还可以从税后利润中提取任意公积金。""公司弥补亏损和提取公积金后所余税后利润，有限责任公司按照股东实缴的出资比例分配利润，全体股东约定不按照出资比例分配利润的除外；股份有限公司按照股东所持有的股份比例分配利润，公司章程另有规定的除外。""公司持有的本公司股份不得分配利润。"第二百一十一条规定："公司违反本法规定向股东分配利润的，股东应当将违反规定分配的利润退还公司；给公司造成损失的，股东及负有责任的董事、监事、高级管理人员应当承担赔偿责任。"后同。

② 郭某辉、重庆京庆重型机械股份有限公司公司增资纠纷案，最高人民法院(2019)最高法民申6709号民事裁定书。

百一十四条规定的违约金。一审法院根据投资人可得分红数额来确定投资人的实际损失，认为投资人主张的2300余万元现金补偿款远高于其实际损失，最终酌情确定义务人向投资人支付现金补偿款280万元。二审法院认为，无论是现金补偿条款还是股权回购条款，都只是调整投资价格，使其恢复到符合目标公司实际业绩指标水平的路径，最终以昆颉中心已就回购股权另案进行诉讼补偿其投资损失为由，维持了一审判决。可见二审法院虽不认同现金补偿是违约金的定性，但同样认为现金补偿款的数额需要合理控制。

3.现金补偿款是违约损害赔偿

在（2018）沪0115民初45869号案①中，上海市浦东新区人民法院认为，支付现金补偿款、回购原告股权均具有因违约行为承担损害赔偿责任的性质，且从《投资协议》约定的股权回购款的计算方式看，被告违约行为给原告投资造成损失的弥补已经得到充分考虑，进而驳回原告现金补偿款及相应逾期付款违约金的诉讼请求。

（三）"现金补偿"条款性质的分析与结论

暂不考虑个案投资协议约定的具体特殊性，以及法院借助违约金规则实现对现金补偿款调整的考量，有必要对常规对赌机制下现金补偿的性质进行辨析和澄清，②从而明确适用最精准的法律工具。

1.业绩承诺并非合同义务，现金补偿更非该义务违反的违约金

民法典第五百七十七条规定："当事人一方不履行合同义务或者履行合同义务不符合约定的，应当承担继续履行、采取补救措施或者赔偿损失等违约责任。"第五百八十五条第一款规定："当事人可以约定一方违约时应当根据违约情况向对方支付一定数额的违约金，也可以约定因违约产生的损失赔偿额的计算方法。"从上述法律条文可见，违约金是当事人双方约定的一方违约时向另一方支付的赔偿。违约责

---

① 宁波金投股权投资合伙企业与赵某学、陈某宇等其他与公司有关的纠纷案，上海市浦东新区人民法院(2018)沪0115民初45869号民事判决书。

② 商业实践中的现金补偿条款形形色色，囿于篇幅，本文仅讨论商业实践中最为典型的（如前文海富案中所约定的）现金补偿条款。

任以合同债务的存在为前提，无合同债务即无违约责任。此外，违约金作为违约责任的形式之一，实质上是合同之债的替代与转化，二者应具有同一性。

目标公司因未实现业绩承诺，而须承担现金补偿义务，看似符合违约金的特征。但实际上现金补偿并非投资协议项下的给付义务，也非违约责任的承担方式之一。

首先，从交易惯例的角度出发，关于目标公司未来业绩的约定和在目标公司无法实现预期目标进行现金补偿的约定，虽为两个层次的表达，却具有不可分割性。目标公司承诺在某年实现不低于某数额的净利润，并非意在设定实现净利润的合同义务，而是为合同履行中确定目标公司承担付款义务的情形设定一个判断标准，俗称"业绩对赌目标"。将业绩承诺解释为合同义务、将现金补偿解释为违约金，是对业绩对赌目标和补偿方式这个有机联系的整体作的机械拆分。其次，在业绩承诺的实现主体为目标公司，而现金补偿责任的承担主体为股东的情况下，将现金补偿解释为违约金也不符合我国法律关于违约责任主体与合同义务主体应具有同一性的要求。最后，违约金比例对应的是一定合同标的额或者损失数额基数，而对赌框架下的交易模式应属于股权性融资与目标公司市场化估值之间进行调整的交易模式，其中的各类补偿方式，与合同标的额或者损失数额无关。

2. 业绩承诺并非分红承诺，现金补偿并非违反分红承诺的违约金

目标公司与投资人约定实现一定的业绩，并不能直接解释出目标公司对投资人负有分红的义务。分红系投资人出资并成为目标公司股东后所享有的股权权益之一，在公司符合条件时，方可行使。一方面，当公司未实现相应的业绩时，通常公司没有实际可分配利润，分红条件不满足，投资人对公司根本就不存在分红请求权，更不会存在分红请求权转化而成的违约金（次位请求权）。另一方面，现金补偿和分红损失的计算方式也不同：现金补偿通常以出资本金为基数，乘以一定比例（基于实际业绩与承诺业绩之比值计算得出的）；公司分红以及对应的分红损失，则必须以实际可分配利润为限。

3. 现金补偿条款系估值调整机制

根据阿克洛夫模型[①]，在市场存在信息不对称、质量不确定给高质量卖方带来逆向选择的情况下，卖方主动承担风险、提供质量保证等补偿机制，以保障买方对质量的预期，可以促成更多良性的交易。

与"柠檬市场"相似，现代私募股权投资的交易中，交易双方同样面临对目标公司未来发展的不确定性、信息不对称以及产生代理成本等风险，也因此将导致投资方获得巨大投资收益或者遭受巨大投资损失的可能性。投资人为实现及时促成交易、发现并合理确定股权价值、降低并分配投资风险、激励管理层、催化企业成长等多目标，与目标公司签订对赌协议，约定根据企业将来的经营情况调整投资者的投资条件或给予投资者补偿。

因此，根据合同约定、诚信原则，并斟酌股权投资的交易惯例综合考虑，现金补偿系一种估值调整机制。司法实践应该在围绕这一定性的基础上选择法律工具，而非用法律概念的折射镜去扭曲真实的商业实践。

二、"现金补偿"条款可履行性的裁判观点与评析

投资人与目标公司签订现金补偿型对赌协议，可以解决严重的信息不对称和"委托—代理"关系下的道德风险两大难题，既帮助投资者通过调整评估公司股权价值有效规避投资风险，也使管理者更快捷地获得低成本投资，是符合实践需求的合理商业安排。但是对赌协议并不是普通的商事交易合同，并不能完全由当事人的意思自治调整。一方面，PE/VC 将资金投入目标公司，成为公司的股东；另一方面，因 PE/VC 的投资款计入所有权权益的"股本"或"资本公积金"科目，属于"资本"范畴，投资人诉请履行的现金补偿款涉及公司财产

---

① George A.Karloff, The market for 'Lemons', *Quality Uncertainty and the Market Mechanism, Quarterly Journal of Economics*, Vol.84, No.3 (Aug.1970), p.488-500.

向特定股东流出,属于公司与股东之间的资本性交易,①理应受到公司法中强制性规范的规制。

(一)现金补偿可履行性的裁判观点呈现

1. 公司具有清偿能力视为对赌协议具有事实上的可履行性

华工案系聚焦讨论对赌协议可履行性问题的典型案例。该案虽是有关股权回购型对赌纠纷,但股权回购型和现金补偿型对赌均涉及公司财产的流出,同受公司资本维持原则的规制,所以该案法院对股权回购是否具有事实上可履行性的讨论,对现金补偿型纠纷同样具有参考意义。

在判断对赌协议是否具有事实上的可履行性时,江苏省高级人民法院认为:"扬锻公司在持续正常经营,参考华工公司在扬锻公司所占股权比例及扬锻公司历年分红情况,案涉对赌协议约定的股份回购款项的支付不会导致扬锻公司资产的减损,亦不会损害扬锻公司对其他债务人的清偿能力,该义务的履行不会构成对其他债权人债权实现的障碍。"②江苏省高级人民法院运用的这一判断标准与美国法上关注公司现金流及资产和负债总体情况的清偿能力标准如出一辙:(1)资产负债表意义上的清偿能力,即资产大于负债;(2)破产法意义上的清偿能力,即能够清偿到期债务。③

2. 投资者要证明目标公司有足额的盈余可供分配

《九民纪要》同样坚持资本维持原则,以足额盈余分配作为现金补偿是否具有可履行的判断标准。这一判断标准也为之后的司法案例所遵循。

如在(2021)沪01民终1387号案④中,投资人要求目标公司就

---

① 刘燕:《对赌协议与公司法资本管制:美国法实践及其启示》,载《环球法律评论》2016年第3期。

② 参见江苏华工创业投资有限公司与扬州锻压机床股份有限公司、潘某虎等请求公司收购股份纠纷案,江苏省高级人民法院(2019)苏民再62号民事判决书。

③ 刘燕:《"对赌协议"的裁判路径及政策选择——基于PEVC与公司的对赌场景的分析》,载《法学研究》2020年第2期。

④ 杭州浙农科众创业投资合伙企业、鲁某银与樊某、上海徽翔阁投资管理合伙企业等股权转让纠纷案,上海市第一中级人民法院(2021)沪01民终1387号二审判决书。

股东的现金补偿和股权回购义务承担连带责任。一审法院认为，该诉讼请求"实际上系为了其股东利益而减少力信公司的注册资金及其财产，违反了公司法关于公司资本维持原则的规定"，并以投资人未举证证明目标公司已完成合法的减资程序以及目标公司有足额的盈余可供分配为由，驳回其诉讼请求。二审法院同样认为，目标公司向投资人承担现金补偿款、股权回购义务的约定"违反公司法关于公司资本维持原则的规定。在力信公司尚未完成合法减资程序及有足额盈余分配的情况下，力信公司如果承担现金补偿及股权回购义务，将与公司不得抽回出资的强制性规定相悖"。

3. 现金补偿须履行盈余分配的程序

在前述（2019）最高法民申 6709 号案中，投资人与公司签订有现金补偿条款。最高人民法院认为，该条实质是对公司利润的分配。目标公司的章程规定，利润分配事项应当由出席股东大会的股东所持表决权过半数通过，且 2018 年公司法第一百六十六条要求公司在弥补亏损和提取法定公积金后仍有利润的情况下才能分配利润。因案涉"利润分配条款既未经股东大会决议通过也不符合公司法的规定"，最高人民法院认定投资人不能请求公司对其进行现金补偿。

（二）公司法对履行现金补偿的限制之评析

《九民纪要》将现金补偿类推适用利润分配的履行标准，投资方请求目标公司承担金钱补偿义务的，人民法院应当依据 2018 年公司法第三十五条① 关于"股东不得抽逃出资"和第一百六十六条关于利润分配的强制性规定进行审查。经审查，目标公司没有利润或者虽有利润但不足以补偿投资方的，人民法院应当驳回或者部分支持其诉讼请求。今后目标公司有利润时，投资方还可以依据该事实另行提起诉讼。根据以上规定，投资人主张公司履行现金补偿条款，将面临公司法施加的财源与程序方面的双重限制。

---

① 此条为 2018 年公司法规定，经修订，2023 年公司法第五十三条规定："公司成立后，股东不得抽逃出资。违反前款规定的，股东应当返还抽逃的出资；给公司造成损失的，负有责任的董事、监事、高级管理人员应当与该股东承担连带赔偿责任。"后同。

《九民纪要》将现金补偿类推适用利润分配的履行标准，这种类推适用是否合适？公司法对公司履行现金补偿条款施加财源与程序的双重限制是否均为必需？换言之，是否在财源与程序两方面的要求均满足的情况下，现金补偿才具有可履行性？本文接下来将结合实证法依据和学理观点对此问题展开分析。

1. 底线规则：资本维持原则

资本维持原则系公司法的基本原则之一，是指公司应当维持与公司资本总额相当的财产。[①] 我国公司法虽未明确提及"资本维持"一词，但禁止违法分配利润、依法定程序减资规则、限制回购股份规则与禁止抽逃出资规则等都是资本维持原则的体现。资本维持原则并非一个空洞的概念，其生命力和存在价值源于公司作为营利组织的本质。股东出资后，直接或间接管理公司，享有公司的收益以及有限责任的保护，但外部债权人既无法控制公司的经营管理，也无分红请求权。股东和公司之间的资本性交易使得公司财产流向特定股东，将会损害外部债权人的利益实现。资本维持原则如同公司财产单向流往股东的拦水坝，以期实现债权人保护和公司及股东自主权之间的利益平衡。[②]

现金补偿条款的履行同样涉及公司向股东输送利益，且投资方的出资通常计入股本或注册资本，经公示后，成为可能影响公司债权人决策，应受资本维持原则这一底线规则检验，[③] 以保护外部债权人的利益。如果财产的流出并未超过资本维持原则的底线，则属于公司自治范围，无须通知债权人；如果超过了底线，公司与股东之间的资本性交易就产生了负外部性，资本维持原则就将关起闸门，禁止公司以利润分配等形式向股东转移财产的行为。不过资本维持原则过于抽象，在具体的法律适用上应寻找该原则项下的具体规则以规制现金补偿事实。

[①] 施天涛：《公司法论》（第4版），法律出版社2018年版。
[②] 刘燕：《对赌协议与公司法资本管制：美国法实践及其启示》，载《环球法律评论》2016年第3期。
[③] 刘燕：《对赌协议与公司法资本管制：美国法实践及其启示》，载《环球法律评论》2016年第3期。

2. 财源限制：目标公司举证证明并无足额的可分配利润

根据"同等事物同等处理"的法律原则，"假使法律以特定方式规整案件事实A，对于评价上应属同类的B事件则未有规则，此等规整欠缺即属法律漏洞"①。根据本文第一部分内容，现金补偿的履行并非利润分配，相应地，公司法上资本维持原则及利润分配规则不能直接适用于现金补偿情形。

接下来需要考虑的是，利润分配规则能否类推适用于现金补偿条款的履行。与利润分配相似，现金补偿同样表现为公司资产流向股东，但股东并未同时注销股份，也就是说，除投资款外，股东获得财产并无其他对价。对公司的外部债权人而言，业绩分配与利润分配无异，应受到利润分配规则的财源限制。

根据2018年公司法第三十五条"公司成立后，股东不得抽逃出资"的规定，股东出资必须留在公司中承受公司的经营风险，公司只能向股东分配经营中实现的利润，不得承诺固定收益，更不能返还出资。②就有限责任公司的利润分配而言，相关限制包括：（1）2018年公司法第三十四条③规定，股东按照实缴出资比例分取红利，但是全体股东约定不按照出资比例分取红利的除外；（2）2018年公司法第三十七条④规定，利润分配方案需经过股东会决议；（3）公司具有可以分配的净利润，即弥补亏损并提取法定公积金后仍存在剩余利润。

---

① ［德］卡尔·拉伦茨：《法学方法论》，陈爱娥译，商务印书馆2003年版。
② 刘燕：《重构"禁止抽逃出资"规则的公司法理基础》，载《中国法学》2015年第4期。
③ 此条为2018年公司法规定，经修订，2023年公司法第二百一十条第四款规定："公司弥补亏损和提取公积金后所余税后利润，有限责任公司按股东实缴的出资比例分配利润，全体股东约定不按照出资比例分配利润的除外；股份有限公司按照股东所持有的股份比例分配利润，公司章程另有规定的除外。"后同。
④ 此条为2018年公司法规定，经修订，2023年公司法第五十九条规定："股东会行使下列职权：（一）选举和更换董事、监事，决定有关董事、监事的报酬事项；（二）审议批准董事会的报告；（三）审议批准监事会的报告；（四）审议批准公司的利润分配方案和弥补亏损方案；（五）对公司增加或者减少注册资本作出决议；（六）对发行公司债券作出决议；（七）对公司合并、分立、解散、清算或者变更公司形式作出决议；（八）修改公司章程；（九）公司章程规定的其他职权。""股东会可以授权董事会对发行公司债券作出决议。""对本条第一款所列事项股东以书面形式一致表示同意的，可以不召开股东会会议，直接作出决定，并由全体股东在决定文件上签名或者盖章。"

前两项系有关同股同权的法律规则,旨在保护公司内部股东之间的利益平衡,只有第三项系资本维持原则项下旨在保护公司债权人的规则。① 除法定公积金不得分配外,资本公积主要由股东出资溢价构成的,属于资本维持范畴,且 2018 年公司法第一百六十八条② "资本公积金不得用于弥补公司的亏损"之规定,实则也禁止了将资本公积作为利润分配的财源。③ 任意公积金经由股东会或股东大会决议提取后,在不突破资本维持的底线前提下,可与利润一起作为现金补偿的财源。

3. 程序限制:现金补偿须经股东会决议

《公司法解释三》第十二条第四项对抽逃出资行为进行兜底规定,凡"未经法定程序将出资抽回"且损害公司权益的行为,都属于抽逃出资。因此,公司财产流向股东须符合法定的程序要求。根据 2018 年公司法第三十四条的规定,有限责任公司的股东应当按照实缴比例分取红利,全体股东约定不按照出资比例的,才能另行约定分红比例;根据 2018 年公司法第一百六十六条第四款的规定,股份有限公司按照股东持有的股份比例分配,除非章程规定不按持股比例分配,方可另行确定分红比例。现金补偿属于对 PE/VC 股东的定向分配,并不按照出资比例进行,这就涉及动用其他股东名下的净资产,打破了股东按持股比例分红的默示规则。因此,现金补偿方案在实施前要经过全体股东一致同意(或通过股东会决议,或修改公司章程实现)

---

① 参见游冕:《对赌裁判的发展与思索:资本维持、履行标准与法定抗辩》,载天同律师事务所网站,http://www.tiantonglaw.com/Content/2020/07-12/1013234452.html,2022 年 4 月 20 日访问。

② 此条为 2018 年公司法规定,经修订,2023 年公司法第二百一十四条规定:"公司的公积金用于弥补公司的亏损、扩大公司生产经营或者转为增加公司注册资本。""公积金弥补公司亏损,应当先使用任意公积金和法定公积金;仍不能弥补的,可以按照规定使用资本公积金。""法定公积金转为增加注册资本时,所留存的该项公积金不得少于转增前公司注册资本的百分之二十五。"

③ 参见最高人民法院民事审判第二庭编著:《〈全国法院民商事审判工作会议纪要〉理解与适用》,人民法院出版社 2019 年版。

就显得很有必要。《九民纪要》的起草者[①]也倾向于支持这一观点，相应地，如投资人诉请履行的现金补偿条款未经公司股东大会决议通过，法院很可能会驳回投资人的诉讼请求。[②]

然而，现金补偿并不是严格意义上的利润分配。笔者认为，对于二者的差异之处，应采取尊重与灵活调整的态度，类推适用利润分配规则并不意味着要机械地将利润分配的全套规则（尤其是各项程序要求）一体适用现金补偿情形。

首先，不同于资本维持原则是保护善意信赖公司资产不会任意流走的外部债权人，同股同权原则涉及的是公司内部人之间的利益平衡。对赌协议签订之初，已经公司决议，全体股东通常对现金补偿等内容是知情的和同意的（至少是默示）。其次，投资人投入资金解决公司资金短缺问题，提升公司盈利能力，也使公司股东受益。投资人的出资少数转为注册资本，大多数计入资本公积金，这意味着投资人大量的资金仅获取较少的股份（如海富案），其主张的现金补偿数额在公司内部层面存在一定对价，并非当然属于"隐形偏颇分红"。因此，在决议程序的限制层面，可以从考虑股东事前实质同意及从对赌中获益等角度消解履行阶段的决议程序限制，否则认定对赌协议有效后，又以未经决议程序，不具备可履行性，否定投资人的诉请，反倒不如直接认定对赌无效来得"干脆"。

4. 举证责任

就公司是否有无可分配利润的举证责任问题，在《九民纪要》起草讨论过程中有过具体规定，但考虑到问题的特殊性，《九民纪要》的正式发布文本中并未保留。

2018年《公司法解释四》第十四条规定："股东提交载明具体分

---

① 参见最高人民法院民事审判第二庭编著：《〈全国法院民商事审判工作会议纪要〉理解与适用》，人民法院出版社2019年版。对于有人提出"股东会不作决议怎么办"的问题，最高人民法院"投资方对目标公司投资时，应当在协议中把有关问题约定好。我们这个纪要就是给当事人提供预期"的回答，表明《九民纪要》要求现金补偿必须经过股东会决议，当事人可根据这一指导在事前做好约定和风险控制。

② 如最高人民法院（2019）最高法民申6709号民事裁定书。

配方案的股东会或者股东大会的有效决议，请求公司分配利润，公司拒绝分配利润且其关于无法执行决议的抗辩理由不成立的，人民法院应当判决公司按照决议载明的具体分配方案向股东分配利润。"对于利润分配的举证责任分配而言，股东也仅需提供分红的决议，无须证明公司具有可分配利润。如公司拒绝分配利润，以"无法执行决议"进行抗辩，应举证证明自己并无可分配利润。这一举证责任分配更为合理，毕竟公司掌握自己的财务数据，对是否具备利润分配条件最为清楚。

既然就纯正的利润分配场合，2018年公司法及其司法解释未要求股东举证证明公司具备利润分配条件，相应地，现金补偿的履行更不应要求由同为股东的投资人就公司具有可分配利润进行举证。需要注意的是，在利润分配情形中股东会决议是股东诉请分红的必要条件，但就现金补偿的履行而言，股东会决议程序应宽松把握。

司法实践中，"华工案"的投资方是与全体股东共同签订对赌协议。相反，如果金钱补偿仅作出简单多数决的股东会议决议，中小股东应有权依据2018年公司法第三十四条或第一百六十六条第四款提出质疑，包括实质的分红决议因违反实缴出资比例而归于无效，实质的分红决议因违反全体股东一致通过的章程所定分红比例而可予撤销。

引申探讨

一、如当前无利润，是否免除公司的履行义务和违约责任

1. 公司当前无可分配利润，不构成履行不能

对于现金补偿是否具备可履行性要根据民法典第五百八十条的履行不能规则判断：如果公司没有可分配利润（或未经股东会决议），构成履行不能，投资人不得请求现金补偿这一原给付义务。

问题在于，现金补偿的履行，要求公司承担的是金钱债务。金钱

债务可以诉诸法院强制履行，不发生履行不能问题，[①] 不满足民法典第五百八十条"法律上或事实上不能履行"的适用前提。此外，如认为现金补偿构成"履行不能"，债务人只是免除了现金补偿的原给付义务，仍构成违约，投资人可转而向公司主张履行不能的损害赔偿或违约金，法院并无理由驳回。但如果法院支持违约金这一次位请求权，仍会面临公司资产流出，可能侵害公司债权人利益的问题，资本维持原则的规范目的将会落空。因此，"法律上或事实上不能履行"的思路并不能很好地解决问题。

2.公司当前无可分配利润，构成履行迟延

有观点认为，投资方要求公司履行现金补偿之际，公司不具备可分配利润的，可援引资本维持原则及具体规则作为权利阻却抗辩。[②] 然而权利阻却抗辩对应的效果是投资人的请求权未产生，公司自然也就不构成履行迟延，更无须承担履行迟延的损害赔偿。但这种解释将导致投资人基于公司新产生利润提起的每一个诉请都是基于新的请求权。而且，现金补偿无法履行，乃因公司自身偿债能力不足所致，可归责的公司反而无须承担迟延违约责任，利益平衡上有失妥当。

笔者认为，现金补偿条件约定的条件达到时，投资人即产生请求权，公司因一时没有可分配利润，构成履行迟延。履行迟延不发生合同义务消灭效果，唯在公司今后通过经营具备可分配利润时，方须履行现金补偿义务。另外，因现金补偿履行迟延，投资人可请求目标公司承担迟延损害赔偿或赔偿违约金。不过，因为迟延违约损害赔偿系金钱债务，其履行同样受资本维持原则规制，仅当公司具备履行现金补偿条件时，一并承担履行迟延责任。

法律建议

为确保现金补偿条款的顺利履行，投资方在现金补偿条款的设计

---

① 参见韩世远：《合同法总论》（第四版），法律出版社2018年版。
② 参见游冕：《对赌裁判的发展与思索：资本维持、履行标准与法定抗辩》，载天同律师事务所网站，http://www.tiantonglaw.com/Content/2020/07-12/1013234452.html，2022年4月22日访问。

上，可作如下考虑：

就补偿主体层面。一是尽量约定将控股股东、实际控制人或其他关联方作为对赌条款的补偿条件履行方；二是如选择约定将目标公司作为现金补偿义务人，最好同时要求原股东或者实际控制人承担连带责任。

就补偿数额层面。一是明确约定投资人有权同时主张现金补偿和股权回购，并特别约定股权回购价款中无须扣减现金补偿款；二是如合同约定股权回购价款应当扣除分红款，则明确约定分红款不应包括将来可能产生的现金补偿款；三是明确约定现金补偿是由各方从商业角度确定的估值调整方式，不具有违约金性质，不存在调整的空间；四是根据公司估值设定合理的现金补偿价款，以避免补偿数额过分高于投资款而被法院认定为违约金，并适用违约金酌减规则。

就补偿义务履行层面。一是要求目标公司股东书面承诺在投资人提出请求之日起于特定时间内必须完成现金补偿等有关事项，包括通过利润分配方案决议、支付全部款项等，确保目标公司及其股东不仅负有补偿过程中的协助义务，更负有确保投资人顺利得到补偿的结果保证责任；二是以全体决议形式将目标公司股东同意公司将来对投资人进行现金补偿的内容载入公司章程。

私募基金有限合伙人之间对赌的路径探究

问题的提出

有关对赌协议的争议由来已久,在公司对赌领域,目前司法实践所确立的一般司法裁判规则是,原则上认可与公司对赌合同的效力,但在具体操作层面,股权回购需要履行减资程序,现金补偿需要履行利润分配程序,可操作性不强,往往难以执行。

与此相对应的,在私募基金领域,表现为合伙财产份额(基金份额)的转让、收益差额补足(现金补偿)等对赌手段。这些层出不穷的对赌措施是否有效?是否符合《金融机构资管指导意见》禁止刚兑的硬性要求?本书《私募基金保底条款的效力问题研究》一文中已有分析,本文不再过多展开,而是以类型化的视角,探究私募基金有限合伙人之间对赌的路径及路径实现中的注意事项,在对赌有效的前提下,探究对赌如何实现。

问题解析

一、私募基金有限合伙人对赌的结构与类型

(一)对赌的结构

第一,从内部结构来看。首先,投资者投资私募基金有限合伙企业,支付投资款,获取有限合伙企业的合伙份额,成为有限合伙人;其次,投资者以有限合伙人之身份与该私募基金、其他有限合伙人或者该私募基金有限合伙企业的管理人(普通合伙人)之外的关联方

（如该管理人的母公司或其他关联方），签订以该有限合伙企业财产份额转让或者以该有限合伙企业财产份额为计算基础的固定收益补偿条件；最后，对赌触发条件以该私募基金有限合伙企业未实现对外投资目标，即被该私募基金投资的主体（如收购某公司股权或者投资的目标公司发行公司债等）未在约定时间内完成对赌条件。

第二，从综合来看。私募有限合伙对赌是在私募基金有限合伙企业的框架范围内进行：一是对赌的主体可以是私募基金有限合伙企业的有限合伙人（投资者）、私募基金或者第三方；二是私募有限合伙对赌的触发条件是该私募基金投资的目的是否依约实现；三是对赌协议针对的履行标的是该私募基金有限合伙企业财产份额或者基于该份额的收益补偿。

第三，从本质来看。在私募基金有限合伙对赌中，实质是私募基金有限合伙企业的有限合伙人与该私募有限合伙企业进行对赌，虽然有些情况下签订对赌协议的并非该私募基金，但是对赌指向的制约条件均是直接关联该私募基金的投资目标，即通过对赌，投资人实现风险投资的预期收益及安全退出。因此，对私募基金有限合伙对赌的司法审判也应参照公司型对赌的司法审判逻辑，私募基金有限合伙对赌的效力应全面考量民法典及合伙企业法的相关规定。

（二）对赌的类型

从对赌内容看，私募基金有限合伙对赌有如下两类情形：

一是合伙财产份额（基金份额）转让。在该类型对赌中，对赌的内容指向基金份额的转让，包括对内转让及对外转让。例如，私募有限合伙人A与有限合伙人B约定，在该私募合伙基金投资的目标公司未完成约定的上市、收购其他公司、发行公司债等触发对赌条件时，有限合伙人B受让A持有的该私募有限合伙企业财产份额（基金份额）。受让价款一般为A持有该私募有限合伙企业财产份额加收预期收益。

二是收益差额补足。在该类型对赌协议中，对赌的内容指向私募基金有限合伙企业财产份额预期收益的差额补足，一般体现为现金补偿。同时在该类对赌私募合伙基金中，对投资人（有限合伙人）进行分级，不同级别的投资人（有限合伙人）依照全体合伙人同意的或者合伙协议约定的不同预期收益率计算各级别的投资人（有限合伙人）收益。

二、私募基金有限合伙人之间对赌的实现路径

在公司型对赌中，投资人与公司的对赌因公司资本维持原则而受限，投资人与股东的对赌则只需符合股东之间股权转让规则或利润分配规则。私募基金有限合伙人对赌的效力判断路径与之类似，基金有限合伙人与有限合伙企业的对赌因不符合监管要求而受限，基金有限合伙人之间的对赌则主要需要考虑是否符合合伙企业财产份额转让及合伙企业利润亏损分配规则。

（一）应符合合伙企业财产份额转让的法律规定

首先，要区分是普通合伙或有限合伙的财产份额转让，以及对内转让与对外转让。根据合伙企业法，在普通合伙企业中，对外转让合伙财产份额，除合伙协议另有约定外，须经其他合伙人一致同意；对内转让，则通知其他合伙人即可。在有限合伙企业中，对外转让则应提前三十日通知其他合伙人，但并未限制对内转让份额。民法典中合伙合同一章只对合伙财产份额的对外转让进行了规定，第九百七十四条要求经其他合伙人一致同意，但是合伙合同可以对此另外进行约定，对于对内转让则没有进行限制。比较而言，从民法典的规定看，如果是对内转让则属于法律规制之外，尊重转让双方的意思自治；若对赌协议内容指向合伙财产份额的对外转让，则要审查份额转让的对赌协议是否通过其他合伙人一致同意，或者是否符合合伙协议的另行约定，即司法审判需裁量对赌协议是否符合这两种意思表示形式。

其次，要实质审查合伙人的意思表示内涵及形式。实践中可以有以下三种情形：一是合伙协议约定，有限合伙人财产份额转让需要形成合伙企业财产份额转让的有效申请，须经全体合伙人一致表决同意；二是对赌协议作为合伙协议的附件，明确对赌权利人可以依对赌

协议约定实现对赌权利；三是在合伙协议中，明确约定有限合伙人（优先级投资人、对赌权利人）可以在约定的条件下行使对赌权利，或者按照与对赌协议一致的条件行使有限合伙财产份额转让的权利。

在第一种情况下，若对赌权利人要实现对赌权利，是否需要再经过合伙协议约定的决议程序，并经过其他合伙人的一致同意？根据民法典第九百七十条规定，合伙人就合伙事务作出决定的，除合伙合同另有约定外，应当经全体合伙人一致同意。合伙企业法第十九条规定，合伙协议经全体合伙人签名、盖章后生效，合伙人按照合伙协议享有权利，履行义务。修改或者补充合伙协议，应当经全体合伙人一致同意；但是合伙协议另有约定的除外。上述法律规定隐含的逻辑是合伙协议可以约定需要经全体合伙人一致同意的事项范围，另外，全体合伙人也可以其他意思表示形式表达对某一事项的意见。结合第二种、第三种情形，如果合伙协议明确对赌权利人可以基于对赌协议约定行使对赌权利，或者将对赌协议作为合伙协议的附件，并且合伙协议明确附件内容视为合伙协议内容，那么应视为全体合伙人对对赌权利人依约行使对赌权利持赞成态度，这也是全体合伙人一致意思表示的形式，而不需再进行合伙协议约定的份额转让表决程序。因此，在对该项争议焦点进行审查时，需要注意全体合伙人对对赌内容的意思表示方式可以有多种形式，不应固化认为合伙人一致意思表示仅有合伙人会议决议一种形式。

（二）应符合合伙企业法的利润亏损分配规定

首先，从对赌协议的差额补偿条款签订主体及形式来分析其效力。合伙企业法第三十三条规定了利润亏损分配原则包含以下五个方面：一是按照合伙协议的约定办理；二是合伙协议未约定或者约定不明确的，由合伙人协商决定；三是协商不成的，由合伙人按照实缴出资比例分配、分担；四是无法确定出资比例的，由合伙人平均分配、分担；五是合伙协议不得约定将全部利润分配给部分合伙人或者由部分合伙人承担全部亏损。上述规定针对的是普通合伙，实践中，私募基金一般成立有限合伙企业，根据合伙企业法第六十九条规定，有限合伙企业不得将全部利润分配给部分合伙人；合伙协议可以就此另行约定。按该条规定，有限合伙企业可以通过合伙协议约定将利润优先分配给部分有限合伙人（优先级投资人、对赌权利人）。民法典第九百七十二条规定合伙的利润分配和亏损分担原则基本与合伙企业法一致：一般按照合伙合同的约定办理；没有约定或者约定不明确的，由合伙人协商决定；协商不成的，由合伙人按照实缴出资比例分配、分担；无法确定出资比例的，由合伙人平均分配、分担。但二者也存在区别，即民法典的规定明确了合伙利润分配由合伙人自治，并未特别限制合伙人之间的倾向性利润和亏损分配，充分体现了民事合同的契约自由原则。综合上述法律规定，在有限合伙中，合伙企业可以通过合伙协议约定来保障对特定合伙人的利润分配，即对赌协议的签订主体是合伙企业与合伙人，那么根据民法典及合伙企业法的规定，有限合伙企业可以在法律范围内实现利润的特定分配。如果对赌协议签订主体并未涉及合伙企业，而是合伙人之间或者合伙人与第三方签订，那么并非法律规制范畴。因此，在私募基金有限合伙企业中，通过对赌协议来保证有限合伙人的投资收益，并未违反民法典及合伙企业法的规定。

引申探讨

一、份额转让是否需要进行合伙企业清算

民法典并未对此问题直接进行规定。民法典第九百七十八条规定，合伙合同终止后，合伙财产在支付因终止而产生的费用以及清偿合伙债务后有剩余的，按照民法典第九百七十二条规定进行分配。该条规定实际明确了合伙终止时需清算，但在合伙合同存续期间的合伙份额转让是否需要清算，民法典并未规定。对内转让是合伙人之间的交易，一般不会影响合伙企业的对内事务管理，根据契约自由原则，合伙企业法对此也仅以通知有效原则加以规制。实践中，若对赌权利人（有限合伙人、优先级投资人）将其基金份额（合伙财产份额）全

部转让，而由第三方（非该私募基金的有限合伙人）受让，尽管份额转让是在合伙人与第三方之间协议约定，但实际发生了该有限合伙人退伙及新有限合伙人入伙的变化。根据合伙企业法第四十三条规定，新合伙人入伙，除合伙协议另有约定外，应当经全体合伙人一致同意，并依法订立书面入伙协议。订立入伙协议时，原合伙人应当向新合伙人如实告知原合伙企业的经营状况和财务状况。因此，对赌权利人全部对外转让其合伙份额，实质为退出合伙，依照合伙企业法规定应该进行清算，方能确定其持有的合伙财产份额（基金份额）的实际价值（收益）。但是这种对外份额转让也是基于对赌协议的权利义务双方的一致意思表示，同意按一定收益标准确定转让合伙财产份额（基金份额）的现值，转让双方之间就此达成合意，且份额转让价格不涉及合伙企业的收益，因此不必再经过合伙企业清算来确定转让的合伙份额（基金份额），清算非必需。

二、差额补偿是否需要进行合伙企业清算

一般情形下，对赌协议约定的差额补偿条款中明确了对赌权利人获得差额补偿以其投资私募基金的实际金额为基数，按照预期（最低收益率），以实际投资天数计算应获收益，而并未以其持有的基金份额现值来计算差额。因此，在此类对赌诉请中，不需进行私募基金的清算，可以按照对赌协议的约定直接确定差额数额。若需以基金份额的现值来计算补偿金额，则必须经过基金清算才能确定份额现值，进而确定差额金额。

国有股权补偿条款效力问题检视

问题的提出

投资人A与目标公司B公司以及B公司股东C公司（国有独资公司）、D公司（C公司全资子公司）同时签署了《增资协议》和《备忘录》。其中，《增资协议》约定，投资人A出资认购目标公司B公司增发的股权，协议经各方签署且相关部门审批后生效；《备忘录》约定，如果目标公司B公司在三年内业绩不达标，C公司承诺向投资人A转让C公司对D公司的股权作为股权补偿，《备忘录》于各方签署且《增资协议》审批通过后生效。此后，《增资协议》获批，投资人A也依约履行了出资义务。

因B公司三年后业绩未达标，投资人A遂依据《备忘录》约定要求C公司向其履行股权补偿义务。C公司却提出抗辩：C公司与D公司均系国有公司，《备忘录》所涉股权转让事项将使投资人A成为D公司控股股东，须按企业国有资产法及《国资交易监管办法》之规定履行评估、审批手续，遂主张《备忘录》在未经审批、评估的情况下，应属未生效或无效合同。

那么在前述案例（以下简称开篇案例）情形下，投资人A的主张究竟能否获得支持？又得以主张何种救济呢？本文将主要在国有企业参与背景下，围绕以股权补偿条款为核心的《备忘录》（及同类型文件）的属性判断，梳理国有股权转让（含无偿划转）协议因欠缺批准、评估程序而导致的效力瑕疵判断，厘清不同情境下股权补偿条款/协议与股权转让协议的关系，希望能够为对赌双方在合意达成及固定、权利主张及义务履行方面提供可行路径参考。

问题解析

企业国有股权交易应当遵守《国资交易监管办法》的规定，该办法第七条规定，在国有资产交易中，因产权转让致使国家不再拥有所出资企业控股权的，须由国资监管机构报本级人民政府批准。第十二条规定，对按照有关法律法规要求必须进行资产评估的产权转让事项，[①] 转让方应当委托具有相应资质的评估机构对转让标的进行资产评估，产权转让价格应以经核准或备案的评估结果为基础确定。而资产评估的目的和价值正体现在：一是公开竞价场合，产权转让项目首次正式信息披露的转让底价，不得低于经核准或备案的转让标的评估结果；二是非公开协议转让场合，转让价格不得低于经核准或备案的评估结果。无偿划转场合，则无评估程序要求。[②]

在法律、行政法规、部门规章等文件的规范体系下，特定国有股权转让事项须经批准、评估流程并无争议，但实务操作中，如果欠缺批准、评估程序，是否会影响国有股权转让协议效力？具体会造成何种效力瑕疵？司法裁判对此所持观点也并不统一，以下笔者在归纳现有审判观点和思路的基础上整理分析，以期通过对既有争议的权衡为程序瑕疵下国有股权转让协议的效力问题提供有效思考和探讨。

一、未经批准之股权转让协议的效力状态

通过检索和归纳相关司法案例，法院在判断未经批准之国有股权转让协议效力状态，以及效力瑕疵（如有）种类时所采观点，因具体案情不同，大致可分为如表1所示的三种思路。

[①] 具体事项参见《国有资产评估管理办法》第三条："国有资产占有单位（以下简称占有单位）有下列情形之一的，应当进行资产评估：（一）资产拍卖、转让；（二）企业兼并、出售、联营、股份经营；（三）与外国公司、企业和其他经济组织或者个人开办外商投资企业；（四）企业清算；（五）依照国家有关规定需要进行资产评估的其他情形。"

[②] 参见《企业国有产权无偿划转工作指引》。

表1 未经批准之国有股权转让协议的效力状态

裁判路径	案号	裁判理由	认定结果
路径一：未生效说	最高人民法院（2020）最高法民申555号	转让部分国有资产致使国家对该企业不再具有控股地位的，应当报请本级人民政府批准，未经批准的，应当认定该合同未生效。本案中，2014年12月25日，发电公司与捷报公司签订《合资协议》《增资扩股协议》，约定发电公司将其拥有的发电厂60%股权转让给捷报公司，发电公司与捷报公司对发电厂进行增资扩股。《合资协议》《增资扩股协议》内容涉及转让发电厂股权及国家对该企业控股地位的改变，应当经人民政府批准方能生效，未经批准应当认定未生效。《最高人民法院关于适用〈中华人民共和国合同法〉若干问题的解释（一）》第九条第一款规定，依照合同法第四十四条第二款的规定，法律、行政法规规定合同应当办理批准手续，或者办理批准、登记等手续才生效，在一审法庭辩论终结前当事人仍未办理批准手续的，或者仍未办理批准、登记等手续的，人民法院应当认定该合同未生效	案涉《合资协议》《增资扩股协议》未经批准应当认定未生效
	最高人民法院（2007）民二终字第190号	本案中，股权转让协议约定转让的股权为上市公司贵绳股份的发起人股份。股权置换协调会议召开于2003年10月31日，当事人于2005年6月8日正式签订了《股权置换协议》，故本案应适用《国务院减持国有股暂行办法》的规定，该协议中关于股权置换的条款应由财政部（国资委成立后，非金融类上市公司国有股权转让的审批机关为国资委，金融类上市公司的国有股权转让仍由财政部审批）审批后才生效	一审法庭辩论终结前，当事人尚未办理股权置换的审批手续，案涉《股权置换协议》中股权置换条款未生效

续表

裁判路径	案号	裁判理由	认定结果
路径二：无效说	河南省郑州市中级人民法院（2017）豫01民终15218号	根据《企业国有产权转让管理暂行办法》的有关规定，……本案中，新密市国资办在举证期限内并未提交充分的证据证明其在2010年12月12日与郑州洋华塑胶有限公司签订股权转让协议之前已经过相关部门审批的事实，故该股权转让协议违反了行政法规的强制性规定，应属无效	案涉《股权转让协议》因违反行政法规强制性规定而无效
	河南省新密市中级人民法院（2017）豫0183民初4302号	根据《企业国有产权转让管理暂行办法》的有关规定，国有产权转让，需要经过同级政府或其相关部门的批准。本案中，被告新密市国资办在举证期限内并未提交充分的证据证明其在2010年12月12日与被告郑州洋华塑胶有限公司签订股权转让协议之前已经过相关部门审批的事实，故该股权转让协议违反了行政法规的强制性规定，应属无效	案涉《股权转让协议》因违反行政法规强制性规定而无效
路径三：有效说	安徽省高级人民法院（2017）皖民终477号	案涉《远期收购协议》未将履行审批程序作为协议的生效条件，且上述法律、行政法规也无该类股权转让协议需要办理批准登记后生效的具体规定。《济南市国有企业投资监督管理暂行条例》非法律、行政法规，不符合合同法第四十四条规定的认定合同未生效的情形	案涉《远期收购协议》正常生效，未经审批并不导致其未生效

在上述三种裁判路径中，裁判法院存在一个基本的共同点——均认可彼时现行有效的《企业国有资产监督管理暂行办法》《国有资产评估管理办法》等规定在具体案例中的适用，但因具体案情不同和审查视角的差异才有了不同的裁判结果。

有效说和无效说则均从国有股权转让批准规范的属性着手，其中，无效说认为此种规范为效力性强制性规范，违反该规范的合同效力问题落入"违反法律、行政法规的强制性规范"中，符合合同无效的认定标准；持有效说的裁判观点则认为此种规范属于管理性而非效力性强制性规范，且规范中并未明确国有股权转让协议为"办理批准手续后始生效力"的具体规定，此外，双方当事人并未就协议生效条件作额外约定，因此，这一类裁判认定是否经过批准程序并不影响合同生效。在这两种裁判观点之间，且不问是否有必要对国有股权转让批准程序规范的管理性/效力性强制性规定属性加以区分，管理性/效力性强制规定二分格局近年来在学术和实务领域不断受到质疑，二者间不仅不具有明确的区分界限，使用此二分格局解决具体问题亦会导致推理前提和解释结果的本末倒置，因此，出于对此种法律分析方法的否定，朱庆育老师主张应当以法律法规实质规范意旨的探求为出发点，检讨具体法律行为的效力瑕疵问题。

表1中所引采协议未生效说的裁判案例，系通过引入合同法（已废止）第四十四条和《最高人民法院关于适用〈中华人民共和国合同法〉若干问题的解释（一）》（已废止，以下简称《合同法解释一》）第九条，将批准认定为股权转让协议的法定生效要件，如未经批准，该协议属于生效条件未成就，即为未生效合同。具体而言，国有股权转让批准程序规范，即"因产权转让致使国家不再拥有所出资企业控股权的，须由国资监管机构报本级人民政府批准"①"减持国有股所筹集的资金交由全国社会保障基金理事会管理……报国务院批准后实施"②等规定落入《合同法解释一》第九条中关于"法律、行政法规规定合同应当办理批准手续"的情形，在一审法庭辩论终结前当事人仍未办理批准手续的，人民法院应当认定该合同未生效。伴随着合同法及其司法解释的废止和民法典的出台和施行，关于此种分析思路和效力认定，笔者认为有以下问题需要讨论：

其一，不同于《合同法解释一》中将"应当办理批准手续"与"办理批准手续才生效"的情形一并列明，作为导致合同未生效的原因，民法典第五百零二条只规定"依照法律、行政法规的规定，合同应当办理批准等手续的，依照其规定。未办理批准等手续影响合同生

---

① 参见《国资交易监管办法》第七条："国资监管机构负责审核国家出资企业的产权转让事项。其中，因产权转让致使国家不再拥有所出资企业控股权的，须由国资监管机构报本级人民政府批准。"

② 参见《国务院关于印发减持国有股筹集社会保障资金管理暂行办法的通知》（已失效）第四条："减持国有股所筹集的资金交由全国社会保障基金理事会管理，具体管理办法由财政部另行制定，报国务院批准后实施。"

效的，不影响合同中履行报批等义务条款以及相关条款的效力"，而《国资交易监管办法》亦未明确不履行批准手续会导致合同效力瑕疵，在此种规范前提下，是否依然能够建立国有股权转让事项批准程序与转让协议效力瑕疵之间的关联？严格意义上来说，民法典限缩了影响合同效力的批准程序规范范围，正如（2017）皖民终477号民事判决书中所载，相关"法律、行政法规也无该类股权转让协议需要办理批准登记后生效的具体规定"。然而根据《九民纪要》第三十七条的表述，似乎可以得出"依照法律、行政法规的规定，合同应当办理批准手续的，未办理就将影响合同生效"这一结论。因为在《九民纪要》第三十七条中提及的商业银行法、证券法、保险法中，相关批准程序规定亦未明确"办理批准手续合同才生效"，但其直接认定未经批准的合同因欠缺法律规定的特别生效要件而未生效。笔者认为，该推论实际将"一事项须经批准"等同视作"该事项经批准手续始生效力"，将批准程序视作所涉合同的特别生效要件。

其二，关于效力瑕疵的具体形态问题。实践中不乏将未经批准程序的股权转让协议认定为无效合同的案例，但须明确的是无效合同从本质上来说是欠缺合同的有效要件，或者具有合同无效的法定事由，自始不发生法律效力。而按《九民纪要》所采审判思路，批准程序是股权转让合同的法定特别生效要件，该要件的缺位既非可导致合同无效的法定事由，也不必然破坏防止国有资产流失的规范意旨。此外，未经批准程序之合同的效力状态并非终局的效力瑕疵，除非已确定无法获得批准。因此，无效作为一项终局性的合同效力认定，不仅在认定标准上与股权转让协议批准程序不匹配，亦不利于当事人请求报批义务履行方继续履行报批义务或强制执行，以实现合同目的、保护信赖利益。笔者认同合同未生效说，但需注意标的协议已成立并具备合同的一般生效要件，对双方具有一定的拘束力，任何一方不得擅自撤回、解除、变更，只是因欠缺法律、行政法规规定或当事人约定的特别生效条件，在该生效条件成就前，不能产生请求对方履行合同主要权利义务的法律效力。一方若请求另一方履行合同主要义务，须先行请求履行报批义务，若对方拒绝履行，且经人民法院强制执行仍未履行，可要求对方承担相应违约责任；若对方依照判决要求履行报批义务，行政机关予以批准，合同发生完全的法律效力，在此基础上可以继续请求对方履行合同主要义务，若行政机关没有批准，该合同即不具有法律上的可履行性，可以合同目的不能实现为由请求解除合同并主张相应赔偿。

二、未经评估之股权转让协议的效力状态

通过检索和归纳相关司法案例，法院在判断未经评估之国有股权转让协议效力状态，以及效力瑕疵（如有）种类时所采观点，大致可分为如表2所示的三种思路。

表2　未经评估之国有股权转让协议的效力状态

裁判路径	案号	裁判理由	认定结果
路径一：评估规范系管理性强制性规定，不影响合同效力	最高人民法院（2013）民二终字第33号	《国有资产评估管理办法》对于资产评估规定非效力性强制性规定，《国有资产评估管理办法实施细则》非法律或行政法规，违反评估规定不属于合同法第五十二条"合同无效"情形。因此，不能否认案涉《股权转让协议书》的效力	案涉股权转让未经评估，不影响《股权转让协议书》的效力
路径二：认可合同效力，不影响规范目的实现	江苏省高级人民法院（2015）苏民再提字第00118号	国有资产在转让时要求进行评估、审批的规定，系为了防止国有资产无偿转让或以不合理低价转让，导致国有资产流失，从而损害国家、社会公共利益。本案中，信用社以抵偿700余万元贷款本息及支付124万元现金的形式，支付了房屋及土地的对价，不存在无偿转让或者明显不合理低价转让房产的情形，故本案房产转让虽未单独办理评估等手续，但该情形并不影响合同的效力	案涉国有资产转让未经评估，不影响合同效力

续表

裁判路径	案号	裁判理由	认定结果
路径三：低价转让国有股权构成恶意串通，合同无效	最高人民法院（2019）最高法民终1815号	澄阳公司通过与旅游公司签订《股权转让协议书》的方式，仅以1万元取得了旅游公司持有的老鹰地公司价值4409.95万元的股权。该股权价格严重偏离了股权的真实价值，造成国有资产重大流失。骏豪公司及其关联公司的行为构成恶意串通，其民事行为无效。根据合同法第五十二条第二项的规定，澄江市政府与骏豪公司签订的《备忘录》第六条及澄阳公司与澄阳公司签订的《股权转让协议书》均应认定为无效	案涉《股权转让协议》因当事人恶意串通而无效

表2中所列路径二和路径三事实上是基于相似考量，即以规范设立目的为出发点，以未经评估程序之实际交易结果与经评估程序之应然数额比较，关注是否存在无偿转让或以明显不合理低价转让国有资产的情形。更进一步说，虽采不同的分析视角，路径一与路径二、路径三实质上都立足于规范意旨的考察，这也是朱庆育老师所主张的管理性强制性规定与外部秩序规范意旨之间的联结。

针对未经评估程序的国有股权转让合同的效力问题，首先，通过对法律规范体系的审视，不同于批准程序，民法典或其相关配套规则及已失效的合同法及其相关配套规定中均未对资产评估程序与所涉合同效力之间的因果关系加以描述；其次，通过对评估程序规范意旨的审视，不同于批准程序，国有股权转让本身并非评估程序的规制对象，评估程序规范以外部抽象秩序即低价转让国有资产导致资产流失为规制对象，也是典型的管理性效力性规定；最后，通过对相关案例的总结，成交金额与评估价值的现实考察也是法院认定个案交易是否影响规范意旨实现的主要依据。综合来看，国有股权转让未经评估，原则上并不影响合同效力，但合同各方当事人存在无偿转让或以不合理低价转让标的股权造成国有资产流失的，根据民法典第一百五十三条之规定，该股权转让协议可能因违反法律强制性规定而被认定无效。需注意的是，无论最终司法层面如何认定，根据《企业国有资产评估管理暂行办法》的规定，违反评估要求的国有企业会受到国有资产监督管理机构通报批评并责令改正；负有直接责任的主管人员及其他直接责任人员，以及造成国有资产流失的各级国有资产监督管理机构工作人员会依法受到处分，涉嫌犯罪的，会移送司法机关处理。

引申探讨

一、问题的延伸：国有股权补偿条款作为附生效条件股权转让协议的实质认定

经过本文前段的分析，未经批准、评估程序对于国有股权转让事项而言，最显著和关键的影响就在于股权转让协议的效力以及在此基础上的救济、诉请选择。那么，在本文开篇案例及其相类似的实务操作中，以股权补偿条款为核心的《备忘录》等文件的效力是否会因国有资产转让批准、评估程序的缺位而效力受限？考虑到实务中对于《备忘录》等一系列文件名称使用范围并无清晰划定，混用甚至混同的现象比较常见，笔者认为，问题的关键在于考察《备忘录》的内容和性质，具体问题具体分析，或厘清与股权转让协议的本质区别，或认可二者实质的合一，以下将通过三种情境的设定加以说明。

（一）《备忘录》仅为股权转让事项磋商性文件

最高人民法院（2014）民申字第263号民事裁定书中，对"意向书"等类似"磋商性文件"的主要特征作如下表述：磋商性文件一般指，就正式合同条款协商、谈判过程中，对已达成一致的事项进行记录的过程性文件。其通常具备当事人的名称或者姓名和住所、主要商谈事项及相关权利义务等，但一般意思表示不够具体确定，标的、数量不能确定，或者约定了该文件不具有约束力、将来订立正式合同等效力排除性条款。简言之，磋商性文件与合同的核心区别是，当事人尚未有接受其约束的意思表示，或者因标的、数量不确定而无法成立合同。此观点也在后续司法实践中广为认可。

此时，因难以识别当事人对权利义务等主要条款的合意，无法认定合同要约、承诺过程已经完成，自然也不具有合同约束力，不涉及违约责任承担问题。但作为缔约过程的一环，若因违反"磋商性文件"、不正当泄露或使用商业秘密、恶意磋商等导致对方损失的，仍需根据民法典第五百条、第五百零一条之规定，承担赔偿责任。

(二)《备忘录》构成股权转让事项预约合同

实践中，不乏当事人在安排国有股权转让事项时，会先签订预约合同，后据此签订一份或多份用于实现预约合同的本约合同。此时，便发生预约/本约实质的认定和效力区分问题。

在内蒙古嘉泰投资集团有限公司与中国宝安集团股份有限公司等股权转让纠纷再审案[①]（涉外商投资企业股权转让问题）中，再审法院基于以下三点原因，认为涉案协议为各方当事人就转让相关企业股权达成的预先约定：首先，各方当事人就股权转让事项签订的是一揽子协议，包括了三个目标公司股权的变动；其次，涉案协议约定的受让方并不明确，甚至在合同订立时尚未设立；最后，各方当事人对于需要另行签订具体明确的股权转让协议是应当知晓的，案涉协议中包含相关内容。综上，最高人民法院认定案涉协议是当事人之间就三家目标公司股权转让问题达成的框架协议，各个企业股权具体转让的问题需要各方当事人按照框架协议的约定进行操作，并明确"这样的预约协议并不需要报经外商投资企业审批机构的批准，二审判决认定涉案协议未经审批而应认定未生效属于法律适用错误"。

该案的审理过程不仅反映出司法审判中对于预约合同认定问题的考量，也传递出审批/批准程序所规范和指向事项的具体范围。具体而言，关于预约合同的构成和认定，首先，由于预约合同的内容是将来订立合同的一定行为，因而在性质上属于诺成契约；其次，预约合同须体现合同各方当事人的合意性，即指向将来一定期限内订立本约的效果，但对此，亦有观点主张此订立本约之意不必然明示，通

---

① 参见内蒙古嘉泰投资集团有限公司与中国宝安集团股份有限公司等股权转让纠纷再审案，最高人民法院（2015）民提字第21号民事判决书。

过解释补全亦可；再次，合同内容相较于磋商性文件而言应当更加明确，部分观点甚至主张应当包含对未来本约合同的必要条款；最后，一些案例中，法官还会纳入价金支付情况、合同履行情况等因素综合判断。总体来说，预约合同的判定，绝不能仅依据文件名称或标题，而应具体审查文件内容及各方合意，从当事人意思表示、合同约定内容以及具体事项所适用的不同调整规则综合判断、具体分析。关于批准程序所规范和指向事项的具体范围问题，鉴于预约合同仅约束各方当事人未来进一步磋商（"必须磋商说"）或按预约约定订立本约（"应当缔约说"）的行为，内容非终局性地决定各方当事人在本约合同中的权利义务承担，与股权转让事项的具体安排和执行并无直接关联，作为独立于股权转让协议本约的存在，其生效不受批准程序的规范和限制。

（三）《备忘录》构成股权转让事项本约合同，即股权转让协议

与预约合同相区分，本约合同可以理解为就预约合同合意订立内容及履行方式协商一致之合同，对交易对手方基本情况、交易标的、标的数量、价格、履行期限、方式、各方主要权利义务、违约责任、争议解决条款等加以明确约定，用以固定合同各方当事人在合同所涉交易事项中的义务承担及法律关系，约束各方履约行为。

在北京汇金立方投资管理中心（有限合伙）与被告南京报业集团有限责任公司南京时代传媒投资公司、第三人南京时代传媒股份有限公司合同纠纷案中，由于以国有股权回购条款为核心的《备忘录》详细记载了投资方对于目标公司经营管理的参与方式、股权回购的所附条件、回购标的、承诺回购价格计算方式等，南京市中级人民法院认定该案涉《备忘录》应履行向相关国资主管部门报批手续，始生效力。此外，合同当事人即便在《备忘录》中自行约定生效条件，亦不能以此对抗法定批准程序。由此看来，具体到开文开篇案例中，若通过审查《备忘录》的内容和具体约定，其已就前段所述国有股权转让事项的具体实施、各方当事人义务的具体履行等达成了可据此付诸履行的效果，即应承认该《备忘录》与股权转让协议实质的合一，此种

情境下《备忘录》的效力直接参照国有股权转让协议效力标准具体判断。

另外，针对前述案例，笔者认为需要另行明确的是，该案中《备忘录》由于包含了尚未确定是否实现的股权回购条件，以及基于此条件开展的股权转让经济行为，可被视为一份附生效条件的股权转让协议，其中关于股权转让部分约定的效力状态，需受到双重效力考察，即除审视国资审批/评估程序外，还需结合约定条件达成情况进一步判断。

二、问题的落脚点：股权补偿条款不以二次审批为必要

至此，本文已对未经审批/评估的股权转让协议效力以及其中附股权转让条件条款效力可能存在的瑕疵问题进行了阐述，一般而言，股权补偿等业绩补偿条款应作为投资协议的一部分一同参与投资、增资等经济行为的审批，但本文开篇案例由于另行签署《备忘录》，割裂了股权补偿条款与投资协议之间的直接关联，相关部门对投资协议的审批自然不能涵盖对股权补偿条款的批准和效力认可，此时该条款作为独立于投资协议以外的双方合意，其需经历何种审批/评估流程，是否股权补偿条款缔约完成后，以及股权补偿条件触发股权转让义务履行时，国有企业均须对股权补偿义务之实现履行审批/评估手续，我国现行国资监管制度中并未对批准程序所具体针对的步骤（缔约/实际转让）加以明确，仅表述为转让"事项"，对此，实务中存在以下三种不同的观点：

第一种观点认为，为未来股权补偿/转让条件缔约的行为与实际开展的股权补偿行为（满足特定条件的股权转让行为）属于相互独立的两个行为，二者依法应分别履行国资审批和资产评估程序。缔约行为由于为未来国有股权转让固定了可能履行的义务，属于处分国有产权且可能导致国家对持股企业不再拥有控股地位的行为，此条款的订立应当经过国有资产监督管理机构决定并经本级人民政府批准；当交易对手方间约定的业绩补偿条件达成后，依据此条件实际开展股权转

让更实际处分了国有资产，应另行提交国资审批/评估，否则该实际开展行为以及相关履行文件将处于未生效状态。

笔者认为，基于此种观点的逻辑出发点，可能存在如下问题：首先，由于股权补偿条款本身即附生效条件，在约定的生效条件达成前，股权补偿条款本身未生效，通过一次审批[①]也无法改变股权补偿条款未生效的状态，在后续存在二次审批的前提下，该一次审批程序本身并无实施必要。其次，从接受股权补偿条款一方的角度，如果将投资前缔约行为和退出时股权转让行为看作完全独立且需各自履行审批程序的两个行为，那么根据《企业国有资产评估管理暂行办法》，两个行为发生时则须分别开展资产评估，并依据评估结果确定交易价格。这时，由于两个行为发生时间相差较大，受市场经济环境影响难以预测，两次资产评估结果往往会存在较大出入，股权转让行为实际开展时的评估价格与协议订立时的约定价格发生冲突以何者为准，则是彼时面临的又一问题。尤其是当对手方为国资企业时，由于其特殊属性，往往会出现不利于接受股权补偿条款一方的结果，同时被舍弃的另一番评估程序及结果也失去了存在的价值和必要。但此种做法并非不可采，后文将会具体阐述。

第二种观点认为，如果股权补偿条款在实体上独立于投资交易主合同，且未作为主合同附件一同参与经济行为审批，鉴于合同相对方对股权补偿事项已经达成合意，待条件触发后股权转让行为实际发生前，就该股权转让行为再行向有关部门履行批准/评估+核准/备案程序即可。但此种方案可能导致经济行为审批部门对该经济行为发生基础认识不充分而产生的瑕疵审批。此外，如直至合意条件触发才发现该股权补偿条款并不符合审批条件，对于接受股权补偿一方而言也会造成基于合理信赖的损失以及投资交易主合同基础的重大变化，对投资交易本身的稳定构成威胁。

第三种观点则认为，附生效条件的股权补偿条款作为投资交易的

---

① 本文将股权补偿条款缔约时的审批称为一次审批，将实际履行股权转让义务时的审批称为二次审批。

对价，是该项交易得以达成的关键性条件，在投资交易达成当下对交易对价、交易风险进行整体评估与约定应作为交易要素纳入事前审批范围。据此观点，股权补偿条款应作为投资交易主合同的附件一同进行经济行为的事前审批，其后待股权补偿条件触发后便依据审批通过的价格、方式等履行股权转让义务。即便一经济行为已通过在先审批或无须审批，嗣后达成的股权补偿条款也应作为在先投资行为的一部分履行补充审批手续或一并重新履行审批手续。约定投资期限届满，业绩补偿条件达成后，由于合同基础及条款义务履行的基本情况都在双方的约定范畴内，双方直接按约履行股权补偿条款义务即可，不需就条件触发后的履行行为再行二次审批。从实务操作上看，此种做法更符合商业便利性以及交易双方最初的交易合意，但此时，股权补偿价格便要依据该条款订立时的约定方式确定，此价格的接受对于交易双方而言，可能都会承受了一定程度的商业风险。

综合以上观点，笔者认为，从审核、批准程序效率角度出发，如采一次审批的做法可以满足股权补偿条件触发后股权转让行为开展的合法合规要求，并无必要为程序性要求开展二次审批。但应注意审批事项及内容的完整性，不仅需获取对股权补偿条款订立的批准或审核同意决定，对于股权补偿触发条件（如期限、业绩标准等）、股权补偿条件触发后股权转让的履行方式（包括但不限于标的股权范围、交易对价确定方式、评估机构的选定方式、履行主体等）等都需通过一次报批流程提交、审核，甚至可以明确提交审批同意待股权补偿条件触发后不必再行审批的约定或意见。但如果一次审批未就股权补偿条款及其可能触发的股权转让所有关键细节通过内部决策及外部审核、批准，或者一次审批时部分交易条件尚未确定的，那么在股权补偿条款被触发并在开展股权转让动作前，也可以就未报批事项再次提交决策、报批，以便后续股权转让的顺利进行。

三、问题的补充：股权补偿条款应避免通过非公开协议转让方式实现

国有产权转让原则上通过产权市场公开进行，以上海市国有企业转让所持有的私募股权和创业投资基金份额为例，需通过上海股交中心份额转让平台公开挂牌交易。根据《国资交易监管办法》的规定，涉及主业处于关系国家安全、国民经济命脉的重要行业和关键领域企业的重组整合，对受让方有特殊要求，企业产权需要在国有及国有控股企业之间转让的，经国资监管机构批准，可以采取非公开协议转让方式；同一国家出资企业及其各级控股企业或实际控制企业之间因实施内部重组整合进行产权转让的，经该国家出资企业审议决策，可以采取非公开协议转让方式。

而实务中，国有企业与非国有企业间订立股权补偿条款的情况也并不少见，本文开篇案例亦是如此。此种在国有产权公开转让前即确定双方转让和受让意向并就此意向的后续落实细节达成一致意向的做法，可能被视为实质上的附生效条件的采非公开转让方式的股权转让协议，除非交易双方明确约定该股权补偿义务为过程性义务，或约定通过进场公开交易方式进行股权转让交易，此时便必然会面临接受股权补偿一方未必能够顺利取得标的股权的可能。若采非公开交易方式，虽能够更为明确地固定交易对象，但本身又会违反国有产权转让原则，可能面临效力瑕疵问题，如（2020）甘0103民初1354号民事判决书中便认为"双方就国有资产的转让未采取公开、公平、公正的原则并在依法设立的产权交易所公开进行，交易程序及方式违反国家法律法规的强制性规定"，虽然该原则是否为法律法规的强制性规定尚存争议，违反该原则也未必会导致规范目的的不能实现，但采用非公开协议转让确实与法律法规的规范意旨相违背，对于国有企业而言，合规层面也会面临较大风险和挑战。因此，在作出股权补偿条款约定之时，建议同时明确股权转让的实现方式（明确为进场交易）或

股权转让义务类型（明确为过程性义务），但协商难度可能较大，这也体现了当前通过股权、现金等形式约定业绩补偿合规难度渐强，强调规范市场化投资收益和常规商业风险承受的整体趋势。

法律建议

鉴于国有资产的特殊属性，为有效管理国有资产交易，防止国有资产流失，相关股权转让事项须遵循更加严格、完备的规范体系和管理层级。国有股权转让的批准、评估程序缺失会在一定程度上增大合同效力瑕疵风险，对于《备忘录》及类似文件性质认识不清、约定不明会阻碍合意的固定和实现。需要阐明的是，虽然本文对部分问题提出了倾向性观点，但为充分防范司法实践中不同角度的考量与评判，在涉及对赌情形下，投资人应就股权补偿事项之约定注意以下几点：

一是以正式股权转让协议的形式或固定股权补偿事项之合意，就转让方、受让方、交易条件、标的、价格、条件触发后的义务履行方、违约责任、报批义务方、评估义务方、报批期限、评估期限等加以明确，一方面避免日后再次磋商无法达成合意的情形，另一方面列明各方主要权利义务及违约责任，督促各方积极履行合同、保留救济依据。

二是积极督促报批义务方履行审核、批准/评估义务，并将股权补偿条款与投资交易主合同一同报相关部门批准，以获取尽量完整的事前审核结果，为后续投资交易开展及投资退出提供较为顺畅的开展路径。

三是如遇合同相对方拒不履行报批义务的情形，可先行向法院诉请要求对方履行报批义务，法院判决后，再行根据义务履行情况或强制执行情况，要求对方履行合同主要义务，或承担违约责任，或解除合同并主张损害赔偿等。

有限合伙人代表诉讼实务问题解析

问题的提出

私募基金分为公司型、合伙型和契约型三类,其中合伙型私募基金因其税筹优势成为基金管理人的优选。合伙型私募基金的管理人为普通合伙人,并以执行事务合伙人的身份负责基金的"募投管退",而投资者通常以有限合伙人的身份加入有限合伙企业,通过持有合伙份额分享投资利润、分担投资亏损。

近年来随着宏观经济趋势下行、投资市场债务违约显现,一些基金管理人专业能力低下、职业道德缺失,因此基金管理人失职、失联的情况时常发生。与基金投资相关的债权追偿、资产处置等事宜将无人负责,基金项目的风控措施(诸如回购条款、差额补足条款、担保条款等)面临超过诉讼时效或保证期间而失效的风险。此时投资人作为有限合伙人是否有权代表合伙企业向交易相对方及时主张权利,关系到投资人的切身利益。

2017年安徽瑞智案[①]开创了有限合伙人代表诉讼的裁判先例,为基金管理人失职、失联、"跑路"引发的维权困境下的有限合伙人提供了有效的救济途径。该案中,北京和信资本管理有限公司(以下简称和信资本)作为普通合伙人及执行事务合伙人发起中翔商业广场项目基金,向社会募集资金近3亿元,同时设立三家基金相关合伙企

---

① 焦某、刘某等与安徽瑞智房地产开发有限公司金融借款合同纠纷案,一审案号:安徽省高级人民法院(2015)皖民二初字第00005号;二审案号:最高人民法院(2016)最高法民终756号。

业,基金投资人作为有限合伙人参与项目投资。和信资本统一把资金汇集到北京和信恒轩投资中心(有限合伙,以下简称和信恒轩),分四笔以银行委托贷款形式出借给安徽瑞智房地产开发有限公司(以下简称安徽瑞智)及其关联方,用于房地产开发项目。房地产开发项目到期后,安徽瑞智未归还上述贷款,导致基金延期向投资人兑付。和信资本放任贷款到期无人催讨,投资人多次尝试联系和信资本均徒劳而返。故三名有限合伙人作为原告,以安徽瑞智为被告,以和信恒轩作为受偿主体向法院提起诉讼。法院最终确认有限合伙人有权依据合伙企业法第六十八条第二款第七项的规定,代表有限合伙企业向交易相对人主张权利。但是,合伙企业法的上述规定非常笼统,相较于2018年公司法已就股东代表诉讼作出更为具体的规定,有限合伙人代表诉讼在实务中仍存在较多争议问题,如应否适用及如何适用前置程序、诉讼主体如何确定等。

本文将就此展开分析,并尝试通过与公司股东代表诉讼的类比寻求相关问题的合理解答。

问题解析

一、有限合伙人代表诉讼的法律基础

合伙企业法第六十八条规定:"有限合伙人不执行合伙事务,不得对外代表有限合伙企业。有限合伙人的下列行为,不视为执行合伙事务:……(七)执行事务合伙人怠于行使权利时,督促其行使权利或者为了本企业的利益以自己的名义提起诉讼……"

有限合伙人以其认缴的出资额为限对合伙企业债务承担责任,与有限公司的股东一样享有有限责任的保护,因此从权责对等的角度出发,法律禁止有限合伙人执行合伙事务,否则将被认定为普通合伙人进而承担无限连带责任。合伙企业法第六十八条第二款是就有限合伙人的哪些行为将不被视为执行合伙事务的列举,为有限合伙人行使必要权利提供了"安全港规则",不使其任意丧失有限责任的保护。该

条的立法本意应并非为有限合伙人的代表诉讼提供法律基础,但客观上产生了该等效果。

但是,如何理解"执行事务合伙人怠于行使权利",有限合伙人代表合伙企业起诉前是否需要履行前置程序,如何履行前置程序,这也成了有限合伙人代表诉讼在司法实践中的争议问题。例如,在原告蔡某诉被告深圳平安大华汇通财富管理有限公司等案[①]中,一审法院通过类比股东代表诉讼制度和有限合伙人代表诉讼制度,认为有限合伙人派生诉讼制度也应当有前置程序,并以原告起诉不符合前置程序的要求作为裁定驳回起诉的理由之一,而二审法院则认为一审法院的该项处理意见没有法律依据。

二、类推适用公司法有限合伙人代表诉讼亦应有前置程序

合伙企业法第六十八条对"执行事务合伙人怠于行使权利"未作进一步的规定,需要通过立法续造予以填补,而大多数情况下,这类开放性立法空缺的填补是需要借助类推或者回归制定法所包含的原则来完成。

我们将类推理解为:将制定法针对某事实构成(A)或者若干彼此类似的事实构成而设定的规则,转用于制定法未作调整但与前述事实构成"类似的"事实构成(B)。转用的基础在于:由于在对法律评价有决定性意义的方面,两类事实构成彼此类似,因此应被相同评价,也就是说,转用是基于公正的要求,即同类事物相同对待。而通过回溯至制定法所包含的原则的方式来填补漏洞,其基础在于:出现了在制定法中没有被明确调整的事实,但制定法包含的原则(同样)能适用于它,而在这里并不存在该原则例外不适用的理由。[②]

公司法对某些情况下股东可以代表公司提起诉讼的条件作了相对

---

① 蔡某、深圳平安大华汇通财富管理有限公司合伙协议纠纷案,一审案号:广东省深圳市前海合作区人民法院(2016)粤0391民初652号;二审案号:广东省深圳市中级人民法院(2018)粤03民终9204号。
② 参见[德]卡尔·拉伦茨:《法学方法论》,黄家镇译,商务印书馆2020年版。

具体的规定，因此我们应考虑能否类推适用公司法的相关规定，对"执行事务合伙人怠于行使权利"的内涵和外延进行解读。

2018年公司法第一百五十一条[①]规定："董事、高级管理人员有本法第一百四十九条规定的情形的，有限责任公司的股东、股份有限公司连续一百八十日以上单独或者合计持有公司百分之一以上股份的股东，可以书面请求监事会或者不设监事会的有限责任公司的监事向人民法院提起诉讼；监事有本法第一百四十九条规定的情形的，前述股东可以书面请求董事会或者不设董事会的有限责任公司的执行董事向人民法院提起诉讼。""监事会、不设监事会的有限责任公司的监事，或者董事会、执行董事收到前款规定的股东书面请求后拒绝提起诉讼，或者自收到请求之日起三十日内未提起诉讼，或者情况紧急、不立即提起诉讼将会使公司利益受到难以弥补的损害的，前款规定的股东有权为了公司的利益以自己的名义直接向人民法院提起诉讼。""他人侵犯公司合法权益，给公司造成损失的，本条第一款规定的股东可以依照前两款的规定向人民法院提起诉讼。"

可见，除非紧急情况，股东提起代表诉讼必须遵从"先请求监事会/监事行权，再请求董事会/执行董事行权"的前置程序。公司法对公司的权力机构、治理结构作出了明确规定，即股东会是最高权力机构，董事会是执行机构，监事会是监督机关。因此，当公司没有及时维护自身权益，从而可能导致股东利益受损时，股东应首先寻求由

[①] 此条为2018年公司法规定，经修订，2023年公司法第一百八十九条规定："董事、高级管理人员有前条规定的情形的，有限责任公司的股东、股份有限公司连续一百八十日以上单独或者合计持有公司百分之一以上股份的股东，可以书面请求监事会向人民法院提起诉讼；监事有前条规定的情形的，前述股东可以书面请求董事会向人民法院提起诉讼。""监事会或者董事会收到前款规定的股东书面请求后拒绝提起诉讼，或者自收到请求之日起三十日内未提起诉讼，或者情况紧急、不立即提起诉讼将会使公司利益受到难以弥补的损害的，前款规定的股东有权为公司利益以自己的名义直接向人民法院提起诉讼。""他人侵犯公司合法权益，给公司造成损失的，本条第一款规定的股东可以依照前两款的规定向人民法院提起诉讼。""公司全资子公司的董事、监事、高级管理人员有前条规定情形，或者他人侵犯公司全资子公司合法权益造成损失的，有限责任公司的股东、股份有限公司连续一百八十日以上单独或者合计持有公司百分之一以上股份的股东，可以依照前三款规定书面请求全资子公司的监事会、董事会向人民法院提起诉讼或者以自己的名义直接向人民法院提起诉讼。"后同。

公司的内部权力机构代表公司起诉。公司法设定该前置程序的主要目的和意义在于促使公司内部治理结构充分发挥作用，以维护公司的独立人格、尊重公司的自主意志，同时也是为了防止股东滥用诉权、节约诉讼成本。

有限合伙企业与公司的内部组织架构并不相同，有限合伙企业不存在股东会/董事会/监事会的"三会"组织架构。但这并不应成为股东代表诉讼的法律规定不能类推适用至有限合伙人代表诉讼的理由。有限合伙企业和公司都是具有独立人格的民事主体，因此，在维护商事组织的独立人格、充分发挥内部治理结构的作用、避免代表人滥用诉权的立法目的上，二者并无本质差别，二者理应遵循相同的原则，即穷尽组织内部的权力机构的救济。从这个角度而言，为有限合伙人代表诉讼设置前置程序应是"执行事务合伙人怠于行使权利"的应有之义。

（一）有限合伙人代表诉讼前置程序的具体要求

合伙企业法第六十七条规定，有限合伙企业由普通合伙人执行合伙事务。因此，普通合伙人也就是执行事务合伙人，享有合伙企业的经营决策权。因此，有限合伙人代表诉讼的前置程序，无疑是要首先请求执行事务合伙人以合伙企业名义通过起诉或仲裁主张权利，请求后经过合理期限执行事务合伙人仍不作为的，即可认为有限合伙人已履行前置程序。

在合伙型私募基金的实务操作中，合伙企业的章程或合伙协议中也可能存在特别条款，如约定由诸如"投资决策委员会""咨询委员会"等形式的合伙企业内部决策机构享有决定是否提起诉讼的权利。此时应认为执行事务合伙人及内部决策机构均为合伙企业的内部决策机构，为达到穷尽内部救济手段之目的，有限合伙人应同时向执行事务合伙人及合伙企业内部决策机构提出请求。若合伙企业进入清算阶段的，则应向清算人发出请求。

有限合伙人要求执行事务合伙人或其他权利机关行使权利的合理期限，也可参照2018年公司法第一百五十一条第二款的规定，即以三十日作为通常的合理期限标准。

（二）前置程序的例外规则

2018年公司法为股东代表诉讼的前置程序设有例外情形，即"情况紧急、不立即提起诉讼将会使公司利益受到难以弥补的损害的"。是否构成紧急情况，难以事先确定具体标准，有待个案中裁判者根据具体情况作出判断。

此外，《九民纪要》第二十五条中指出：前置程序针对的是公司治理的一般情况，即在股东向公司有关机关提出书面申请之时，存在公司有关机关提起诉讼的可能性。如果查明的相关事实表明根本不存在该种可能性的，人民法院不应当以原告未履行前置程序为由驳回起诉。可见，最高人民法院的观点是以"有权机关起诉的可能性"作为前置程序适用的前提条件，《〈全国法院民商事审判工作会议纪要〉理解与适用》一书还就股东代表诉讼前置程序的豁免情形作出具体的列举：①（1）公司相关机关不存在或者因公司陷入经营僵局当中，相应的公司机构或者有关人员已不在其位或不司其职，股东无从提起请求；（2）董事与监事受到同一名股东或者实际控制人控制，监事根本不可能起诉该董事；（3）应当向其进行先诉请求的董事或者监事本身即为被告；（4）董事会多数成员或者执行董事本身与他人损害公司利益的行为有利害关系；（5）虽然董事会成员或者执行董事本人与所诉称的损害公司利益行为不存在利害关系，却可能受到与行为有关的利害关系人的控制而失去其独立性。

上述豁免情形的适用，在有限合伙人代表诉讼中也可资借鉴。因此，在有限合伙人代表诉讼中判断能否豁免前置程序的考量因素主要是：（1）侵害公司利益的相对人与执行事务合伙人（或其他决策机关）是否由相同的实际控制人所控制，以致内部救济程序虚设、已无必要；（2）合伙企业权益是否存在即时丧失的可能性，如诉讼时效或保证期间即将届满、相对人的资产即将被其他债权人处置等。

---

① 最高人民法院民事审判第二庭编著：《〈全国法院民商事审判工作会议纪要〉理解与适用》，人民法院出版社2019年版。

引申探讨

一、母子合伙型基金架构下的代表诉讼

私募基金运作实践中,基于风险隔离、便于资产处置等考量,时常会作嵌套式的交易架构安排。比如,某私募基金(母有限合伙)为下设子基金(子有限合伙)的有限合伙人,同时母、子有限合伙的普通合伙人是相同的主体或是由同一实际控制人控制的关联企业,基金最终通过子有限合伙对外投资。在此情况下,若发生投资项目兑付危机,则母有限合伙的有限合伙人能否以执行事务合伙人怠于行使权利为由,直接起诉与子有限合伙进行交易的相对人。

股东代表诉讼也会遇到同样的问题:母公司的股东能否代表母公司的全资子公司向其交易相对人主张权利。《〈最高人民法院关于适用《中华人民共和国公司法》若干问题的规定(四)〉(征求意见稿)》第三十一条曾就此问题作出"规定":"公司法第一百五十一条第一款、第二款所称的'董事、高级管理人员''监事会''监事'包括全资子公司的董事、高级管理人员、监事会、监事。"该"规定"尝试扩大股东代表诉讼中的股东权利,主要目的在于解决实践中因母公司治理僵局造成母子公司同时停摆时的股东权益受损困境。

但是,最终公布的《公司法解释四》删除了上述"规定",可能认为作如此解释已超越了法律规定的文义,逾越了司法解释的权限范围。

可喜的是,2023年公司法吸纳了上述规定。2023年公司法第一百八十九条第四款规定:"公司全资子公司的董事、监事、高级管理人员有前条规定情形,或者他人侵犯公司全资子公司合法权益造成损失的,有限责任公司的股东、股份有限公司连续一百八十日以上单独或者合计持有公司百分之一以上股份的股东,可以依照前三款规定书面请求全资子公司的监事会、董事会向人民法院提起诉讼或者以自己的名义直接向人民法院提起诉讼。"基于2023年公司法已确立股东

双重派生诉讼制度，有限合伙人代表诉讼亦可类推适用公司法该项规定，在有限合伙人代表诉讼其他前提条件满足的情况下，应允许母有限合伙的有限合伙人代表子有限合伙提起诉讼。

二、有限合伙人代表诉讼的诉讼主体问题

从诉讼实务角度出发，需要确定有限合伙人代表诉讼的诉讼主体问题，包括谁是原告、谁是被告、合伙企业的诉讼主体地位等，现逐一进行分析。

（一）原告主体资格问题

2018年公司法就股东代表诉讼的原告资格有具体规定：有限公司的股东、股份有限公司连续一百八十日以上单独或者合计持有公司百分之一以上股份的股东。对股份有限公司股东代表诉讼的原告资格从持股时间、持股比例进行合理限定，是基于股份有限公司股权分散、股权流通性强等特殊性的考量。合伙企业与有限公司一样并无此特殊性，故应类比适用有限公司股东代表诉讼的原告资格，即只要是有限合伙人即可提起代表诉讼。有疑问的是，侵害行为发生时原告尚未成为有限合伙人的，原告是否具有代表诉讼原告资格。就此问题，可参照适用《九民纪要》第二十四条的规定："股东提起股东代表诉讼，被告以行为发生时原告尚未成为公司股东为由抗辩该股东不是适格原告的，人民法院不予支持。"因此，不论侵害行为发生时是否已成为有限合伙人，原告只要自提起诉讼至法院作出生效裁判前，具备有限合伙人身份即可。

（二）执行事务合伙人能否作为共同被告

执行事务合伙人怠于行使权利，是有限合伙人代表诉讼的触发原因，此时执行事务合伙人同时也违反了合伙协议下的受托义务（若将基金合同定性为信托法律关系，则违反了信托法下的受托人信义义务），故有限合伙人也有权向执行事务合伙人主张违约损害赔偿责任。因此，有人认为应当允许原告在代表诉讼中将执行事务合伙人列为共同被告，请求其共同承担责任。

有限合伙人代表诉讼，原告是以自己的名义，代表合伙企业以侵害合伙企业权益的相对方为被告提起的诉讼，诉请的利益应归属于合伙企业（而非原告自身），原告的诉讼请求应是"请求法院判令被告向合伙企业支付款项或赔偿损失等"，请求权基础是合伙企业与相对人之间的合同违约关系或侵权关系。而通常情况下，针对执行事务合伙人的损害赔偿请求权是基于合伙合同关系，与代表诉讼的法律基础完全不同。根据司法实践中法院普遍遵循的"一案一诉"原则，有限合伙人无法在代表诉讼案件中同时起诉执行事务合伙人，而需要另案起诉。当然，如果执行事务合伙人与其他交易相对人应承担共同的侵权责任或承担共同的合同责任时，应可将其列为共同被告。

（三）合伙企业的诉讼主体地位

《公司法解释四》第二十四条规定，股东代表诉讼中应当列公司为第三人参加诉讼。此处的第三人应是民事诉讼法上的无独立请求权第三人，因为股东代表诉讼的利益归属于公司，案件处理结果同公司有法律上的利害关系；而有独立请求权的第三人应是作为原告提起诉讼，不能被列为第三人。类比该规定，有限合伙人代表诉讼中，合伙企业亦应作为无独立请求权第三人参加诉讼。

三、有限合伙人代表诉讼与债权人代位权诉讼的区别

在前述安徽瑞智案中，被告援引合同法第七十三条关于代位权的规定进行抗辩，主张代位权的行使范围应以债权人的债权为限，故原告有限合伙人不能将两笔贷款本金总额1亿元作为诉讼标的。但原告和法院都指出：本案诉讼的法律基础系合伙企业法第六十八条，而非债权人代位权。

债权人代位权诉讼是债的保全方式，根据民法典第五百三十五条的规定（原合同法第七十三条），因债务人怠于行使其债权或者与该债权有关的从权利，影响债权人到期债权实现的，债权人可以向人民法院请求以自己的名义代位行使债务人对相对人的权利，但是该权利专属于债务人自身的除外。

在私募基金管理人失职或失联的场景下，作为有限合伙人的投资人行使债权人代位权的最大障碍是较难证明"对合伙企业享有到期债权"，因为通常此时基金尚未清算，投资人对合伙企业享有的债权无法确定。在我国私募基金业发展早期，普遍存在合伙协议约定"保本保收益"的情形，此时投资人证明对合伙企业享有到期债权相对容易。比如，在原告信达投资有限公司诉被告河北融投置业有限公司等代位权纠纷案①中，原告作为有限合伙人，根据合伙协议约定的固定收益条款代位合伙企业（委托借款的出借人）向借款人主张债权，获得法院判决支持。随着私募基金监管合规要求的严格，目前市场上已经很少见到此类合伙协议。因此，目前私募基金投资人寻求救济的主要途径应是有限合伙人代表诉讼，而非债权人代位权诉讼。

需要注意的是，民法典就债权人代位权制度特别新增了"保存行为"规则，即民法典第五百三十六条规定，债权人的债权到期前，债务人的债权或者与该债权有关的从权利存在诉讼时效期间即将届满或者未及时申报破产债权等情形，影响债权人的债权实现的，债权人可以代位向债务人的相对人请求其向债务人履行、向破产管理人申报或者作出其他必要的行为。从该规定可以看出，债权到期前，债权人虽不能直接代位债务人要求次债务人向债权人履行债务，但可以代位次债务人实施中断诉讼时效、申报债权等保存行为，防止债务人责任财产的减损，以达到保护债权人利益的目的。

这一规则为投资人在基金管理人失职失联、基金对外投资的债权罹于时效届满风险等紧急状况下，提供了更为有效的救济途径，毕竟提起有限合伙人代表诉讼仍需花费一定时间，而直接发函中断时效无疑更为迅速便利。

📝 法律建议

有限合伙人代表诉讼的法律基础是合伙企业法第六十八条，但该

---

① 参见信达投资有限公司与河北融投置业有限公司、兴业银行股份有限公司石家庄分行等合伙协议纠纷、债权人代位权纠纷案，河北省高级人民法院 (2015) 冀民二初字第 19 号。

条规范比较笼统，未就合伙人代表诉讼的构成要件作具体规定。笔者认为，应类比适用公司法有关有限公司股东代表诉讼的规定，将合伙企业法第六十八条规定的"执行事务合伙人怠于行使权利"解读为包含前置程序：除非存在紧急情况或要求合伙企业权力机关起诉不具可能性，合伙人必须事先请求执行事务合伙人（或合伙企业章程规定的其他权力机关）提起诉讼。

因此，一旦发生基金管理人失职、失联等情况，建议投资人及时发函要求执行事务合伙人起诉合伙企业的交易相对人，经过三十天合理期限后执行事务合伙人仍不作为的，即可以自己名义代表合伙企业提起诉讼。此外，当诉讼时效即将届满、债务人破产等情况紧急发生时，还可利用民法典第五百三十六条规定的"保存行为"规则直接代位合伙企业发函主张权利，及时保全债权。

私募基金"名股实债"投资下的股权让与担保

📝 问题的提出

自私募基金行业产生以来,私募基金的基金管理人一直希望以最低的风险获得最高的收益,私募基金更多时候为了获得固定投资收益而不愿意过多地承担投资项目本身的风险,但为了规避主管部门监管,往往会采用表面看上去是股权投资的方式进行投资,即私募基金以股权转让或增资的方式取得被投企业的股权,同时办理股权工商变更登记,然而,私募基金在投资协议中往往对其持有的被投企业股权设置回购条款,以最终保证获得固定收益,该等回购安排主要表现如下:

一是在投资协议中明确约定,在达到回购条件的情况下,被投企业的原股东或其关联方具有回购私募基金持有的被投企业股权的回购义务,但是该等回购义务触发的条件并不是一个偶发性的条件,往往是一个通过商业安排的必然条件,比如设计成一个无法完成的业绩指标等。

二是关于回购价格的约定也不是根据被投企业的盈利情况设计,回购价格多数情况亦是按照私募基金可得的固定收益测算和安排确定。

在上述投资模式项下常见的交易模式主要有如下三种:

一是增资方式。私募基金通过高溢价的方式以投资款对被投企业进行了增资,获得股权(增资股权),再根据各方约定将增资股权按照约定的价格转让给原股东或其指定的第三方(受让人)。

二是股权转让方式。私募基金通过高溢价的方式受让被投企业的原股东持有的被投企业的股权（转让标的股权），并约定投资款直接支付给被投企业，退出时，私募基金将转让标的股权按照约定的价格转让给受让人。

三是增资和股权转让方式。私募基金通过高溢价的方式以投资款对被投企业进行了增资，仅获得少量股权（少量增资股权），同时被投企业的原股东将持有的被投企业的股权（转让标的股权）转让给私募基金，退出时，私募基金将少量增资股权和转让标的股权按照各方约定的价格转让给受让人。

综上，在前述常见交易模式项下，私募基金虽然获得股权，但是不承担投资的风险，享有固定收益，仅在投资过程中根据投资协议的约定行使股东权利，在此种安排下，私募基金的投资行为很容易被认定为"名股实债"。那么，私募基金通过增资及/或转让获得股权、退出时私募基金向受让人转让全部持有股权的行为如何认定？该种行为是会被认定为让与担保，或是其他增信方式，还是仅作为合作项下的义务约定呢？本文将结合让与担保的有关特点进行分析。

📝 问题解析

一、关于让与担保的相关规定

最早直接对让与担保进行明确规范的是 2019 年颁布的《九民纪要》，其第七十一条规定："债务人或者第三人与债权人订立合同，约定将财产形式上转让至债权人名下，债务人到期清偿债务，债权人将该财产返还给债务人或第三人，债务人到期没有清偿债务，债权人可以对财产拍卖、变卖、折价偿还债权的，人民法院应当认定合同有效。合同如果约定债务人到期没有清偿债务，财产归债权人所有的，人民法院应当认定该部分约定无效，但不影响合同其他部分的效力。""当事人根据上述合同约定，已经完成财产权利变动的公示方式转让至债权人名下，债务人到期没有清偿债务，债权人请求确认财产归其所有的，人民法院不予支持，但债权人请求参照法律关于担保物权的规定对财产拍卖、变卖、折价优先偿还其债权的，人民法院依法予以支持。债务人因到期没有清偿债务，请求对该财产拍卖、变卖、折价偿还所欠债权人合同项下债务的，人民法院亦应依法予以支持。"该条对让与担保的构成要件与法律效力进行了规定，但因为《九民纪要》不是司法解释，所以法官在裁判案件时不能将《九民纪要》作为裁判依据直接援引，只能根据其相关规定进行说理。真正确立我国让与担保制度的是《最高人民法院关于适用〈中华人民共和国民法典〉有关担保制度的解释》（以下简称《担保制度解释》），其虽未明确让与担保的定义，但第六十八条①对让与担保的典型情形作了规定，根据该规定，下述三种形式可以被认定为让与担保：

第一，债务人或者第三人与债权人约定将财产形式上转移至债权人名下，债务人不履行到期债务，债权人有权对财产折价或者以拍卖、变卖该财产所得价款偿还债务；

第二，债务人或者第三人与债权人约定将财产形式上转移至债权人名下，债务人不履行到期债务，财产归债权人所有；

第三，债务人与债权人约定将财产转移至债权人名下，在一定期间后再由债务人或其指定的第三人以交易本金加上溢价回购，债务人到期不履行回购义务，财产归债权人所有。

---

① 《担保制度解释》第六十八条规定："债务人或者第三人与债权人约定将财产形式上转移至债权人名下，债务人不履行到期债务，债权人有权对财产折价或者以拍卖、变卖该财产所得价款偿还债务的，人民法院应当认定该约定有效。当事人已经完成财产权利变动的公示，债务人不履行到期债务，债权人请求参照民法典关于担保物权的有关规定就该财产优先受偿的，人民法院应予支持。""债务人或者第三人与债权人约定将财产形式上转移至债权人名下，债务人不履行到期债务，财产归债权人所有的，人民法院应当认定该约定无效，但是不影响当事人有关提供担保的意思表示的效力。当事人已经完成财产权利变动的公示，债务人不履行到期债务，债权人请求对财产享有所有权的，人民法院不予支持；债权人请求参照民法典关于担保物权的规定对财产折价或者以拍卖、变卖该财产所得的价款优先受偿的，人民法院应予支持；债务人履行债务后请求返还财产，或者请求对财产折价或者以拍卖、变卖所得的价款清偿债务的，人民法院应予支持。""债务人与债权人约定将财产转移至债权人名下，在一定期间后再由债务人或者其指定的第三人以交易本金加上溢价款回购，债务人到期不履行回购义务，财产归债权人所有的，人民法院应当参照第二款规定处理。回购对象自始不存在的，人民法院应当依照民法典第一百四十六条第二款的规定，按照其实际构成的法律关系处理。"

据此，如果交易安排满足上述内容的情况下，即可能被认定为让与担保。

二、让与担保的构成要件

（一）让与担保的构成要件之一：基础债权债务关系存在

民法典第三百八十八条规定，担保合同是主债权债务合同的从合同。让与担保作为一种非典型担保，从本质上来看还是属于担保关系，因此让与担保亦需要适用担保的有关规定——具有从属性，故根据上述规定，认定构成让与担保首先需要满足的条件是存在主债权债务关系。

基于上述内容，在私募基金"名股实债"投资下判断是否存在让与担保，首先需要判断是否存在真实的主债权债务关系。通过查阅裁判案例，在认定让与担保时，法院首先对投资行为的法律关系进行判断，再对是否成立担保进行判断。在上海播润投资管理有限公司与邛崃乾柜纵横建设项目管理有限公司、北京乾柜投资有限公司等其他合同纠纷案[1]中，第一个争议焦点就是涉案各方之间法律关系的认定，根据法院的分析逻辑，该案原告与各被告之间是以《投资协议》为基础而建立的借款合同关系与相应的担保关系。法院认为："第一，原告与被告邛崃乾柜之间实际系借款关系。在原告与被告邛崃乾柜之间的《投资协议》中约定，原告按期收取固定比例的投资收益，被告邛崃乾柜的经营风险和实际收益与原告收回收益之间并无关联，且约定了原告取回全部投资的期限。这与共担风险、共享收益的投资法律关系的性质是不相符的，而这样的约定恰恰与出借资金在确定的期限内收回资金及相应利息的借款法律关系相一致。第二，原告与被告北京乾柜之间构成以北京乾柜所持股权为标的的让与担保法律关系。"

（二）让与担保的构成要件之二：当事人有担保的意思表示

当事人具担保意思表示是认定让与担保的第二要件，即当事人必

---

[1] 上海播润投资管理有限公司与邛崃乾柜纵横建设项目管理有限公司、北京乾柜投资有限公司等其他合同案，上海市静安区人民法院（2020）沪0106民初1405号。

须有确保主债权实现的意思表示。

笔者理解，这里的担保意思在"名股实债"项下的表现方式多为：私募基金与融资方（包括但不限于被投企业、被投企业的原股东、实际控制人、关联方等）签署的文件约定为被投企业的原股东向私募基金转让持有的被投企业的股权，在私募基金投资期限届满后融资方指定主体要回购私募基金持有的被投企业的股权，如融资方未及时回购的，私募基金可对受让的被投企业的股权进行处置，据此即可推断出当事人之间有担保的意思表示，并且各方已就担保达成合意。

（三）让与担保的构成要件之三：财产权转移

根据《担保制度解释》，债务人或者第三人与债权人约定将财产形式上转移至债权人名下是构成让与担保的前提之一，即财产权转移是让与担保的构成要件。

基于财产权转移是让与担保的构成要件，则在"名股实债"项下，如果私募基金是通过增资方式取得被投企业的股权，由于该等取得方式并没有发生财产权转移，不满足财产转移的要件，故不构成让与担保。但是，根据民法典第三百八十八条规定，法律承认"其他具有担保功能的合同"，基于此，虽然"名股实债"项下私募基金通过增资方式取得的股权不构成让与担保，但是通过分析"名股实债"的交易目的，不难看出私募基金取得股权实际是为了降低投资的风险，为其投资提供保障，因此，"名股实债"项下私募基金通过增资方式取得股权的行为属于"其他具有担保功能的合同"。

引申探讨

在"名股实债"项下构成让与担保的，如下问题容易发生争议，在实际操作过程中需要进行风险防控。

一、决策流程问题

在"名股实债"项下主要为借贷法律关系，因此作为"名股实债"项下的债务人，需要根据法律法规的规定和相关公司章程，履行相应的决策流程；而让与担保为担保的一种模式，根据公司法、民法典和《担保制度解释》的相关规定，为避免让与担保因决策流程不完整被认定无效，交易各方需依法完成相应的决策程序。

在前述决策要求下，由于"名股实债"项下让与担保涉及的主体很多，各主体如何履行决策程序，需要重点把控，笔者认为需要从三个方面确定该主体需要履行何种决策程序。

第一，被投企业是债务人或者仅为获取投资及收益的主体，被投企业需就签署投资协议进行决议。

第二，如债务人自行转让股权，属于为自己的债务提供担保，无需担保决议；如债务人以外的第三方公司转让股权提供担保，则属于对外担保，该第三方公司需按其章程规定履行担保决策程序。

第三，如股权转让主体与回购主体为同一主体，按上述第二项履行决策程序即可；如股权回购主体并非股权转让主体，而是另一第三方时，股权回购主体的此种行为可能会被认定为以回购方式提供担保，因此建议其另外履行担保决策程序。

二、股权让与担保中的资产处置问题

在"名股实债"项下构成让与担保的，各方如私募基金、被投企业、原股东、实际控制人、受让人与提供让与担保资产的主体之间都应当遵从投资文件的约定，履行让与担保的职责。

需要提示的，根据《担保制度解释》第六十八条的规定，约定财产归债权人所有的，法院应当认定该约定无效，但不影响当事人有关提供担保的意思表示的效力，即当事人已经完成财产权利变动的公示，债务人不履行到期债务，债权人请求对该财产享有所有权的，人民法院不予支持；债权人请求参照民法典关于担保物权的规定对财产折价或者以拍卖、变卖该财产所得的价款优先受偿的，人民法院应予支持。基于此，债权人需要对让与担保资产进行处置以享有优先受偿权。

司法实践中对于让与资产的处置存在两种不同的方式：一种是处

分型清算，即处分后债权人优先受偿；一种是归属型清算，即由债权人实际取得标的物，但对标的物价值进行评估，超过部分返还给债务人。从经济价值与成本考虑，处分型清算可能涉及司法拍卖、变卖等过程，需要时间成本和经济成本，且该等成本需要有主体承担，基于此，采用归属型清算对债权人与债务人可能更有经济效益。

三、私募基金作为股权让与担保权人的权利义务问题

（一）股东权利问题

私募基金作为股权让与担保权人时，仅以担保债权清偿为目的持有股权，并非真实股东，亦不当然享有知情权、分红权、表决权等股东权利。但私募基金在投资过程中，往往会基于强势地位要求被投企业在交易文件中明确赋予其一定的股东权利。对此类约定的法律效果，笔者认为，应进一步分情况探讨：

如投资文件仅约定私募基金享有股东知情权与监督权，则笔者认为，此类权利约定一般系为防止真实股东对股权不当处理，以保护担保标的股权的价值，并未超过私募基金为担保债权清偿持有股权的目的范围，故应当允许私募基金依法行使相应的股东知情权与监督权。

如江西省高级人民法院在熊某民、昆明哦客商贸有限公司股东资格确认纠纷案[①]中，即表示了对让与担保权人享有股东知情权与监督权的认可："股权让与担保相较于传统的担保方式，其优势在于设定的灵活性和保障的安全性，可以防止对股权的不当处理，并可以在不侵害实际股东经营管理权的前提下，通过约定知情权和监督权等权利最大限度地保护设定担保的股权的价值。"

但是，如投资文件约定私募基金享有股东分红权等财产权益，或约定其享有表决权等参与公司经营管理的权利，则已明显超过担保债权清偿这一私募基金持股的目的范围。对此，笔者认为，如不存在其他效力瑕疵，此类交易约定当然有效，但可能影响法院对股权让与担

---

① 参见熊某民、昆明哦客商贸有限公司股东资格确认纠纷案，江西省高级人民法院（2020）赣民终294号民事判决书。

保的认定。

如最高人民法院在陆某梅、广州市泛美房地产开发有限公司合同纠纷案①中，即基于股权受让人享有公司经营决策及管理权，否认了股权让与担保的构成："泛美公司作为重整投资方以受让股权及出借资金的方式加入。案涉《协议书》……相关内容中均明确泛美公司派员出任银建公司执行董事和总经理，说明泛美公司参与银建公司的经营决策及管理，是通过共同合作为银建公司创造利润的方式获取收益和保障利益，与让与担保关系中担保权人享有的权利及仅通过实现股权的交换价值保障利益的方式并不相同……综合以上因素，交易双方并非仅在形式上转移股权，泛美公司实质上亦已享有及行使股东权利。"

（二）其他股东优先购买权问题

其他股东优先购买权问题主要发生在私募基金退出时的回购时点，根据2018年公司法的规定，有限责任公司的股东在公司股东对外部股东转让股权时，对转让股权有优先购买权。在此规定下，笔者认为，如果"名股实债"项下受让人在受让时为被投企业股东的，其他股东不享有优先购买权；反之，其他股东享有优先购买权。对此，笔者认为，如果其他股东同意"名股实债"项下回购安排的即为放弃优先购买权；如果其他股东没有同意"名股实债"项下回购安排，在私募基金退出时亦没有同意私募基金将持有股权转让给受让人，且受让人为外部股东的，其他股东依旧对该等股权在同等条件下有优先购买权。

（三）外部债权人追责私募基金的出资义务问题

《公司法解释三》第二十六条规定："公司债权人以登记于公司登记机关的股东未履行出资义务为由，请求其对公司债务不能清偿的部分在未出资本息范围内承担补充赔偿责任，股东以其仅为名义股东而非实际出资人为由进行抗辩的，人民法院不予支持。""名义股东根

---

① 参见陆某梅、广州市泛美房地产开发有限公司合同纠纷案，最高人民法院(2020)最高法民申4636号民事裁定书。

据前款规定承担赔偿责任后,向实际出资人追偿的,人民法院应予支持。"

《担保制度解释》第六十九条规定:"股东以将其股权转移至债权人名下的方式为债务履行提供担保,公司或者公司的债权人以股东未履行或者未全面履行出资义务、抽逃出资等为由,请求作为名义股东的债权人与股东承担连带责任的,人民法院不予支持。"

根据上述关于名义股东承担出资义务的规定,在《公司法解释三》规定下,名义股东需承担出资义务,但可向实际出资人追偿。而就股权让与担保关系而言,根据《担保制度解释》的规定,如果实际出资人将其持有股权通过让与担保的方式转让给名义股东的,名义股东无须与实际出资人对实际出资人的出资义务承担连带责任。但需要说明的是,《担保制度解释》并未规定如何判断名义股东与实际出资人成立"股东以将其股权转移至债权人名下的方式为债务履行提供担保"的关系,经查阅《担保制度解释》原公布的征求意见稿的内容,其第六十七条规定:"股东以将其股权转移至债权人名下的方式为债务履行提供担保,公司或者公司的债权人以股东未履行或者未全面履行出资义务、抽逃出资等为由,请求作为名义股东的债权人与股东承担连带责任的,人民法院不予支持。人民法院在认定某一交易是股权转让还是将股权转移至债权人名下的方式为债务履行提供担保,需要综合考察以下因素:(一)是否存在被担保的主债权债务关系;(二)是否存在股权回购条款;(三)股东是否享有并行使股东权利。"在《担保制度解释》颁布时,上述征求意见稿中的综合考察因素内容被删除,笔者猜测,主要可能是因为该等考察因素并不全面,且实践中让与担保的形式多样,无法通过立法明确,为了避免误导大众对该条款的了解,因此删除,将判断的权利交给了审判者。

法律建议

根据上述分析,笔者认为,在法律法规明确对私募基金投资的方式进行限制的情况下,如私募基金希望通过"名股实债"项下构成让与担保来降低投资风险的，需要注意如下事项：

一是私募基金的投资如果不构成股权投资的，尽可能需要保证私募基金与融资方之间的借贷关系成立并有效，从交易架构设计上做好安排。

二是在投资文件中对私募基金和融资方的担保意思尽可能明确，主要约定方式为在私募基金投资期限届满后融资方指定主体回购私募基金持有的被投企业的股权，如融资方未及时回购的，私募基金可对受让的被投企业的股权进行处置。

三是原则上签署股权转让协议并约定自转让合同生效即满足让与担保的条件，但是为了避免争议，建议私募基金在签署投资协议后要求融资方尽快配合办理股权变更至私募基金名下的登记，完成让与担保的公示。

四是在作出让与担保安排的交易项下，为保证让与担保的成立并生效，建议私募基金要求转让股权的主体提供关于让与担保的决策流程文件。

五是为保证私募基金在投资期间权利的实现，在条件允许的情况下建议向被投企业和其他股东披露私募基金的投资安排。

六是"名股实债"项下私募基金通过增资方式获得股权后续有回购安排的，虽然不构成让与担保，但是可能成立法律法规规定的其他担保功能的情况，因此建议要求回购义务人履行担保决策程序。

私募基金投资者损害赔偿请求权中损害要件之认定
——从基金清算与损害认定关系的角度分析

📝 问题的提出

2016年6月,甲投资者与作为契约型私募基金管理人的乙公司及基金托管人签订涉案《私募基金合同》,约定:涉案私募基金募集资金主要用于投资丙合伙企业(以乙公司作为丙合伙企业的有限合伙人),最终由丙合伙企业将资金按约进行第三方公司股权投资(投资结构见图1)。

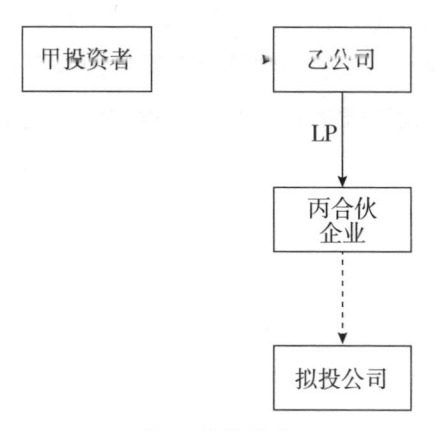

```
甲投资者 ──▶ 乙公司
              │ LP
              ▼
            丙合伙
            企业
              ┊
              ▼
            拟投公司
```

图1 投资结构

在涉案私募基金存续期间,乙公司未按约审慎核实涉案私募基金募集资金去向,丙合伙企业管理人及其实际控制人恶意挪用基金资产并已失联,公安机关对此开展立案侦查。涉案私募基金因此无法按照《私募基金合同》约定开展清算程序。

甲投资者遂诉至法院，要求判决乙公司赔偿其投资本金及资金占用损失。本案具体审理过程中，争议焦点之一即为：清算完成前，甲投资者的损失是否实际发生并可以确定？

甲投资者主张：涉案私募基金清算系乙公司主动中止，现涉案私募基金份额已无实际价值，实际损失已经发生，无须清算完成后再行确定。

乙公司主张：在涉案私募基金清算未完成的情况下，甲投资者的损失未实际发生，故其损害赔偿请求权中损害要件不成立，且直接判决乙公司赔偿损失必然产生甲投资者在涉案私募基金清算完成后重复获利的问题。

从以上案例中，我们可以发现：一方面，尽管随着行业监管的不断完善，私募基金行业越来越规范，但私募基金行业在发展初期多层嵌套、通道业务、资金挪用等违规操作屡见不鲜，往往导致一些私募基金最终面临迟延清算，甚至难以清算的困境；另一方面，在私募基金清算完成之前，投资者的投资本金是否受损以及损失多少却又未成定数，更难以举证。但若法官径行认定损害不确定而直接驳回投资者之主张，则无疑将再次引发诉讼，浪费司法资源，难以合理保护投资人利益，正所谓迟到之正义非正义。

实际上，对于私募基金投资者损害认定问题，尤其是此问题与私募基金清算完成的关系，司法实践中的观点莫衷一是。因此，笔者试图通过对现有理论实践观点进行汇总分析，以探讨此问题的法律适用及合理解决方案。

问题解析

一、争议观点总结

具体而言，投资者在本文开篇案例中请求私募基金管理者赔偿其投资本金及资金占用损失，本质上属于主张损害赔偿请求权。此损害赔偿请求权既可能是基于违反《私募基金合同》之违约损害赔偿请求权，也可能是基于私募基金管理者违规行为之侵权损害赔偿请求权。但无论是前者还是后者，损害赔偿请求权均存在一个共同要件，即"损害"。

"损害"的认定，一般必须具有可确定性。损害的确定性，即指损害事实在客观上能够被加以确认，不能确认的损害不能成为损害赔偿中的"损害"。损害的确定性主要表现在：损害是已经发生且客观真实存在的事实。如果损害的是"受害人"非现实的利益，或者损害的是"受害人"主观臆想的利益或不为社会一般观念所认可的利益，那么，这种损害就是不确定的。

如前所述，在本文开篇案例中，私募基金清算之前，私募基金投资者确实可能面临损害不确定的问题。面对私募基金投资者的权利保护和损害要件认定的不确定性，笔者经过对大量司法案例的研究发现，法院认定私募基金投资者损害赔偿请求权中的损害要件时，采取的裁判路径可总结为如表1所示的五种。

表1 法院认定私募基金投资者损害赔偿请求权中的损害要件时采取的裁判路径

裁判路径	观点	案例举例
裁判路径一	判定投资者实际遭受损失的金额无法确定，不予支持其赔偿请求，投资者应在损失确定后再行起诉	（1）《基金合同》在到期后因未进行清算且该合同对于涉案基金不保本保收益进行了明确约定的情况下，石某明对华夏传祺公司所享有的债权金额并不确定，石某明以返还投资本金100万元以及按照年化10%的基准计算收益作为其到期债权并无合同依据[①] （2）根据案涉基金合同对当事人权利、义务的设定，在基金合同出现终止事由后，应先依照约定，由基金财产清算小组对基金财产进行清算后，再行分配。在获得清算分配后，如投资人尚有其他权利未获清偿，可就其因基金管理人违法、违规或违约行为导致的损失再行主张权利。基金合同对因交易对手违约而导致延期风险也进行了风险揭示。目前，长典公司已就投资款项向汇腾公司等主体主张了权利，在基金财产未清算完毕前，欧某杰因案涉基金所导致的损失数额尚不能确定。欧某杰可待损失确定以后，另行主张[②]

[①] 参见石某明与合慧伟业商贸（北京）有限公司债权人代位权纠纷案，北京市西城区人民法院（2020）京0102民初153号民事判决书。

[②] 参见欧某杰、上海长典资产管理有限公司等金融委托理财合同纠纷案，山东省高级人民法院（2022）鲁民终579号民事判决书。

续表

裁判路径	观点	案例举例
裁判路径二	先行就赔偿范围作出判决，即要求私募基金管理人于清算确定实际损失后再行承担赔偿责任	案涉资管计划投资标的为股权，且项目公司仍处于正常存续状态，现资管计划已进入清算程序但尚未完成清算，亦尚未有投资者提起要求华设资管上海公司履行清算义务之诉并获胜诉判决，在此情况下推定常某人的投资已全部损失依据尚不充分……因案涉资管计划尚未完成清算，故常某人损失的具体金额尚未确定，但华设资管上海公司因违反适当性义务而应承担的赔偿责任范围已可确定。为避免常为人诉累，本院先行就华设资管上海公司的赔偿范围作出判决①
裁判路径三	根据基金管理人违约行为的严重性，直接认定投资金额全部损失	法院查明因新眿基金存在的多项违法违规行为，已经被中国证券投资基金业协会注销其基金管理人资格。综合考量本案基金管理人的严重违约行为，对基金管理人信义义务的违反，新眿基金应当对投资人的全部损失承担赔偿责任②
裁判路径四	认定损失已经确定，投资人在后续清算过程中获得的清偿应在判决赔偿金额中予以扣除	（1）考虑到基金清算处于停滞状态，无法预计继续清算的可能期限，且无证据证明清算小组实控任何可资清算的基金财产，如果坚持等待清算完成再行确认当事人损失，无异于缘木求鱼。故一审判决据此认定当事人损失已经固定，以投资款、认购费、资金占用利息作为损失基数，并明确被上诉人周某华如在后续清算过程中获得清偿，应在二上诉人赔偿金额中予以扣除，符合损失填平原则，法院予以认可③（2）关于是否必须先行清算的问题，基金的清算结果是认定投资损失的重要依据而非唯一依据，有其他证据足以证明投资损失情况的，人民法院可以依法认定损失。案涉基金并未用于受让应收账款，上诉人虽提起了诉讼要求领程公司、刚泰公司偿还款项，但生效判决至今未获执行，且刚泰公司已进入破产程序，合同约定的案涉基金权益基本无实现可能。上诉人虽主张根据补充协议已将案涉基金的期限延长，但在延长期限届满后仍未进行清算，因此，考虑到本案的实际履行情况，如果坚持等待清算完成再行确认当事人损失，不具有现实可行性。故一审判决据此认定当事人损失已经固定，以投资款、资金占用利息作为损失基数，法院予以认可。另需明确被上诉人如在后续清算过程中获得清偿，应在上诉人赔偿金额中予以扣除，亦符合损失填平及公平原则④

---

① 参见华设资产管理（上海）有限公司、常某人与平安银行股份有限公司上海分行证券投资基金交易纠纷，上海金融法院(2020)沪74民终461号民事判决书。

② 参见上海新眿股权投资基金管理有限公司、上海通则久文化发展有限公司等与王某景其他合同纠纷案，上海金融法院(2020)沪74民终1045号民事判决书。

③ 参见钜洲资产管理（上海）有限公司、上海钜派投资集团有限公司与周某华其他合同纠纷案，上海金融法院(2021)沪74民终375号民事判决书。

④ 参见贺天（上海）资产管理有限公司、王某祥等合同纠纷案，天津市第二中级人民法院(2022)津02民终1733号民事判决书。

续表

裁判路径	观点	案例举例
裁判路径五	认定损失已经确定,投资人在案涉基金后续清算中享有的权利,在赔偿金额范围内由管理人继受	(1)故一审法院认定信文资产公司未能尽到基金管理人的勤勉谨慎义务,构成重大违约,并无不当,二审法院予以确认。信文资产公司认为在委托贷款中其对恒丰银行尽到了指示义务,但其作为基金管理人的义务并不因此而免除或减少,二审法院对该项上诉理由不予采信。关于投资人的损失,一审判决根据本案实际情况及投资者损失情况认定信文资产公司承担违约责任的范围,并无不当,二审法院予以维持。信文资产公司向周某新承担赔偿责任后,周某新在案涉基金后续清算中享有的权利,在赔偿金额范围内由信文资产公司继受①(2)恒泰证券公司违约给金元基金公司造成损失的类型和计算方法在当前即可确定……金元基金公司起诉请求恒泰证券公司承担违约责任……不以专项计划清算完毕为条件……金元基金公司在专项计划清算中已获得分配的金额应当随时抵扣恒泰证券公司的赔偿责任金额。恒泰证券公司在履行完毕赔偿义务后,以实际赔偿金额为限,取得金元基金公司在专项计划清算中应受分配的相应金额资产的权利。金元基金公司在专项计划清算中应受分配的其余资产,仍归金元基金公司所有②

二、问题分析与结论

综合以上案例分析,笔者认为,私募基金清算完成前,投资者的损害认定困境本质上是待证事实认定不明的问题。此时,应进一步通过事实推定规则和举证责任分配规则予以分析和确认事实。在私募基金管理人失联等极端情况下,投资人损失一定程度上可以通过事实推定规则的准确运用予以合理解决,同时,这一规则的运用将能进一步帮助我们厘清私募基金清算与投资者损害认定的关系。因此,下文将针对此解决思路展开详细论证。

---

① 参见信泉和业(济南)私募基金管理有限公司等与周某新合同纠纷案,北京金融法院(2022)京74民终671号民事判决书。

② 参见恒泰证券股份有限公司与金元顺安基金管理有限公司证券交易合同纠纷,北京市高级人民法院(2021)京民终532号民事判决书。

（一）事实推定规则

1. 相关法律规定分析

根据《最高人民法院关于民事诉讼证据的若干规定》（以下简称《证据规定》）第十条第一款第四项及第二款的规定，我们可以发现，事实推定规则的适用需注意正反两个方面。

其一，正向事实推定，即具有确定性的客观基础事实结合生活经验法则可推定出推定事实，但不要求基础事实和推定事实之间存在高度盖然性或必然联系（否则，即无须适用事实推定规则，而可以运用间接证据规则直接证明相关事实成立）。

其二，推定事实之反驳，即若当事人有相反证据足以反驳该推定得出之事实，则该事实不成立。

2. 学理解释

就推定规则的含义，叶自强在《论推定的概念、性质和基础事实》一文中指出，推定是指某一个主体从基础事实出发，找出推定事实的一种证据判断方法。[①] 同时，莱奥·罗森贝克在《证明责任论（第五版）》中指出，推定就是从非构成要件的情况中推断出作为法效果的构成要件，而推定的前提条件必须是有疑问的法效果的构成要件以外的情况。[②]

其实，简单而言，法律论证中的推定实际是从非构成要件的基础事实中推断出作为法效果构成要件的推定事实。而本文探讨的对私募基金投资者损害赔偿请求权中损害要件之认定，就是需要解决能否从非属损害要件的基础事实中推断出作为损害要件的推定事实。

（二）争议问题事实分析

私募基金清算完成前投资者的损害认定，可以进一步分为投资者损害发生的认定和投资者损害范围的认定，进而分别运用事实推定规则予以具体分析。

---

① 参见叶自强：《论推定的概念、性质和基础事实》，载《法律适用》2021年第9期。
② 参见[德]莱奥·罗森贝克：《证明责任论（第五版）》，庄敬华译，中国法制出版社2018年版。

1. 投资者损害发生的认定

（1）正向事实推定分析。在损失是否存在方面，笔者认为，实际上，当私募基金难以进行清算或清算无意义时，投资者已难以经清算获得回款或清算后无回款，根据《证据规定》第十条第一款第四项之规定，即可以推定得出私募基金投资者的损失已经确定发生。

具体而言，回到司法实践中相关具体案件事实，私募基金投资人损失是否发生的推定，即私募基金是否难以进行清算或清算无意义的基础事实，可从以下三方面考量：其一，私募基金财产的价值或去向。如基金财产或基金所投资的底层资产已无价值、私募基金财产被挪用、基金管理人无法控制私募基金财产且难以追回。其二，私募基金管理人的状态。如私募基金管理人失联、被刑事立案调查、被注销私募基金管理人资格。其三，私募基金清算可能时间。如基金清算处于停滞状态、难以确定继续清算的可能期限等。前述事实，一般可以通过查看私募基金管理人公告、查询中国证券投资基金业协会网站获得。

前述情形下，根据一般生活经验其实可以得出，私募基金投资者难以通过管理人履行清算义务，根据基金合同约定分配取得投资回报，进而可以推定损失已经存在。如前文上海金融法院（2021）沪74民终375号判决，即是从基金清算可能时间（基金清算处于停滞状态，无法预计继续清算的可能期限）和私募基金财产的去向（无证据证明清算小组实际控制任何可资清算的基金财产）中，推定得出投资者损失已经固定。

最后，值得提出的是，司法实践中，往往有结合私募基金管理人的过错程度来论证和认定投资者的损失之观点，笔者认为，这种观点值得商榷。其一，私募基金管理人的违约或过错程度认定包含事实认定与法律价值评价，并非客观事实，难以构成事实推定中的基础事实；其二，仅凭私募基金管理人存在违约或过错，并不能通过一般的生活经验法则推出损失的存在，难以通过事实推定得出投资者存在损害的事实。

（2）推定事实之反驳。当然，根据《证据规定》第十条第二款之规定，若被诉之私募基金管理人可以举证证明其仍然掌握基金财产并在将来一定期限内完成清算，则此时法院仍宜认定私募基金投资者的损失尚未实际发生与确定，进而应当驳回私募基金投资者的损害赔偿请求权。由此观之，事实推定规则之适用将同时具有反向倒逼私募基金管理人披露私募基金实际情况的作用。

此外，若私募基金管理人已经失联，则其本身当然无法提出推定事实之反驳证据，一般宜认定私募基金投资者损害已经确定发生。

2. 投资者损害范围的认定

（1）正向事实推定分析。就损失范围而言，若存在私募基金管理人失联等前述损害发生相关推定基础事实，根据《证据规定》第十条第一款第四项之规定，一般即可推定得出投资者受有投资本金及资金占用费之损失。但就违约责任而言，根据民法典第五百八十四条，还存在可得利益损失的问题。对此，应具体探讨：

一方面，若仅有前述列举的损害发生推定相关基础事实，我们只能得出投资者已经实质上无法收回投资本金及产生资金占用损失，而无法推定其存在可得利益损失；

另一方面，如果有相关证据可以证明私募基金于私募基金合同约定时间进行清算，投资者可获得投资本金及一定比例的收益，但后续发生了难以清算的事实，此时，我们可进一步认定投资者的损失包含投资本金及可得收益。比如，私募股权投资基金投资者，可以通过被投企业在私募基金合同约定清算时点的财务报告等资料，证明该时点被投企业股权价值，以证明其可获得收益的事实。

（2）推定事实之反驳。同样，就投资者损失范围这一问题，如果私募基金管理者有相关证据证明私募基金于合同约定时间进行清算投资者将存在亏损且管理人此时尚未存在义务违反行为，但后续发生了难以清算的相关事实，则根据《证据规定》第十条第二款，应当认定投资者的损失范围为投资者在私募基金于合同约定时间进行清算所可获取的部分投资本金。

(三）结论

综上，笔者认为，在私募基金清算前，就私募基金投资者损害要件认定，可以运用事实推定规则，分情况具体判断。

第一，如果私募基金已经难以进行清算或清算无意义（包括私募基金底层资产无价值或财产的去向不明，私募基金管理人失联或被刑事立案调查以及私募基金清算时间难以确定等），可以推定私募基金投资者受有确定的投资本金及资金占用损失。

第二，在上述第一种情形下，如果有证据证明，若私募基金正常清算投资者可获额外收益，宜进一步认定投资者的损失包含投资本金及可得收益。

第三，在上述第一种情形下，如果有证据证明私募基金按约清算投资者将存在亏损且管理人此时未违约，则宜认定投资者的损失范围为投资者在基金于合同约定时间进行清算所可获取的部分投资本金。

第四，在上述第一种情形下，如果私募基金管理人可提出反驳证据证明其仍然掌握基金财产并能在将来合理期限内完成清算，则宜认定私募基金投资者损害赔偿请求权因损害要件不满足而不成立。

第五，若无上述第一种情形所述损害推定的基础事实，则同样应认定私募基金投资者损害赔偿请求权因损害要件不满足而不成立。

同样，就私募基金投资者损害要件认定是否以清算完成为前提这一问题，笔者认为，清算完成并非损害认定的必要条件，如可以通过其他相关确定事实推定得出损害要件事实成立，且无相反证据足以反驳，则可以在私募基金投资者损害赔偿请求权其他要件成立的情况下，支持私募基金投资者之损害赔偿主张。

引申探讨

一、关于举证责任分配

在私募基金投资者损害赔偿纠纷中，根据《九民纪要》第七十五条的规定，仍然采取"谁主张谁举证"这一基本原则，即私募基金投资者应当对遭受的损失等事实承担举证责任。在私募基金清算完成前，私募基金投资者可通过举证推定出损害发生的确定性的客观基础事实来完成损害事实的举证责任。

二、关于私募基金投资者重复获利问题

还有一点需要明确的就是，如果法院通过事实推定规则论证，最终得出投资者存在一定损害，进而支持投资者基于基金合同提出的损害赔偿请求权，则这一损害赔偿请求权实际是替代给付的损害赔偿。随之发生的法律效果是，私募基金投资者难以在基金合同项下再次主张原有的投资分配收益。换言之，即使管理人后续再通过清算取得回款，投资者也无权要求管理人就回款对其进行分配。

因此，本文开篇案例中，乙公司提出"若法院直接判决乙公司赔偿损失，必然产生甲投资者在涉案私募基金清算完成后重复获利"这一主张实际上难以成立。

法律建议

一、对于私募基金投资者的建议

首先，重点关注与搜集私募基金财产状态、私募基金管理人状态以及私募基金清算可能性方面的信息后，判断诉讼赔偿的可行性，私募基金已难以在可确定期间内开展清算时，可以选择采取诉讼的方式维权。

其次，如果确实难以获取前述损害证明相关信息，可以首先以投资者知情权诉讼为手段获取相关证据资料，再行提起损害赔偿之诉。

最后，适当关注私募基金正常募集并按约投资情况下是否可能获得收益，如是，可以考虑请求私募基金管理人在返还本金之外额外赔偿高于资金占用损失的收益，以全面保护自己的合法权益。

二、对于私募基金管理人的建议

首先,在私募基金底层资金出现清算困难时,要尽可能明确私募基金的动向,通过法律途径及时掌握募集资金的控制权,制定可行的清算方案。

其次,在举证方面,着力向裁判者证明私募基金财产在一定期限内具有清算可能性,投资者损害仍然具有不确定性。

最后,确定私募基金正常投资情况下的收益情况,如能证明私募基金按约清算投资者仍将存在亏损,则可以从因果关系的角度减少损害赔偿金额。

三、对于立法的建议

任何事物都具有两面性,我们必须承认,事实推定规则亦然,甚至其在现有的司法环境下,缺陷更为突出。

一方面,在事实推定规则的适用过程中,法官具有较大的自由裁量权,缺乏必要的法律授权与规制,正当性容易受到质疑与挑战;另一方面,事实推定规则的不确定性使其天然地更适合成熟的诉讼制度与司法环境,但我国在这方面仍存在一定的欠缺。

鉴于近期出现了大量的私募基金投资者损害赔偿纠纷案件,而事实推定规则的运用本身具有一定的局限性,我们建议,利用事实推定进行个案探索,尽快通过立法或制定司法解释,将事实推定转化为法律推定,解决私募基金投资者损害赔偿请求权中损害要件认定的问题。

私募基金中的刑事犯罪风险分析
——以非法吸收公众存款罪为切入

问题的提出

随着民间融资需求的扩张和我国金融产品市场的发展，私募基金行业发展也进入快车道。但是，由于私募行业发展时间短、相关法律法规不健全、监管乏力等原因，私募基金近年来频频"爆雷"——基金管理人"跑路"，基金产品到期无法兑付，一些运行不规范的私募基金甚至坠入非法吸收公众存款罪的深渊，几乎成为P2P行业全面"爆雷"后的新"雷区"。

当然，与P2P突破监管红线违规开展银行业务不同，私募基金行业总体上仍然在行业自律规范下运行，只有部分运行不规范的私募基金可能涉嫌非法吸收公众存款。那么，司法实践中，私募基金在哪些情形下容易触发非法吸收公众存款的红线？私募基金从业机构及人员应当如何避免触发非吸红线？本文拟就此展开进行分析。

需要说明的是，本文主要分析已经在中国证券投资基金业协会备案的私募活动，即具备基本合法形式要件的私募活动，对于未在中国证券投资基金业协会完成备案，仅仅是披着"私募"外衣的所谓私募基金，由于与传统非法集资行为并无本质区别，本文对此不展开分析。

问题解析

一、非法吸收公众存款罪概述

非法吸收公众存款，是指非法吸收公众存款或者非法变相吸收公众存款，扰乱金融秩序的行为。

从犯罪主体上看，单位或者个人均可构成本罪。

从犯罪行为上看，客观行为表现为两种情况：（1）非法吸收公众存款，即未经主管机关批准，面向社会公众吸收资金，出具凭证，承诺在一定期限内还本付息的活动。（2）变相吸收公众存款，即未经主管机关批准，不以吸收公众存款的名义，向社会不特定对象吸收资金，但承诺履行的义务与吸收公众存款相同，即都是还本付息的活动。

本罪责任形式为故意，且对吸收的资金没有占有目的，如果以非法占有为目的骗取存款的，则有可能构成集资诈骗罪。

二、私募基金刑事风险分析

私募基金，是指在中华人民共和国境内，以非公开方式向投资者募集资金设立的投资基金。[①] 其中，投资者须为合格投资者[②]，投资种类具体包括私募证券投资基金和私募股权投资基金。

根据我国证券投资基金法和《私募监管办法》的规定，私募基金管理人应当在中国证券投资基金业协会登记备案；私募基金只能采用非公开的方式，向合格投资者募资，且合格投资者人数不能超过二

---

① 参见《私募监管办法》第二条："在中华人民共和国境内，以非公开方式募集资金，设立投资基金或者以进行投资活动为目的依法设立公司、合伙企业，由私募基金管理人或者普通合伙人管理，为投资者的利益进行投资活动，适用本条例。"

② 参见《私募监管办法》第十八条："私募基金应当向合格投资者募集或者转让，单只私募基金的投资者累计不得超过法律规定的人数。私募基金管理人不得采取为单一融资项目设立多只私募基金等方式，突破法律规定的人数限制；不得采取将私募基金份额或者收益权进行拆分转让等方式，降低合格投资者标准。"前款所称合格投资者，是指达到规定的资产规模或者收入水平，并且具备相应的风险识别能力和风险承担能力，其认购金额不低于规定限额的单位和个人。""合格投资者的具体标准由国务院证券监督管理机构规定。"

百人；私募基金募集完成后也应当在中国证券投资基金业协会登记备案。

非法吸收公众存款罪的犯罪行为具有四点特征：非法性、公开性、利诱性和社会性。在同时满足以上四点行为特征的情况下，才可以被认定为非法吸收公众存款行为。而私募基金必须以非公开方式向特定合格投资者募资，合格投资者累计不得超过二百人，不得承诺保本保收益。一旦突破上述监管要求，相关从业机构和人员则可能涉嫌非法吸收公众存款罪。

对私募基金发行、销售中，可能符合非法吸收公众存款行为的具体情形，分别论证如下。

（一）非法性

非法性，是指未经有关部门依法许可或者借用合法经营的形式吸收资金。实务中，部分从业人员对此认识存在一定误区，认为只要公司具备私募基金管理人资质，公司就不再有刑事犯罪风险；还有一些人认为，只要私募基金已经在中国证券投资基金业协会完成备案就是合法的，不可能构成刑事犯罪。

首先，私募基金备案并非私募基金合法性的天然背书。《私募投资基金管理人登记和基金备案办法（试行）》（已废止）第九条明确规定："基金业协会为私募基金管理人和私募基金办理登记备案不构成对私募基金管理人投资能力、持续合规情况的认可……"中国证券投资基金业协会2023年发布实施的《私募投资基金登记备案办法》第五条也强调："协会办理登记备案不表明对私募基金管理人的投资能力、风控合规和持续经营情况作出实质性判断，不作为对私募基金财产安全和投资者收益的保证，也不表明协会对登记备案材料的真实性、准确性、完整性作出保证……"

事实上，中国证券投资基金业协会对私募基金的备案仅是程序性登记，其并不会对私募基金进行实质性合规审查，故而完成协会备案亦不足以阻却刑事违法性。

其次，私募基金刑事合法性取决于私募基金具体运作方式。在张某等非法吸收公众存款罪案[①]中，张某实际控制 B 公司，并以 B 公司作为私募基金的管理人将 U 企业（有限合伙，投资于浙江 X 集团有限公司杭州天乐云都生态园项目）、L 企业（有限合伙，投资于杭州 Q 有限公司杭州西湖钱江陵园项目二期工程）、H 企业（有限合伙）（投资于南京 G 有限公司龙岗新城项目）三个私募基金在中国证券投资基金业协会登记备案，但实际募集的资金金额远超备案注册的金额，形成资金池。法院认为，B 公司的三个私募基金虽然注册备案过，但其在募资运作上明显违反私募基金的相关法律规定，B 公司实际上开展的是银行存款业务，而中国人民银行并未授权 B 公司吸收存款经营权，故 B 公司私募基金的运作不具有合法性。

可见，即便从业机构具备基金管理人资质，相关私募基金也经过协会备案，但如果基金运作过程中存在违法行为（比如不具备吸储资质而实际上开展银行吸储业务，募集资金不进入托管账户、资金与募集者自有资金混同等），也会被认定具有非法性。

（二）公开性

"私募"二字，在文义上已经表明这一资金募集活动必须是"私下的"，故而私募基金的募集机构不得公开推介私募基金产品。

《私募投资基金募集行为管理办法》第二十五条规定："募集机构不得通过下列媒介渠道推介私募基金：（一）公开出版资料；（二）面向社会公众的宣传单、布告、手册、信函、传真；（三）海报、户外广告；（四）电视、电影、电台及其他音像等公共传播媒体；（五）公共、门户网站链接广告、博客等；（六）未设置特定对象确定程序的募集机构官方网站、微信朋友圈等互联网媒介；（七）未设置特定对象确定程序的讲座、报告会、分析会；（八）未设置特定对象确定程序的电话、短信和电子邮件等通讯媒介；（九）法律、行政法规、中国证监会规定和中国基金业协会自律规则禁止的其他行为。"

申言之，募集机构一般应向"特定对象"进行宣传，"特定对象"

[①] 参见张某、闫某非法吸收公众存款罪、集资诈骗罪上诉案，上海市第一中级人民法院（2017）沪 01 刑终 1025 号刑事判决书。

即法定的合格投资人。在实际操作层面，表现为募集机构需主动审查募集对象的财力证明，以确保募集对象为合格投资人。在石某等非法吸收公众存款案[①]中，基金管理人向 7 名投资人募集 2700 余万元资金，仅就投资者人数而言，难谓不特定多数人，但由于 7 名投资者并非合格投资者（事实上，部分投资者的投资资金也是来源于民间借贷，而非自有资金）。法院认为，发行人负有确保其募集对象为合格投资人的义务，如果发行人对此持放任态度，那么其应当对发行行为所造成的危害后果承担责任。在案证据显示，被告人在确定募集对象时并未要求对方提供相关财力、能力证明，未实际落实投资人风险识别能力和风险承担能力评估机制，为了完成资金募集，漠视私募合格投资人制度的要求，其募集资金的对象不具备"特定性"，其募集资金的行为具有公开性。

实践中还存在的一种做法是，私募基金会以讲座或分析会的名义进行宣传活动，表面上只针对合格投资者，但口头暗示或实际放任合格投资者携带其他人员到场，这种做法亦属于变相公开宣传。此类口头暗示或放任虽然不会留下书面证据，但如果多名投资者的证言和部分私募基金从业人员的供述能够相互印证，足以证明募集机构曾向不合格投资者推广宣传，法院一般也会予以采信。

（三）利诱性

私募基金管理人、私募基金销售机构不得向投资者承诺投资本金不受损失或者承诺最低收益。但实践中这种为了拉拢投资者而向投资者承诺刚兑的做法大量存在，一些募集者还通过较为隐晦的方式向投资者传达保本付息的信息，如在宣传过程中使用诸如"零风险""收益有保障""本金无忧"等关键词；在推介过程中介绍"预期收益""预计收益""预测投资业绩"等形式使投资人产生一定会有稳定回报的错觉；通过募集者或者募集者关联方与投资者签署借款合同、担保合同、股权回购合同等方式，试图在私募基金无法兑付的情

---

① 参见石某等非法吸收公众存款案，北京市朝阳区人民法院（2019）京 0105 刑初 1404 号刑事判决书。

况下通过其他民事法律关系间接保证还本付息。

比如在李某等非法吸收公众存款案[①]中,某股权投资基金管理有限公司对外销售"某保障房建设一期"等年化收益11%的私募基金产品,并与投资人签署股权回购协议书,承诺投资(包括本金和收益)在到期之日未能达到最低预期,将由某股权投资基金管理有限公司收购投资人初始入资金额所对应的股权,以兑付本金和利益。此外,某股权投资基金管理有限公司的关联公司某有限责任公司与投资人签署履约担保函,承诺在某股权投资基金管理有限公司无法兑付投资收益的情况下,由某有限责任公司承担连带保证责任,保证范围是协议约定的投资款及收益。

实践中还有一些私募基金销售人员一方面要求投资者签署书面的风险告知书,书面告知私募基金产品无法保本付息,一方面又口头向投资者承诺保本付息。销售人员试图通过这种方式在书面证据上为自己辩护,但实际上,在刑事案件审查中,如果书证与大多数投资人证言供述相互矛盾,且后者达到证据确实充分、排除合理怀疑标准时,司法机关会采信口供而非书面材料。如在前述石某等非法吸收公众存款案中,多名投资人均证称石某作出保本承诺,法院最终认定:虽然《合伙协议》未明确承诺固定收益,但被告人石某私下向投资人不负责任地宣传投资的可靠性,并承诺高额返利,宣称保本收益最低年化8%,提前赎回可以按照年化8%计算,诱使投资人进行投资,具有明显的利诱性。

(四)社会性

募集机构应当向特定对象(即合格投资者)宣传推介私募基金。对特定对象的限制体现在投资者财产能力、投资者人数两个方面。

除养老基金、慈善基金等法定合格投资者外,投资者还需具备相应的风险识别能力和风险承担能力,投资于单只私募基金的金额不低于100万元且符合下列相关标准的单位和个人:(1)净资产不低于

---

① 参见李某非法吸收公众存款案,北京市第一中级人民法院(2018)京01刑初67号刑事判决书。

1000 万元的单位；（2）金融资产不低于 300 万元或者最近三年个人年均收入不低于 50 万元的个人。

不同类型私募基金的合格投资者人数上限也不同。有限责任公司型、有限合伙型私募基金投资者人数上限为 50 人，股份有限公司型、契约型私募基金投资者人数上限为 200 人。

实践中一些私募基金管理人通过设立多个合伙企业的形式，汇集多数投资者的资金直接或者间接投资于私募基金。如在前述张某非法吸收公众存款案中，张某等人为了规避合伙制基金的人数限制，成立多家合伙企业，以招揽合伙企业合伙人的名义吸收资金，与投资人签订入伙、合伙协议。从表面上看，有的合伙企业的人数没有突破有限合伙制基金合伙人 50 人的人数限制，但总的人数已远远超过人数上限。

此外，如果募集者未尽核查义务，吸收来自不合格投资者的资金，无论是明知这一情况还是放任这一情况的发生，仍可构成非法吸收公众存款罪。如在廖某等非法吸收公众存款案[①]中，私募基金产品虽然表面上只吸收了特定高净值投资者，但投资者自身也承认，部分投资资金来源于多名不适格投资者，穿透审查后实际投资者高达 317 人。

📝 法律建议

一、基金备案不是"免罪金牌"

私募基金从业机构具备私募基金管理人资质，或者私募基金产品完成中国证券投资基金业协会备案，并不会成为刑事犯罪的"免罪金牌"，从业人员在具体运营过程中，必须恪尽谨慎义务，严格遵守基金协议和行业自律规范，避免无意中逾越监管红线。

---

① 参见廖某与深圳某基金管理有限公司、卢某等非法吸收公众存款案，广州市中级人民法院（2016）粤 01 刑终 2028 号刑事判决书。

二、避免私募基金产品为不特定对象所知

从业机构及从业人员要进一步规范私募基金介绍推广，避免为了尽可能招揽投资者而扩大宣传范围，应当事先筛选好合格投资者作为重点推介对象。要避免明示或者暗示知晓该私募基金产品的人员向其周边人员作进一步宣传推广，明确告知知晓私募基金信息的人员做好保密工作。

三、不以任何形式承诺保本付息

私募基金产品在宣传过程中，不得以任何形式承诺（无论是书面承诺，还是口头承诺）保本付息，如果能够在宣传过程中明确告知投资人投资风险，无法承诺刚兑，建议保留相应证据，避免相关人员事后一致声称募集者曾承诺刚兑。

四、加强合格投资人审查，避免投资人"拼单"

募集机构对于投资者人数要采用穿透核查的方法，特别是对通过合伙企业、契约等形式汇集多数投资者直接或间接投资私募基金的，要合并计算投资者的人数，避免多层嵌套、同质拆分后的私募基金实际投资者人数超过限制。

下编
相关法律规范

一、法律

中华人民共和国证券投资基金法（节录）

（2003年10月28日第十届全国人民代表大会常务委员会第五次会议通过 2012年12月28日第十一届全国人民代表大会常务委员会第三十次会议修订 根据2015年4月24日第十二届全国人民代表大会常务委员会第十四次会议《关于修改〈中华人民共和国港口法〉等七部法律的决定》修正）

第二章 基金管理人

第十二条 基金管理人由依法设立的公司或者合伙企业担任。

公开募集基金的基金管理人，由基金管理公司或者经国务院证券监督管理机构按照规定核准的其他机构担任。

第十三条 设立管理公开募集基金的基金管理公司，应当具备下列条件，并经国务院证券监督管理机构批准：

（一）有符合本法和《中华人民共和国公司法》规定的章程；

（二）注册资本不低于一亿元人民币，且必须为实缴货币资本；

（三）主要股东应当具有经营金融业务或者管理金融机构的良好业绩、良好的财务状况和社会信誉，资产规模达到国务院规定的标准，最近三年没有违法记录；

（四）取得基金从业资格的人员达到法定人数；

（五）董事、监事、高级管理人员具备相应的任职条件；

（六）有符合要求的营业场所、安全防范设施和与基金管理业务有关的其他设施；

（七）有良好的内部治理结构、完善的内部稽核监控制度、风险控制制度；

（八）法律、行政法规规定的和经国务院批准的国务院证券监督管理机构规定的其他条件。

第十四条 国务院证券监督管理机构应当自受理基金管理公司设立申请之日起六个月内依照本法第十三条规定的条件和审慎监管原则进行审查，作出批准或者不予批准的决定，并通知申请人；不予批准的，应当说明理由。

基金管理公司变更持有百分之五以上股权的股东，变更公司的实际控制人，或者变更其他重大事项，应当报经国务院证券监督管理机构批准。国务院证券监督管理机构应当自受理申请之日起六十日内作出批准或者不予批准的决定，并通知申请人；不予批准的，应当说明理由。

第十五条 有下列情形之一的，不得担任公开募集基金的基金管理人的董事、监事、高级管理人员和其他从业人员：

（一）因犯有贪污贿赂、渎职、侵犯财产罪或者破坏社会主义市场经济秩序罪，被判处刑罚的；

（二）对所任职的公司、企业因经营不善破产清算或者因违法被吊销营业执照负有个人责任的董事、监事、厂长、高级管理人员，自该公司、企业破产清算终结或者被吊销营业执照之日起未逾五年的；

（三）个人所负债务数额较大，到期未清偿的；

（四）因违法行为被开除的基金管理人、基金托管人、证券交易所、证券公司、证券登记结算机构、期货交易所、期货公司及其他机构的从业人员和国家机关工作人员；

（五）因违法行为被吊销执业证书或者被取消资格的律师、注册会计师和资产评估机构、验证机构的从业人员、投资咨询从业人员；

（六）法律、行政法规规定不得从事基金业务的其他人员。

第十六条 公开募集基金的基金管理人的董事、监事和高级管理人员，应当熟悉证券投资方面的法律、行政法规，具有三年以上与其所任职务相关的工作经历；高级管理人员还应当具备基金从业资格。

第十七条 公开募集基金的基金管理人的董事、监事、高级管理人员和其他从业人员，其本人、配偶、利害关系人进行证券投资，应当事先向基金管理人申报，并不得与基金份额持有人发生利益冲突。

公开募集基金的基金管理人应当建立前款规定人员进行证券投资的申报、登记、审查、处置等管理制度，并报国务院证券监督管理机构备案。

第十八条 公开募集基金的基金管理人的董事、监事、高级管理人员和其他从业人员，不得担任基金托管人或者其他基金管理人的任何职务，不得从事损害基金财产和基金份额持有人利益的证券交易及其他活动。

第十九条 公开募集基金的基金管理人应当履行下列职责：

（一）依法募集资金，办理基金份额的发售和登记事宜；

（二）办理基金备案手续；

（三）对所管理的不同基金财产分别管理、分别记账，进行证券投资；

（四）按照基金合同的约定确定基金收益分配方案，及时向基金份额持有人分配收益；

（五）进行基金会计核算并编制基金财务会计报告；

（六）编制中期和年度基金报告；

（七）计算并公告基金资产净值，确定基金份额申购、赎回价格；

（八）办理与基金财产管理业务活动有关的信息披露事项；

（九）按照规定召集基金份额持有人大会；

（十）保存基金财产管理业务活动的记录、账册、报表和其他相关资料；

（十一）以基金管理人名义，代表基金份额持有人利益行使诉讼权利或者实施其他法律行为；

（十二）国务院证券监督管理机构规定的其他职责。

第二十条 公开募集基金的基金管理人及其董事、监事、高级管理人员和其他从业人员不得有下列行为：

（一）将其固有财产或者他人财产混同于基金财产从事证券投资；

（二）不公平地对待其管理的不同基金财产；

（三）利用基金财产或者职务之便为基金份额持有人以外的人牟取利益；

（四）向基金份额持有人违规承诺收益或者承担损失；

（五）侵占、挪用基金财产；

（六）泄露因职务便利获取的未公开信息、利用该信息从事或者明示、暗示他人从事相关的交易活动；

（七）玩忽职守，不按照规定履行职责；

（八）法律、行政法规和国务院证券监督管理机构规定禁止的其他行为。

第二十一条　公开募集基金的基金管理人应当建立良好的内部治理结构，明确股东会、董事会、监事会和高级管理人员的职责权限，确保基金管理人独立运作。

公开募集基金的基金管理人可以实行专业人士持股计划，建立长效激励约束机制。

公开募集基金的基金管理人的股东、董事、监事和高级管理人员在行使权利或者履行职责时，应当遵循基金份额持有人利益优先的原则。

第二十二条　公开募集基金的基金管理人应当从管理基金的报酬中计提风险准备金。

公开募集基金的基金管理人因违法违规、违反基金合同等原因给基金财产或者基金份额持有人合法权益造成损失，应当承担赔偿责任的，可以优先使用风险准备金予以赔偿。

第二十三条　公开募集基金的基金管理人的股东、实际控制人应当按照国务院证券监督管理机构的规定及时履行重大事项报告义务，并不得有下列行为：

（一）虚假出资或者抽逃出资；

（二）未依法经股东会或者董事会决议擅自干预基金管理人的基金经营活动；

（三）要求基金管理人利用基金财产为自己或者他人牟取利益，损害基金份额持有人利益；

（四）国务院证券监督管理机构规定禁止的其他行为。

公开募集基金的基金管理人的股东、实际控制人有前款行为或者股东不再符合法定条件的，国务院证券监督管理机构应当责令其限期改正，并可视情节责令其转让所持有或者控制的基金管理人的股权。

在前款规定的股东、实际控制人按照要求改正违法行为、转让所持有或者控制的基金管理人的股权前，国务院证券监督管理机构可以限制有关股东行使股东权利。

第二十四条　公开募集基金的基金管理人违法违规，或者其内部治理结构、稽核监控和风险控制管理不符合规定的，国务院证券监督管理机构应当责令其限期改正；逾期未改正，或者其行为严重危及该基金管理人的稳健运行、损害基金份额持有人合法权益的，国务院证券监督管理机构可以区别情形，对其采取下列措施：

（一）限制业务活动，责令暂停部分或者全部业务；

（二）限制分配红利，限制向董事、监事、高级管理人员支付报酬、提供福利；

（三）限制转让固有财产或者在固有财产上设定其他权利；

（四）责令更换董事、监事、高级管理人员或者限制其权利；

（五）责令有关股东转让股权或者限制有关股东行使股东权利。

公开募集基金的基金管理人整改后，应当向国务院证券监督管理机构提交报告。国务院证券监督管理机构经验收，符合有关要求的，应当自验收完毕之日起三日内解除对其采取的有关措施。

第二十五条　公开募集基金的基金管理人的董事、监事、高级管理人员未能勤勉尽责，致使基金管理人存在重大违法违规行为或者重大风险的，国务院证券监督管理机构可以责令更换。

第二十六条　公开募集基金的基金管理人违法经营或者出现重大

风险，严重危害证券市场秩序、损害基金份额持有人利益的，国务院证券监督管理机构可以对该基金管理人采取责令停业整顿、指定其他机构托管、接管、取消基金管理资格或者撤销等监管措施。

第二十七条 在公开募集基金的基金管理人被责令停业整顿、被依法指定托管、接管或者清算期间，或者出现重大风险时，经国务院证券监督管理机构批准，可以对该基金管理人直接负责的董事、监事、高级管理人员和其他直接责任人员采取下列措施：

（一）通知出境管理机关依法阻止其出境；

（二）申请司法机关禁止其转移、转让或者以其他方式处分财产，或者在财产上设定其他权利。

第二十八条 有下列情形之一的，公开募集基金的基金管理人职责终止：

（一）被依法取消基金管理资格；

（二）被基金份额持有人大会解任；

（三）依法解散、被依法撤销或者被依法宣告破产；

（四）基金合同约定的其他情形。

第二十九条 公开募集基金的基金管理人职责终止的，基金份额持有人大会应当在六个月内选任新基金管理人；新基金管理人产生前，由国务院证券监督管理机构指定临时基金管理人。

公开募集基金的基金管理人职责终止的，应当妥善保管基金管理业务资料，及时办理基金管理业务的移交手续，新基金管理人或者临时基金管理人应当及时接收。

第三十条 公开募集基金的基金管理人职责终止的，应当按照规定聘请会计师事务所对基金财产进行审计，并将审计结果予以公告，同时报国务院证券监督管理机构备案。

第三十一条 对非公开募集基金的基金管理人进行规范的具体办法，由国务院金融监督管理机构依照本章的原则制定。

第三章 基金托管人

第三十二条 基金托管人由依法设立的商业银行或者其他金融机构担任。

商业银行担任基金托管人的，由国务院证券监督管理机构会同国务院银行业监督管理机构核准；其他金融机构担任基金托管人的，由国务院证券监督管理机构核准。

第三十三条 担任基金托管人，应当具备下列条件：

（一）净资产和风险控制指标符合有关规定；

（二）设有专门的基金托管部门；

（三）取得基金从业资格的专职人员达到法定人数；

（四）有安全保管基金财产的条件；

（五）有安全高效的清算、交割系统；

（六）有符合要求的营业场所、安全防范设施和与基金托管业务有关的其他设施；

（七）有完善的内部稽核监控制度和风险控制制度；

（八）法律、行政法规规定的和经国务院批准的国务院证券监督管理机构、国务院银行业监督管理机构规定的其他条件。

第三十四条 本法第十五条、第十七条、第十八条的规定，适用于基金托管人的专门基金托管部门的高级管理人员和其他从业人员。

本法第十六条的规定，适用于基金托管人的专门基金托管部门的高级管理人员。

第三十五条 基金托管人与基金管理人不得为同一机构，不得相互出资或者持有股份。

第三十六条 基金托管人应当履行下列职责：

（一）安全保管基金财产；

（二）按照规定开设基金财产的资金账户和证券账户；

（三）对所托管的不同基金财产分别设置账户，确保基金财产的完整与独立；

（四）保存基金托管业务活动的记录、账册、报表和其他相关资料；

（五）按照基金合同的约定，根据基金管理人的投资指令，及时办理清算、交割事宜；

（六）办理与基金托管业务活动有关的信息披露事项；

（七）对基金财务会计报告、中期和年度基金报告出具意见；

（八）复核、审查基金管理人计算的基金资产净值和基金份额申购、赎回价格；

（九）按照规定召集基金份额持有人大会；

（十）按照规定监督基金管理人的投资运作；

（十一）国务院证券监督管理机构规定的其他职责。

第三十七条 基金托管人发现基金管理人的投资指令违反法律、行政法规和其他有关规定，或者违反基金合同约定的，应当拒绝执行，立即通知基金管理人，并及时向国务院证券监督管理机构报告。

基金托管人发现基金管理人依据交易程序已经生效的投资指令违反法律、行政法规和其他有关规定，或者违反基金合同约定的，应当立即通知基金管理人，并及时向国务院证券监督管理机构报告。

第三十八条 本法第二十条、第二十二条的规定，适用于基金托管人。

第三十九条 基金托管人不再具备本法规定的条件，或者未能勤勉尽责，在履行本法规定的职责时存在重大失误的，国务院证券监督管理机构、国务院银行业监督管理机构应当责令其改正；逾期未改正，或者其行为严重影响所托管基金的稳健运行、损害基金份额持有人利益的，国务院证券监督管理机构、国务院银行业监督管理机构可以区别情形，对其采取下列措施：

（一）限制业务活动，责令暂停办理新的基金托管业务；

（二）责令更换负有责任的专门基金托管部门的高级管理人员。

基金托管人整改后，应当向国务院证券监督管理机构、国务院银行业监督管理机构提交报告；经验收，符合有关要求的，应当自验收完毕之日起三日内解除对其采取的有关措施。

第四十条 国务院证券监督管理机构、国务院银行业监督管理机构对有下列情形之一的基金托管人，可以取消其基金托管资格：

（一）连续三年没有开展基金托管业务的；

（二）违反本法规定，情节严重的；

（三）法律、行政法规规定的其他情形。

第四十一条 有下列情形之一的，基金托管人职责终止：

（一）被依法取消基金托管资格；

（二）被基金份额持有人大会解任；

（三）依法解散、被依法撤销或者被依法宣告破产；

（四）基金合同约定的其他情形。

第四十二条 基金托管人职责终止的，基金份额持有人大会应当在六个月内选任新基金托管人；新基金托管人产生前，由国务院证券监督管理机构指定临时基金托管人。

基金托管人职责终止的，应当妥善保管基金财产和基金托管业务资料，及时办理基金财产和基金托管业务的移交手续，新基金托管人或者临时基金托管人应当及时接收。

第四十三条 基金托管人职责终止的，应当按照规定聘请会计师事务所对基金财产进行审计，并将审计结果予以公告，同时报国务院证券监督管理机构备案。

第四章 基金的运作方式和组织

第四十四条 基金合同应当约定基金的运作方式。

第四十五条 基金的运作方式可以采用封闭式、开放式或者其他方式。

采用封闭式运作方式的基金（以下简称封闭式基金），是指基金份额总额在基金合同期限内固定不变，基金份额持有人不得申请赎回的基金；采用开放式运作方式的基金（以下简称开放式基金），是指基金份额总额不固定，基金份额可以在基金合同约定的时间和场所申购或者赎回的基金。

采用其他运作方式的基金的基金份额发售、交易、申购、赎回的办法，由国务院证券监督管理机构另行规定。

第四十六条 基金份额持有人享有下列权利：

（一）分享基金财产收益；

（二）参与分配清算后的剩余基金财产；

（三）依法转让或者申请赎回其持有的基金份额；

（四）按照规定要求召开基金份额持有人大会或者召集基金份额持有人大会；

（五）对基金份额持有人大会审议事项行使表决权；

（六）对基金管理人、基金托管人、基金服务机构损害其合法权益的行为依法提起诉讼；

（七）基金合同约定的其他权利。

公开募集基金的基金份额持有人有权查阅或者复制公开披露的基金信息资料；非公开募集基金的基金份额持有人对涉及自身利益的情况，有权查阅基金的财务会计账簿等财务资料。

第四十七条 基金份额持有人大会由全体基金份额持有人组成，行使下列职权：

（一）决定基金扩募或者延长基金合同期限；

（二）决定修改基金合同的重要内容或者提前终止基金合同；

（三）决定更换基金管理人、基金托管人；

（四）决定调整基金管理人、基金托管人的报酬标准；

（五）基金合同约定的其他职权。

第四十八条 按照基金合同约定，基金份额持有人大会可以设立日常机构，行使下列职权：

（一）召集基金份额持有人大会；

（二）提请更换基金管理人、基金托管人；

（三）监督基金管理人的投资运作、基金托管人的托管活动；

（四）提请调整基金管理人、基金托管人的报酬标准；

（五）基金合同约定的其他职权。

前款规定的日常机构，由基金份额持有人大会选举产生的人员组成；其议事规则，由基金合同约定。

第四十九条 基金份额持有人大会及其日常机构不得直接参与或者干涉基金的投资管理活动。

第五章 基金的公开募集

第五十条 公开募集基金，应当经国务院证券监督管理机构注册。未经注册，不得公开或者变相公开募集基金。

前款所称公开募集基金，包括向不特定对象募集资金、向特定对象募集资金累计超过二百人，以及法律、行政法规规定的其他情形。

公开募集基金应当由基金管理人管理，基金托管人托管。

第五十一条 注册公开募集基金，由拟任基金管理人向国务院证券监督管理机构提交下列文件：

（一）申请报告；

（二）基金合同草案；

（三）基金托管协议草案；

（四）招募说明书草案；

（五）律师事务所出具的法律意见书；

（六）国务院证券监督管理机构规定提交的其他文件。

第五十二条 公开募集基金的基金合同应当包括下列内容：

（一）募集基金的目的和基金名称；

（二）基金管理人、基金托管人的名称和住所；

（三）基金的运作方式；

（四）封闭式基金的基金份额总额和基金合同期限，或者开放式基金的最低募集份额总额；

（五）确定基金份额发售日期、价格和费用的原则；

（六）基金份额持有人、基金管理人和基金托管人的权利、义务；

（七）基金份额持有人大会召集、议事及表决的程序和规则；

（八）基金份额发售、交易、申购、赎回的程序、时间、地点、费用计算方式，以及给付赎回款项的时间和方式；

（九）基金收益分配原则、执行方式；

（十）基金管理人、基金托管人报酬的提取、支付方式与比例；

（十一）与基金财产管理、运用有关的其他费用的提取、支付方式；

（十二）基金财产的投资方向和投资限制；

（十三）基金资产净值的计算方法和公告方式；

（十四）基金募集未达到法定要求的处理方式；

（十五）基金合同解除和终止的事由、程序以及基金财产清算方式；

（十六）争议解决方式；

（十七）当事人约定的其他事项。

第五十三条 公开募集基金的基金招募说明书应当包括下列内容：

（一）基金募集申请的准予注册文件名称和注册日期；

（二）基金管理人、基金托管人的基本情况；

（三）基金合同和基金托管协议的内容摘要；

（四）基金份额的发售日期、价格、费用和期限；

（五）基金份额的发售方式、发售机构及登记机构名称；

（六）出具法律意见书的律师事务所和审计基金财产的会计师事务所的名称和住所；

（七）基金管理人、基金托管人报酬及其他有关费用的提取、支付方式与比例；

（八）风险警示内容；

（九）国务院证券监督管理机构规定的其他内容。

第五十四条 国务院证券监督管理机构应当自受理公开募集基金的募集注册申请之日起六个月内依照法律、行政法规及国务院证券监督管理机构的规定进行审查，作出注册或者不予注册的决定，并通知申请人；不予注册的，应当说明理由。

第五十五条 基金募集申请经注册后，方可发售基金份额。

基金份额的发售，由基金管理人或者其委托的基金销售机构办理。

第五十六条 基金管理人应当在基金份额发售的三日前公布招募说明书、基金合同及其他有关文件。

前款规定的文件应当真实、准确、完整。

对基金募集所进行的宣传推介活动，应当符合有关法律、行政法规的规定，不得有本法第七十七条所列行为。

第五十七条 基金管理人应当自收到准予注册文件之日起六个月内进行基金募集。超过六个月开始募集，原注册的事项未发生实质性变化的，应当报国务院证券监督管理机构备案；发生实质性变化的，应当向国务院证券监督管理机构重新提交注册申请。

基金募集不得超过国务院证券监督管理机构准予注册的基金募集期限。基金募集期限自基金份额发售之日起计算。

第五十八条 基金募集期限届满，封闭式基金募集的基金份额总额达到准予注册规模的百分之八十以上，开放式基金募集的基金份额总额超过准予注册的最低募集份额总额，并且基金份额持有人人数符合国务院证券监督管理机构规定的，基金管理人应当自募集期限届满之日起十日内聘请法定验资机构验资，自收到验资报告之日起十日内，向国务院证券监督管理机构提交验资报告，办理基金备案手续，并予以公告。

第五十九条 基金募集期间募集的资金应当存入专门账户，在基金募集行为结束前，任何人不得动用。

第六十条 投资人交纳认购的基金份额的款项时，基金合同成立；基金管理人依照本法第五十八条的规定向国务院证券监督管理机构办理基金备案手续，基金合同生效。

基金募集期限届满，不能满足本法第五十八条规定的条件的，基金管理人应当承担下列责任：

（一）以其固有财产承担因募集行为而产生的债务和费用；

（二）在基金募集期限届满后三十日内返还投资人已交纳的款项，并加计银行同期存款利息。

第六章 公开募集基金的基金份额的交易、申购与赎回

第六十一条 申请基金份额上市交易，基金管理人应当向证券交易所提出申请，证券交易所依法审核同意的，双方应当签订上市协议。

第六十二条 基金份额上市交易，应当符合下列条件：

（一）基金的募集符合本法规定；

（二）基金合同期限为五年以上；

（三）基金募集金额不低于二亿元人民币；

（四）基金份额持有人不少于一千人；

（五）基金份额上市交易规则规定的其他条件。

第六十三条 基金份额上市交易规则由证券交易所制定，报国务院证券监督管理机构批准。

第六十四条 基金份额上市交易后，有下列情形之一的，由证券交易所终止其上市交易，并报国务院证券监督管理机构备案：

（一）不再具备本法第六十二条规定的上市交易条件；

（二）基金合同期限届满；

（三）基金份额持有人大会决定提前终止上市交易；

（四）基金合同约定的或者基金份额上市交易规则规定的终止上市交易的其他情形。

第六十五条 开放式基金的基金份额的申购、赎回、登记，由基金管理人或者其委托的基金服务机构办理。

第六十六条 基金管理人应当在每个工作日办理基金份额的申购、赎回业务；基金合同另有约定的，从其约定。

投资人交付申购款项，申购成立；基金份额登记机构确认基金份额时，申购生效。

基金份额持有人递交赎回申请，赎回成立；基金份额登记机构确认赎回时，赎回生效。

第六十七条 基金管理人应当按时支付赎回款项，但是下列情形除外：

（一）因不可抗力导致基金管理人不能支付赎回款项；

（二）证券交易场所依法决定临时停市，导致基金管理人无法计算当日基金资产净值；

（三）基金合同约定的其他特殊情形。

发生上述情形之一的，基金管理人应当在当日报国务院证券监督管理机构备案。

本条第一款规定的情形消失后，基金管理人应当及时支付赎回款项。

第六十八条 开放式基金应当保持足够的现金或者政府债券，以备支付基金份额持有人的赎回款项。基金财产中应当保持的现金或者政府债券的具体比例，由国务院证券监督管理机构规定。

第六十九条 基金份额的申购、赎回价格，依据申购、赎回日基金份额净值加、减有关费用计算。

第七十条 基金份额净值计价出现错误时，基金管理人应当立即纠正，并采取合理的措施防止损失进一步扩大。计价错误达到基金份额净值百分之零点五时，基金管理人应当公告，并报国务院证券监督管理机构备案。

因基金份额净值计价错误造成基金份额持有人损失的，基金份额持有人有权要求基金管理人、基金托管人予以赔偿。

第七章 公开募集基金的投资与信息披露

第七十一条 基金管理人运用基金财产进行证券投资，除国务院证券监督管理机构另有规定外，应当采用资产组合的方式。

资产组合的具体方式和投资比例，依照本法和国务院证券监督管理机构的规定在基金合同中约定。

第七十二条 基金财产应当用于下列投资：

（一）上市交易的股票、债券；

（二）国务院证券监督管理机构规定的其他证券及其衍生品种。

第七十三条 基金财产不得用于下列投资或者活动：

（一）承销证券；

（二）违反规定向他人贷款或者提供担保；

（三）从事承担无限责任的投资；

（四）买卖其他基金份额，但是国务院证券监督管理机构另有规定的除外；

（五）向基金管理人、基金托管人出资；

（六）从事内幕交易、操纵证券交易价格及其他不正当的证券交易活动；

（七）法律、行政法规和国务院证券监督管理机构规定禁止的其他活动。

运用基金财产买卖基金管理人、基金托管人及其控股股东、实际控制人或者与其有其他重大利害关系的公司发行的证券或承销期内承销的证券，或者从事其他重大关联交易的，应当遵循基金份额持有人利益优先的原则，防范利益冲突，符合国务院证券监督管理机构的规定，并履行信息披露义务。

第七十四条 基金管理人、基金托管人和其他基金信息披露义务人应当依法披露基金信息，并保证所披露信息的真实性、准确性和完整性。

第七十五条 基金信息披露义务人应当确保应予披露的基金信息在国务院证券监督管理机构规定时间内披露，并保证投资人能够按照基金合同约定的时间和方式查阅或者复制公开披露的信息资料。

第七十六条 公开披露的基金信息包括：

（一）基金招募说明书、基金合同、基金托管协议；

（二）基金募集情况；

（三）基金份额上市交易公告书；

（四）基金资产净值、基金份额净值；

（五）基金份额申购、赎回价格；

（六）基金财产的资产组合季度报告、财务会计报告及中期和年度基金报告；

（七）临时报告；

（八）基金份额持有人大会决议；

（九）基金管理人、基金托管人的专门基金托管部门的重大人事变动；

（十）涉及基金财产、基金管理业务、基金托管业务的诉讼或者仲裁；

（十一）国务院证券监督管理机构规定应予披露的其他信息。

第七十七条 公开披露基金信息，不得有下列行为：

（一）虚假记载、误导性陈述或者重大遗漏；

（二）对证券投资业绩进行预测；

（三）违规承诺收益或者承担损失；

（四）诋毁其他基金管理人、基金托管人或者基金销售机构；

（五）法律、行政法规和国务院证券监督管理机构规定禁止的其他行为。

第八章 公开募集基金的基金合同的变更、终止与基金财产清算

第七十八条 按照基金合同的约定或者基金份额持有人大会的决议，基金可以转换运作方式或者与其他基金合并。

第七十九条 封闭式基金扩募或者延长基金合同期限，应当符合下列条件，并报国务院证券监督管理机构备案：

（一）基金运营业绩良好；

（二）基金管理人最近二年内没有因违法违规行为受到行政处罚或者刑事处罚；

（三）基金份额持有人大会决议通过；

（四）本法规定的其他条件。

第八十条 有下列情形之一的,基金合同终止:

(一)基金合同期限届满而未延期;

(二)基金份额持有人大会决定终止;

(三)基金管理人、基金托管人职责终止,在六个月内没有新基金管理人、新基金托管人承接;

(四)基金合同约定的其他情形。

第八十一条 基金合同终止时,基金管理人应当组织清算组对基金财产进行清算。

清算组由基金管理人、基金托管人以及相关的中介服务机构组成。

清算组作出的清算报告经会计师事务所审计,律师事务所出具法律意见书后,报国务院证券监督管理机构备案并公告。

第八十二条 清算后的剩余基金财产,应当按照基金份额持有人所持份额比例进行分配。

第九章 公开募集基金的基金份额持有人权利行使

第八十三条 基金份额持有人大会由基金管理人召集。基金份额持有人大会设立日常机构的,由该日常机构召集;该日常机构未召集的,由基金管理人召集。基金管理人未按规定召集或者不能召集的,由基金托管人召集。

代表基金份额百分之十以上的基金份额持有人就同一事项要求召开基金份额持有人大会,而基金份额持有人大会的日常机构、基金管理人、基金托管人都不召集的,代表基金份额百分之十以上的基金份额持有人有权自行召集,并报国务院证券监督管理机构备案。

第八十四条 召开基金份额持有人大会,召集人应当至少提前三十日公告基金份额持有人大会的召开时间、会议形式、审议事项、议事程序和表决方式等事项。

基金份额持有人大会不得就未经公告的事项进行表决。

第八十五条 基金份额持有人大会可以采取现场方式召开,也可以采取通讯等方式召开。

每一基金份额具有一票表决权，基金份额持有人可以委托代理人出席基金份额持有人大会并行使表决权。

第八十六条 基金份额持有人大会应当有代表二分之一以上基金份额的持有人参加，方可召开。

参加基金份额持有人大会的持有人的基金份额低于前款规定比例的，召集人可以在原公告的基金份额持有人大会召开时间的三个月以后、六个月以内，就原定审议事项重新召集基金份额持有人大会。重新召集的基金份额持有人大会应当有代表三分之一以上基金份额的持有人参加，方可召开。

基金份额持有人大会就审议事项作出决定，应当经参加大会的基金份额持有人所持表决权的二分之一以上通过；但是，转换基金的运作方式、更换基金管理人或者基金托管人、提前终止基金合同、与其他基金合并，应当经参加大会的基金份额持有人所持表决权的三分之二以上通过。

基金份额持有人大会决定的事项，应当依法报国务院证券监督管理机构备案，并予以公告。

第十章　非公开募集基金

第八十七条 非公开募集基金应当向合格投资者募集，合格投资者累计不得超过二百人。

前款所称合格投资者，是指达到规定资产规模或者收入水平，并且具备相应的风险识别能力和风险承担能力、其基金份额认购金额不低于规定限额的单位和个人。

合格投资者的具体标准由国务院证券监督管理机构规定。

第八十八条 除基金合同另有约定外，非公开募集基金应当由基金托管人托管。

第八十九条 担任非公开募集基金的基金管理人，应当按照规定向基金行业协会履行登记手续，报送基本情况。

第九十条 未经登记,任何单位或者个人不得使用"基金"或者"基金管理"字样或者近似名称进行证券投资活动;但是,法律、行政法规另有规定的除外。

第九十一条 非公开募集基金,不得向合格投资者之外的单位和个人募集资金,不得通过报刊、电台、电视台、互联网等公众传播媒体或者讲座、报告会、分析会等方式向不特定对象宣传推介。

第九十二条 非公开募集基金,应当制定并签订基金合同。基金合同应当包括下列内容:

(一)基金份额持有人、基金管理人、基金托管人的权利、义务;

(二)基金的运作方式;

(三)基金的出资方式、数额和认缴期限;

(四)基金的投资范围、投资策略和投资限制;

(五)基金收益分配原则、执行方式;

(六)基金承担的有关费用;

(七)基金信息提供的内容、方式;

(八)基金份额的认购、赎回或者转让的程序和方式;

(九)基金合同变更、解除和终止的事由、程序;

(十)基金财产清算方式;

(十一)当事人约定的其他事项。

基金份额持有人转让基金份额的,应当符合本法第八十七条、第九十一条的规定。

第九十三条 按照基金合同约定,非公开募集基金可以由部分基金份额持有人作为基金管理人负责基金的投资管理活动,并在基金财产不足以清偿其债务时对基金财产的债务承担无限连带责任。

前款规定的非公开募集基金,其基金合同还应载明:

(一)承担无限连带责任的基金份额持有人和其他基金份额持有人的姓名或者名称、住所;

(二)承担无限连带责任的基金份额持有人的除名条件和更换程序;

（三）基金份额持有人增加、退出的条件、程序以及相关责任；

（四）承担无限连带责任的基金份额持有人和其他基金份额持有人的转换程序。

第九十四条 非公开募集基金募集完毕，基金管理人应当向基金行业协会备案。对募集的资金总额或者基金份额持有人的人数达到规定标准的基金，基金行业协会应当向国务院证券监督管理机构报告。

非公开募集基金财产的证券投资，包括买卖公开发行的股份有限公司股票、债券、基金份额，以及国务院证券监督管理机构规定的其他证券及其衍生品种。

第九十五条 基金管理人、基金托管人应当按照基金合同的约定，向基金份额持有人提供基金信息。

第九十六条 专门从事非公开募集基金管理业务的基金管理人，其股东、高级管理人员、经营期限、管理的基金资产规模等符合规定条件的，经国务院证券监督管理机构核准，可以从事公开募集基金管理业务。

第十一章 基金服务机构

第九十七条 从事公开募集基金的销售、销售支付、份额登记、估值、投资顾问、评价、信息技术系统服务等基金服务业务的机构，应当按照国务院证券监督管理机构的规定进行注册或者备案。

第九十八条 基金销售机构应当向投资人充分揭示投资风险，并根据投资人的风险承担能力销售不同风险等级的基金产品。

第九十九条 基金销售支付机构应当按照规定办理基金销售结算资金的划付，确保基金销售结算资金安全、及时划付。

第一百条 基金销售结算资金、基金份额独立于基金销售机构、基金销售支付机构或者基金份额登记机构的自有财产。基金销售机构、基金销售支付机构或者基金份额登记机构破产或者清算时，基金销售结算资金、基金份额不属于其破产财产或者清算财产。非因投资人本身的债务或者法律规定的其他情形，不得查封、冻结、扣划或者强制执行基金销售结算资金、基金份额。

基金销售机构、基金销售支付机构、基金份额登记机构应当确保基金销售结算资金、基金份额的安全、独立，禁止任何单位或者个人以任何形式挪用基金销售结算资金、基金份额。

第一百零一条 基金管理人可以委托基金服务机构代为办理基金的份额登记、核算、估值、投资顾问等事项，基金托管人可以委托基金服务机构代为办理基金的核算、估值、复核等事项，但基金管理人、基金托管人依法应当承担的责任不因委托而免除。

第一百零二条 基金份额登记机构以电子介质登记的数据，是基金份额持有人权利归属的根据。基金份额持有人以基金份额出质的，质权自基金份额登记机构办理出质登记时设立。

基金份额登记机构应当妥善保存登记数据，并将基金份额持有人名称、身份信息及基金份额明细等数据备份至国务院证券监督管理机构认定的机构。其保存期限自基金账户销户之日起不得少于二十年。

基金份额登记机构应当保证登记数据的真实、准确、完整，不得隐匿、伪造、篡改或者毁损。

第一百零三条 基金投资顾问机构及其从业人员提供基金投资顾问服务，应当具有合理的依据，对其服务能力和经营业绩进行如实陈述，不得以任何方式承诺或者保证投资收益，不得损害服务对象的合法权益。

第一百零四条 基金评价机构及其从业人员应当客观公正，按照依法制定的业务规则开展基金评价业务，禁止误导投资人，防范可能发生的利益冲突。

第一百零五条 基金管理人、基金托管人、基金服务机构的信息技术系统，应当符合规定的要求。国务院证券监督管理机构可以要求信息技术系统服务机构提供该信息技术系统的相关资料。

第一百零六条 律师事务所、会计师事务所接受基金管理人、基金托管人的委托，为有关基金业务活动出具法律意见书、审计报告、内部控制评价报告等文件，应当勤勉尽责，对所依据的文件资料内容的真实性、准确性、完整性进行核查和验证。其制作、出具的文件有虚假记载、误导性陈述或者重大遗漏，给他人财产造成损失的，应当与委托人承担连带赔偿责任。

第一百零七条　基金服务机构应当勤勉尽责、恪尽职守，建立应急等风险管理制度和灾难备份系统，不得泄露与基金份额持有人、基金投资运作相关的非公开信息。

第十二章　基金行业协会

第一百零八条　基金行业协会是证券投资基金行业的自律性组织，是社会团体法人。

基金管理人、基金托管人应当加入基金行业协会，基金服务机构可以加入基金行业协会。

第一百零九条　基金行业协会的权力机构为全体会员组成的会员大会。

基金行业协会设理事会。理事会成员依章程的规定由选举产生。

第一百一十条　基金行业协会章程由会员大会制定，并报国务院证券监督管理机构备案。

第一百一十一条　基金行业协会履行下列职责：

（一）教育和组织会员遵守有关证券投资的法律、行政法规，维护投资人合法权益；

（二）依法维护会员的合法权益，反映会员的建议和要求；

（三）制定和实施行业自律规则，监督、检查会员及其从业人员的执业行为，对违反自律规则和协会章程的，按照规定给予纪律处分；

（四）制定行业执业标准和业务规范，组织基金从业人员的从业考试、资质管理和业务培训；

（五）提供会员服务，组织行业交流，推动行业创新，开展行业宣传和投资人教育活动；

（六）对会员之间、会员与客户之间发生的基金业务纠纷进行调解；

（七）依法办理非公开募集基金的登记、备案；

（八）协会章程规定的其他职责。

第十三章　监督管理

第一百一十二条　国务院证券监督管理机构依法履行下列职责：

（一）制定有关证券投资基金活动监督管理的规章、规则，并行使审批、核准或者注册权；

（二）办理基金备案；

（三）对基金管理人、基金托管人及其他机构从事证券投资基金活动进行监督管理，对违法行为进行查处，并予以公告；

（四）制定基金从业人员的资格标准和行为准则，并监督实施；

（五）监督检查基金信息的披露情况；

（六）指导和监督基金行业协会的活动；

（七）法律、行政法规规定的其他职责。

第一百一十三条　国务院证券监督管理机构依法履行职责，有权采取下列措施：

（一）对基金管理人、基金托管人、基金服务机构进行现场检查，并要求其报送有关的业务资料；

（二）进入涉嫌违法行为发生场所调查取证；

（三）询问当事人和与被调查事件有关的单位和个人，要求其对与被调查事件有关的事项作出说明；

（四）查阅、复制与被调查事件有关的财产权登记、通讯记录等资料；

（五）查阅、复制当事人和与被调查事件有关的单位和个人的证券交易记录、登记过户记录、财务会计资料及其他相关文件和资料；对可能被转移、隐匿或者毁损的文件和资料，可以予以封存；

（六）查询当事人和与被调查事件有关的单位和个人的资金账户、证券账户和银行账户；对有证据证明已经或者可能转移或者隐匿违法资金、证券等涉案财产或者隐匿、伪造、毁损重要证据的，经国务院证券监督管理机构主要负责人批准，可以冻结或者查封；

（七）在调查操纵证券市场、内幕交易等重大证券违法行为时，经国务院证券监督管理机构主要负责人批准，可以限制被调查事件当事人的证券买卖，但限制的期限不得超过十五个交易日；案情复杂的，可以延长十五个交易日。

第一百一十四条 国务院证券监督管理机构工作人员依法履行职责，进行调查或者检查时，不得少于二人，并应当出示合法证件；对调查或者检查中知悉的商业秘密负有保密的义务。

第一百一十五条 国务院证券监督管理机构工作人员应当忠于职守，依法办事，公正廉洁，接受监督，不得利用职务牟取私利。

第一百一十六条 国务院证券监督管理机构依法履行职责时，被调查、检查的单位和个人应当配合，如实提供有关文件和资料，不得拒绝、阻碍和隐瞒。

第一百一十七条 国务院证券监督管理机构依法履行职责，发现违法行为涉嫌犯罪的，应当将案件移送司法机关处理。

第一百一十八条 国务院证券监督管理机构工作人员在任职期间，或者离职后在《中华人民共和国公务员法》规定的期限内，不得在被监管的机构中担任职务。

第十四章 法律责任

第一百一十九条 违反本法规定，未经批准擅自设立基金管理公司或者未经核准从事公开募集基金管理业务的，由证券监督管理机构予以取缔或者责令改正，没收违法所得，并处违法所得一倍以上五倍以下罚款；没有违法所得或者违法所得不足一百万元的，并处十万元以上一百万元以下罚款。对直接负责的主管人员和其他直接责任人员给予警告，并处三万元以上三十万元以下罚款。

基金管理公司违反本法规定，擅自变更持有百分之五以上股权的股东、实际控制人或者其他重大事项的，责令改正，没收违法所得，并处违法所得一倍以上五倍以下罚款；没有违法所得或者违法所得不足五十万元的，并处五万元以上五十万元以下罚款。对直接负责的主管人员给予警告，并处三万元以上十万元以下罚款。

第一百二十条 基金管理人的董事、监事、高级管理人员和其他从业人员，基金托管人的专门基金托管部门的高级管理人员和其他从业人员，未按照本法第十七条第一款规定申报的，责令改正，处三万元以上十万元以下罚款。

基金管理人、基金托管人违反本法第十七条第二款规定的，责令改正，处十万元以上一百万元以下罚款；对直接负责的主管人员和其他直接责任人员给予警告，暂停或者撤销基金从业资格，并处三万元以上三十万元以下罚款。

第一百二十一条 基金管理人的董事、监事、高级管理人员和其他从业人员，基金托管人的专门基金托管部门的高级管理人员和其他从业人员违反本法第十八条规定的，责令改正，没收违法所得，并处违法所得一倍以上五倍以下罚款；没有违法所得或者违法所得不足一百万元的，并处十万元以上一百万元以下罚款；情节严重的，撤销基金从业资格。

第一百二十二条 基金管理人、基金托管人违反本法规定，未对基金财产实行分别管理或者分账保管，责令改正，处五万元以上五十万元以下罚款；对直接负责的主管人员和其他直接责任人员给予警告，暂停或者撤销基金从业资格，并处三万元以上三十万元以下罚款。

第一百二十三条 基金管理人、基金托管人及其董事、监事、高级管理人员和其他从业人员有本法第二十条所列行为之一的，责令改正，没收违法所得，并处违法所得一倍以上五倍以下罚款；没有违法所得或者违法所得不足一百万元的，并处十万元以上一百万元以下罚款；基金管理人、基金托管人有上述行为的，还应当对其直接负责的主管人员和其他直接责任人员给予警告，暂停或者撤销基金从业资格，并处三万元以上三十万元以下罚款。

基金管理人、基金托管人及其董事、监事、高级管理人员和其他从业人员侵占、挪用基金财产而取得的财产和收益,归入基金财产。但是,法律、行政法规另有规定的,依照其规定。

第一百二十四条　基金管理人的股东、实际控制人违反本法第二十三条规定的,责令改正,没收违法所得,并处违法所得一倍以上五倍以下罚款;没有违法所得或者违法所得不足一百万元的,并处十万元以上一百万元以下罚款;对直接负责的主管人员和其他直接责任人员给予警告,暂停或者撤销基金或证券从业资格,并处三万元以上三十万元以下罚款。

第一百二十五条　未经核准,擅自从事基金托管业务的,责令停止,没收违法所得,并处违法所得一倍以上五倍以下罚款;没有违法所得或者违法所得不足一百万元的,并处十万元以上一百万元以下罚款;对直接负责的主管人员和其他直接责任人员给予警告,并处三万元以上三十万元以下罚款。

第一百二十六条　基金管理人、基金托管人违反本法规定,相互出资或者持有股份的,责令改正,可以处十万元以下罚款。

第一百二十七条　违反本法规定,擅自公开或者变相公开募集基金的,责令停止,返还所募资金和加计的银行同期存款利息,没收违法所得,并处所募资金金额百分之一以上百分之五以下罚款。对直接负责的主管人员和其他直接责任人员给予警告,并处五万元以上五十万元以下罚款。

第一百二十八条　违反本法第五十九条规定,动用募集的资金的,责令返还,没收违法所得,并处违法所得一倍以上五倍以下罚款;没有违法所得或者违法所得不足五十万元的,并处五万元以上五十万元以下罚款;对直接负责的主管人员和其他直接责任人员给予警告,并处三万元以上三十万元以下罚款。

第一百二十九条　基金管理人、基金托管人有本法第七十三条第一款第一项至第五项和第七项所列行为之一,或者违反本法第七十三条第二款规定的,责令改正,处十万元以上一百万元以下罚款;对直接负责的主管人员和其他直接责任人员给予警告,暂停或者撤销基金从业资格,并处三万元以上三十万元以下罚款。

基金管理人、基金托管人有前款行为,运用基金财产而取得的财产和收益,归入基金财产。但是,法律、行政法规另有规定的,依照其规定。

第一百三十条 基金管理人、基金托管人有本法第七十三条第一款第六项规定行为的,除依照《中华人民共和国证券法》的有关规定处罚外,对直接负责的主管人员和其他直接责任人员暂停或者撤销基金从业资格。

第一百三十一条 基金信息披露义务人不依法披露基金信息或者披露的信息有虚假记载、误导性陈述或者重大遗漏的,责令改正,没收违法所得,并处十万元以上一百万元以下罚款;对直接负责的主管人员和其他直接责任人员给予警告,暂停或者撤销基金从业资格,并处三万元以上三十万元以下罚款。

第一百三十二条 基金管理人或者基金托管人不按照规定召集基金份额持有人大会的,责令改正,可以处五万元以下罚款;对直接负责的主管人员和其他直接责任人员给予警告,暂停或者撤销基金从业资格。

第一百三十三条 违反本法规定,未经登记,使用"基金"或者"基金管理"字样或者近似名称进行证券投资活动的,没收违法所得,并处违法所得一倍以上五倍以下罚款;没有违法所得或者违法所得不足一百万元的,并处十万元以上一百万元以下罚款。对直接负责的主管人员和其他直接责任人员给予警告,并处三万元以上三十万元以下罚款。

第一百三十四条 违反本法规定,非公开募集基金募集完毕,基金管理人未备案的,处十万元以上三十万元以下罚款。对直接负责的主管人员和其他直接责任人员给予警告,并处三万元以上十万元以下罚款。

第一百三十五条 违反本法规定,向合格投资者之外的单位或者个人非公开募集资金或者转让基金份额的，没收违法所得，并处违法所得一倍以上五倍以下罚款；没有违法所得或者违法所得不足一百万元的，并处十万元以上一百万元以下罚款。对直接负责的主管人员和其他直接责任人员给予警告，并处三万元以上三十万元以下罚款。

第一百三十六条 违反本法规定，擅自从事公开募集基金的基金服务业务的，责令改正，没收违法所得，并处违法所得一倍以上五倍以下罚款；没有违法所得或者违法所得不足三十万元的，并处十万元以上三十万元以下罚款。对直接负责的主管人员和其他直接责任人员给予警告，并处三万元以上十万元以下罚款。

第一百三十七条 基金销售机构未向投资人充分揭示投资风险并误导其购买与其风险承担能力不相当的基金产品的，处十万元以上三十万元以下罚款；情节严重的，责令其停止基金服务业务。对直接负责的主管人员和其他直接责任人员给予警告，撤销基金从业资格，并处三万元以上十万元以下罚款。

第一百三十八条 基金销售支付机构未按照规定划付基金销售结算资金的，处十万元以上三十万元以下罚款；情节严重的，责令其停止基金服务业务。对直接负责的主管人员和其他直接责任人员给予警告，撤销基金从业资格，并处三万元以上十万元以下罚款。

第一百三十九条 挪用基金销售结算资金或者基金份额的，责令改正，没收违法所得，并处违法所得一倍以上五倍以下罚款；没有违法所得或者违法所得不足一百万元的，并处十万元以上一百万元以下罚款。对直接负责的主管人员和其他直接责任人员给予警告，并处三万元以上三十万元以下罚款。

第一百四十条 基金份额登记机构未妥善保存或者备份基金份额登记数据的，责令改正，给予警告，并处十万元以上三十万元以下罚款；情节严重的，责令其停止基金服务业务。对直接负责的主管人员和其他直接责任人员给予警告，撤销基金从业资格，并处三万元以上十万元以下罚款。

基金份额登记机构隐匿、伪造、篡改、毁损基金份额登记数据的，责令改正，处十万元以上一百万元以下罚款，并责令其停止基金服务业务。对直接负责的主管人员和其他直接责任人员给予警告，撤销基金从业资格，并处三万元以上三十万元以下罚款。

第一百四十一条　基金投资顾问机构、基金评价机构及其从业人员违反本法规定开展投资顾问、基金评价服务的，处十万元以上三十万元以下罚款；情节严重的，责令其停止基金服务业务。对直接负责的主管人员和其他直接责任人员给予警告，撤销基金从业资格，并处三万元以上十万元以下罚款。

第一百四十二条　信息技术系统服务机构未按照规定向国务院证券监督管理机构提供相关信息技术系统资料，或者提供的信息技术系统资料虚假、有重大遗漏的，责令改正，处三万元以上十万元以下罚款。对直接负责的主管人员和其他直接责任人员给予警告，并处一万元以上三万元以下罚款。

第一百四十三条　会计师事务所、律师事务所未勤勉尽责，所出具的文件有虚假记载、误导性陈述或者重大遗漏的，责令改正，没收业务收入，暂停或者撤销相关业务许可，并处业务收入一倍以上五倍以下罚款。对直接负责的主管人员和其他直接责任人员给予警告，并处三万元以上十万元以下罚款。

第一百四十四条　基金服务机构未建立应急等风险管理制度和灾难备份系统，或者泄露与基金份额持有人、基金投资运作相关的非公开信息的，处十万元以上三十万元以下罚款；情节严重的，责令其停止基金服务业务。对直接负责的主管人员和其他直接责任人员给予警告，撤销基金从业资格，并处三万元以上十万元以下罚款。

第一百四十五条　违反本法规定，给基金财产、基金份额持有人或者投资人造成损害的，依法承担赔偿责任。

基金管理人、基金托管人在履行各自职责的过程中，违反本法规定或者基金合同约定，给基金财产或者基金份额持有人造成损害的，应当分别对各自的行为依法承担赔偿责任；因共同行为给基金财产或者基金份额持有人造成损害的，应当承担连带赔偿责任。

第一百四十六条 证券监督管理机构工作人员玩忽职守、滥用职权、徇私舞弊或者利用职务上的便利索取或者收受他人财物的，依法给予行政处分。

第一百四十七条 拒绝、阻碍证券监督管理机构及其工作人员依法行使监督检查、调查职权未使用暴力、威胁方法的，依法给予治安管理处罚。

第一百四十八条 违反法律、行政法规或者国务院证券监督管理机构的有关规定，情节严重的，国务院证券监督管理机构可以对有关责任人员采取证券市场禁入的措施。

第一百四十九条 违反本法规定，构成犯罪的，依法追究刑事责任。

第一百五十条 违反本法规定，应当承担民事赔偿责任和缴纳罚款、罚金，其财产不足以同时支付时，先承担民事赔偿责任。

第一百五十一条 依照本法规定，基金管理人、基金托管人、基金服务机构应当承担的民事赔偿责任和缴纳的罚款、罚金，由基金管理人、基金托管人、基金服务机构以其固有财产承担。

依法收缴的罚款、罚金和没收的违法所得，应当全部上缴国库。

中华人民共和国合伙企业法（节录）

（1997年2月23日第八届全国人民代表大会常务委员会第二十四次会议通过 2006年8月27日第十届全国人民代表大会常务委员会第二十三次会议修订）

第二章　普通合伙企业

第一节　合伙企业设立

第十四条　设立合伙企业，应当具备下列条件：

（一）有二个以上合伙人。合伙人为自然人的，应当具有完全民事行为能力；

（二）有书面合伙协议；

（三）有合伙人认缴或者实际缴付的出资；

（四）有合伙企业的名称和生产经营场所；

（五）法律、行政法规规定的其他条件。

第十五条　合伙企业名称中应当标明"普通合伙"字样。

第十六条　合伙人可以用货币、实物、知识产权、土地使用权或者其他财产权利出资，也可以用劳务出资。

合伙人以实物、知识产权、土地使用权或者其他财产权利出资，需要评估作价的，可以由全体合伙人协商确定，也可以由全体合伙人委托法定评估机构评估。

合伙人以劳务出资的，其评估办法由全体合伙人协商确定，并在合伙协议中载明。

第十七条　合伙人应当按照合伙协议约定的出资方式、数额和缴付期限，履行出资义务。

以非货币财产出资的，依照法律、行政法规的规定，需要办理财产权转移手续的，应当依法办理。

第十八条 合伙协议应当载明下列事项：

（一）合伙企业的名称和主要经营场所的地点；

（二）合伙目的和合伙经营范围；

（三）合伙人的姓名或者名称、住所；

（四）合伙人的出资方式、数额和缴付期限；

（五）利润分配、亏损分担方式；

（六）合伙事务的执行；

（七）入伙与退伙；

（八）争议解决办法；

（九）合伙企业的解散与清算；

（十）违约责任。

第十九条 合伙协议经全体合伙人签名、盖章后生效。合伙人按照合伙协议享有权利，履行义务。

修改或者补充合伙协议，应当经全体合伙人一致同意；但是，合伙协议另有约定的除外。

合伙协议未约定或者约定不明确的事项，由合伙人协商决定；协商不成的，依照本法和其他有关法律、行政法规的规定处理。

第二节 合伙企业财产

第二十条 合伙人的出资、以合伙企业名义取得的收益和依法取得的其他财产，均为合伙企业的财产。

第二十一条 合伙人在合伙企业清算前，不得请求分割合伙企业的财产；但是，本法另有规定的除外。

合伙人在合伙企业清算前私自转移或者处分合伙企业财产的，合伙企业不得以此对抗善意第三人。

第二十二条 除合伙协议另有约定外，合伙人向合伙人以外的人转让其在合伙企业中的全部或者部分财产份额时，须经其他合伙人一致同意。

合伙人之间转让在合伙企业中的全部或者部分财产份额时，应当通知其他合伙人。

第二十三条 合伙人向合伙人以外的人转让其在合伙企业中的财产份额的，在同等条件下，其他合伙人有优先购买权；但是，合伙协议另有约定的除外。

第二十四条 合伙人以外的人依法受让合伙人在合伙企业中的财产份额的，经修改合伙协议即成为合伙企业的合伙人，依照本法和修改后的合伙协议享有权利，履行义务。

第二十五条 合伙人以其在合伙企业中的财产份额出质的，须经其他合伙人一致同意；未经其他合伙人一致同意，其行为无效，由此给善意第三人造成损失的，由行为人依法承担赔偿责任。

第三节 合伙事务执行

第二十六条 合伙人对执行合伙事务享有同等的权利。

按照合伙协议的约定或者经全体合伙人决定，可以委托一个或者数个合伙人对外代表合伙企业，执行合伙事务。

作为合伙人的法人、其他组织执行合伙事务的，由其委派的代表执行。

第二十七条 依照本法第二十六条第二款规定委托一个或者数个合伙人执行合伙事务的，其他合伙人不再执行合伙事务。

不执行合伙事务的合伙人有权监督执行事务合伙人执行合伙事务的情况。

第二十八条 由一个或者数个合伙人执行合伙事务的，执行事务合伙人应当定期向其他合伙人报告事务执行情况以及合伙企业的经营和财务状况，其执行合伙事务所产生的收益归合伙企业，所产生的费用和亏损由合伙企业承担。

合伙人为了解合伙企业的经营状况和财务状况，有权查阅合伙企业会计账簿等财务资料。

第二十九条 合伙人分别执行合伙事务的，执行事务合伙人可以对其他合伙人执行的事务提出异议。提出异议时，应当暂停该项事务的执行。如果发生争议，依照本法第三十条规定作出决定。

受委托执行合伙事务的合伙人不按照合伙协议或者全体合伙人的

决定执行事务的，其他合伙人可以决定撤销该委托。

第三十条 合伙人对合伙企业有关事项作出决议，按照合伙协议约定的表决办法办理。合伙协议未约定或者约定不明确的，实行合伙人一人一票并经全体合伙人过半数通过的表决办法。

本法对合伙企业的表决办法另有规定的，从其规定。

第三十一条 除合伙协议另有约定外，合伙企业的下列事项应当经全体合伙人一致同意：

（一）改变合伙企业的名称；

（二）改变合伙企业的经营范围、主要经营场所的地点；

（三）处分合伙企业的不动产；

（四）转让或者处分合伙企业的知识产权和其他财产权利；

（五）以合伙企业名义为他人提供担保；

（六）聘任合伙人以外的人担任合伙企业的经营管理人员。

第三十二条 合伙人不得自营或者同他人合作经营与本合伙企业相竞争的业务。

除合伙协议另有约定或者经全体合伙人一致同意外，合伙人不得同本合伙企业进行交易。

合伙人不得从事损害本合伙企业利益的活动。

第三十三条 合伙企业的利润分配、亏损分担，按照合伙协议的约定办理；合伙协议未约定或者约定不明确的，由合伙人协商决定；协商不成的，由合伙人按照实缴出资比例分配、分担；无法确定出资比例的，由合伙人平均分配、分担。

合伙协议不得约定将全部利润分配给部分合伙人或者由部分合伙人承担全部亏损。

第三十四条 合伙人按照合伙协议的约定或者经全体合伙人决定，可以增加或者减少对合伙企业的出资。

第三十五条 被聘任的合伙企业的经营管理人员应当在合伙企业授权范围内履行职务。

被聘任的合伙企业的经营管理人员，超越合伙企业授权范围履行职务，或者在履行职务过程中因故意或者重大过失给合伙企业造成损失的，依法承担赔偿责任。

第三十六条 合伙企业应当依照法律、行政法规的规定建立企业财务、会计制度。

第四节 合伙企业与第三人关系

第三十七条 合伙企业对合伙人执行合伙事务以及对外代表合伙企业权利的限制，不得对抗善意第三人。

第三十八条 合伙企业对其债务，应先以其全部财产进行清偿。

第三十九条 合伙企业不能清偿到期债务的，合伙人承担无限连带责任。

第四十条 合伙人由于承担无限连带责任，清偿数额超过本法第三十三条第一款规定的其亏损分担比例的，有权向其他合伙人追偿。

第四十一条 合伙人发生与合伙企业无关的债务，相关债权人不得以其债权抵销其对合伙企业的债务；也不得代位行使合伙人在合伙企业中的权利。

第四十二条 合伙人的自有财产不足清偿其与合伙企业无关的债务的，该合伙人可以以其从合伙企业中分取的收益用于清偿；债权人也可以依法请求人民法院强制执行该合伙人在合伙企业中的财产份额用于清偿。

人民法院强制执行合伙人的财产份额时，应当通知全体合伙人，其他合伙人有优先购买权；其他合伙人未购买，又不同意将该财产份额转让给他人的，依照本法第五十一条的规定为该合伙人办理退伙结算，或者办理削减该合伙人相应财产份额的结算。

第五节 入伙、退伙

第四十三条 新合伙人入伙，除合伙协议另有约定外，应当经全体合伙人一致同意，并依法订立书面入伙协议。

订立入伙协议时，原合伙人应当向新合伙人如实告知原合伙企业的经营状况和财务状况。

第四十四条 入伙的新合伙人与原合伙人享有同等权利，承担同等责任。入伙协议另有约定的，从其约定。

新合伙人对入伙前合伙企业的债务承担无限连带责任。

第四十五条 合伙协议约定合伙期限的，在合伙企业存续期间，有下列情形之一的，合伙人可以退伙：

（一）合伙协议约定的退伙事由出现；

（二）经全体合伙人一致同意；

（三）发生合伙人难以继续参加合伙的事由；

（四）其他合伙人严重违反合伙协议约定的义务。

第四十六条 合伙协议未约定合伙期限的，合伙人在不给合伙企业事务执行造成不利影响的情况下，可以退伙，但应当提前三十日通知其他合伙人。

第四十七条 合伙人违反本法第四十五条、第四十六条的规定退伙的，应当赔偿由此给合伙企业造成的损失。

第四十八条 合伙人有下列情形之一的，当然退伙：

（一）作为合伙人的自然人死亡或者被依法宣告死亡；

（二）个人丧失偿债能力；

（三）作为合伙人的法人或者其他组织依法被吊销营业执照、责令关闭、撤销，或者被宣告破产；

（四）法律规定或者合伙协议约定合伙人必须具有相关资格而丧失该资格；

（五）合伙人在合伙企业中的全部财产份额被人民法院强制执行。

合伙人被依法认定为无民事行为能力人或者限制民事行为能力人的，经其他合伙人一致同意，可以依法转为有限合伙人，普通合伙企业依法转为有限合伙企业。其他合伙人未能一致同意的，该无民事行为能力或者限制民事行为能力的合伙人退伙。

退伙事由实际发生之日为退伙生效日。

第四十九条 合伙人有下列情形之一的，经其他合伙人一致同意，可以决议将其除名：

（一）未履行出资义务；

（二）因故意或者重大过失给合伙企业造成损失；

（三）执行合伙事务时有不正当行为；

（四）发生合伙协议约定的事由。

对合伙人的除名决议应当书面通知被除名人。被除名人接到除名通知之日，除名生效，被除名人退伙。

被除名人对除名决议有异议的，可以自接到除名通知之日起三十日内，向人民法院起诉。

第五十条 合伙人死亡或者被依法宣告死亡的，对该合伙人在合伙企业中的财产份额享有合法继承权的继承人，按照合伙协议的约定或者经全体合伙人一致同意，从继承开始之日起，取得该合伙企业的合伙人资格。

有下列情形之一的，合伙企业应当向合伙人的继承人退还被继承合伙人的财产份额：

（一）继承人不愿意成为合伙人；

（二）法律规定或者合伙协议约定合伙人必须具有相关资格，而该继承人未取得该资格；

（三）合伙协议约定不能成为合伙人的其他情形。

合伙人的继承人为无民事行为能力人或者限制民事行为能力人的，经全体合伙人一致同意，可以依法成为有限合伙人，普通合伙企业依法转为有限合伙企业。全体合伙人未能一致同意的，合伙企业应当将被继承合伙人的财产份额退还该继承人。

第五十一条 合伙人退伙，其他合伙人应当与该退伙人按照退伙时的合伙企业财产状况进行结算，退还退伙人的财产份额。退伙人对给合伙企业造成的损失负有赔偿责任的，相应扣减其应当赔偿的数额。

退伙时有未了结的合伙企业事务的，待该事务了结后进行结算。

第五十二条 退伙人在合伙企业中财产份额的退还办法，由合伙协议约定或者由全体合伙人决定，可以退还货币，也可以退还实物。

第五十三条 退伙人对基于其退伙前的原因发生的合伙企业债

务，承担无限连带责任。

第五十四条 合伙人退伙时，合伙企业财产少于合伙企业债务的，退伙人应当依照本法第三十三条第一款的规定分担亏损。

第六节 特殊的普通合伙企业

第五十五条 以专业知识和专门技能为客户提供有偿服务的专业服务机构，可以设立为特殊的普通合伙企业。

特殊的普通合伙企业是指合伙人依照本法第五十七条的规定承担责任的普通合伙企业。

特殊的普通合伙企业适用本节规定；本节未作规定的，适用本章第一节至第五节的规定。

第五十六条 特殊的普通合伙企业名称中应当标明"特殊普通合伙"字样。

第五十七条 一个合伙人或者数个合伙人在执业活动中因故意或者重大过失造成合伙企业债务的，应当承担无限责任或者无限连带责任，其他合伙人以其在合伙企业中的财产份额为限承担责任。

合伙人在执业活动中非因故意或者重大过失造成的合伙企业债务以及合伙企业的其他债务，由全体合伙人承担无限连带责任。

第五十八条 合伙人执业活动中因故意或者重大过失造成的合伙企业债务，以合伙企业财产对外承担责任后，该合伙人应当按照合伙协议的约定对给合伙企业造成的损失承担赔偿责任。

第五十九条 特殊的普通合伙企业应当建立执业风险基金、办理职业保险。

执业风险基金用于偿付合伙人执业活动造成的债务。执业风险基金应当单独立户管理。具体管理办法由国务院规定。

第三章 有限合伙企业

第六十条 有限合伙企业及其合伙人适用本章规定；本章未作规定的，适用本法第二章第一节至第五节关于普通合伙企业及其合伙人的规定。

第六十一条　有限合伙企业由二个以上五十个以下合伙人设立；但是，法律另有规定的除外。

有限合伙企业至少应当有一个普通合伙人。

第六十二条　有限合伙企业名称中应当标明"有限合伙"字样。

第六十三条　合伙协议除符合本法第十八条的规定外，还应当载明下列事项：

（一）普通合伙人和有限合伙人的姓名或者名称、住所；

（二）执行事务合伙人应具备的条件和选择程序；

（三）执行事务合伙人权限与违约处理办法；

（四）执行事务合伙人的除名条件和更换程序；

（五）有限合伙人入伙、退伙的条件、程序以及相关责任；

（六）有限合伙人和普通合伙人相互转变程序。

第六十四条　有限合伙人可以用货币、实物、知识产权、土地使用权或者其他财产权利作价出资。

有限合伙人不得以劳务出资。

第六十五条　有限合伙人应当按照合伙协议的约定按期足额缴纳出资；未按期足额缴纳的，应当承担补缴义务，并对其他合伙人承担违约责任。

第六十六条　有限合伙企业登记事项中应当载明有限合伙人的姓名或者名称及认缴的出资数额。

第六十七条　有限合伙企业由普通合伙人执行合伙事务。执行事务合伙人可以要求在合伙协议中确定执行事务的报酬及报酬提取方式。

第六十八条　有限合伙人不执行合伙事务，不得对外代表有限合伙企业。

有限合伙人的下列行为，不视为执行合伙事务：

（一）参与决定普通合伙人入伙、退伙；

（二）对企业的经营管理提出建议；

（三）参与选择承办有限合伙企业审计业务的会计师事务所；

（四）获取经审计的有限合伙企业财务会计报告；

（五）对涉及自身利益的情况，查阅有限合伙企业财务会计账簿等财务资料；

（六）在有限合伙企业中的利益受到侵害时，向有责任的合伙人主张权利或者提起诉讼；

（七）执行事务合伙人怠于行使权利时，督促其行使权利或者为了本企业的利益以自己的名义提起诉讼；

（八）依法为本企业提供担保。

第六十九条　有限合伙企业不得将全部利润分配给部分合伙人；但是，合伙协议另有约定的除外。

第七十条　有限合伙人可以同本有限合伙企业进行交易；但是，合伙协议另有约定的除外。

第七十一条　有限合伙人可以自营或者同他人合作经营与本有限合伙企业相竞争的业务；但是，合伙协议另有约定的除外。

第七十二条　有限合伙人可以将其在有限合伙企业中的财产份额出质；但是，合伙协议另有约定的除外。

第七十三条　有限合伙人可以按照合伙协议的约定向合伙人以外的人转让其在有限合伙企业中的财产份额，但应当提前三十日通知其他合伙人。

第七十四条　有限合伙人的自有财产不足清偿其与合伙企业无关的债务的，该合伙人可以以其从有限合伙企业中分取的收益用于清偿；债权人也可以依法请求人民法院强制执行该合伙人在有限合伙企业中的财产份额用于清偿。

人民法院强制执行有限合伙人的财产份额时，应当通知全体合伙人。在同等条件下，其他合伙人有优先购买权。

第七十五条　有限合伙企业仅剩有限合伙人的，应当解散；有限合伙企业仅剩普通合伙人的，转为普通合伙企业。

第七十六条　第三人有理由相信有限合伙人为普通合伙人并与其交易的，该有限合伙人对该笔交易承担与普通合伙人同样的责任。

有限合伙人未经授权以有限合伙企业名义与他人进行交易,给有限合伙企业或者其他合伙人造成损失的,该有限合伙人应当承担赔偿责任。

第七十七条 新入伙的有限合伙人对入伙前有限合伙企业的债务,以其认缴的出资额为限承担责任。

第七十八条 有限合伙人有本法第四十八条第一款第一项、第三项至第五项所列情形之一的,当然退伙。

第七十九条 作为有限合伙人的自然人在有限合伙企业存续期间丧失民事行为能力的,其他合伙人不得因此要求其退伙。

第八十条 作为有限合伙人的自然人死亡、被依法宣告死亡或者作为有限合伙人的法人及其他组织终止时,其继承人或者权利承受人可以依法取得该有限合伙人在有限合伙企业中的资格。

第八十一条 有限合伙人退伙后,对基于其退伙前的原因发生的有限合伙企业债务,以其退伙时从有限合伙企业中取回的财产承担责任。

第八十二条 除合伙协议另有约定外,普通合伙人转变为有限合伙人,或者有限合伙人转变为普通合伙人,应当经全体合伙人一致同意。

第八十三条 有限合伙人转变为普通合伙人的,对其作为有限合伙人期间有限合伙企业发生的债务承担无限连带责任。

第八十四条 普通合伙人转变为有限合伙人的,对其作为普通合伙人期间合伙企业发生的债务承担无限连带责任。

第四章 合伙企业解散、清算

第八十五条 合伙企业有下列情形之一的,应当解散:
(一)合伙期限届满,合伙人决定不再经营;
(二)合伙协议约定的解散事由出现;
(三)全体合伙人决定解散;
(四)合伙人已不具备法定人数满三十天;

（五）合伙协议约定的合伙目的已经实现或者无法实现；

（六）依法被吊销营业执照、责令关闭或者被撤销；

（七）法律、行政法规规定的其他原因。

第八十六条 合伙企业解散，应当由清算人进行清算。

清算人由全体合伙人担任；经全体合伙人过半数同意，可以自合伙企业解散事由出现后十五日内指定一个或者数个合伙人，或者委托第三人，担任清算人。

自合伙企业解散事由出现之日起十五日内未确定清算人的，合伙人或者其他利害关系人可以申请人民法院指定清算人。

第八十七条 清算人在清算期间执行下列事务：

（一）清理合伙企业财产，分别编制资产负债表和财产清单；

（二）处理与清算有关的合伙企业未了结事务；

（三）清缴所欠税款；

（四）清理债权、债务；

（五）处理合伙企业清偿债务后的剩余财产；

（六）代表合伙企业参加诉讼或者仲裁活动。

第八十八条 清算人自被确定之日起十日内将合伙企业解散事项通知债权人，并于六十日内在报纸上公告。债权人应当自接到通知书之日起三十日内，未接到通知书的自公告之日起四十五日内，向清算人申报债权。

债权人申报债权，应当说明债权的有关事项，并提供证明材料。清算人应当对债权进行登记。

清算期间，合伙企业存续，但不得开展与清算无关的经营活动。

第八十九条 合伙企业财产在支付清算费用和职工工资、社会保险费用、法定补偿金以及缴纳所欠税款、清偿债务后的剩余财产，依照本法第三十三条第一款的规定进行分配。

第九十条 清算结束，清算人应当编制清算报告，经全体合伙人签名、盖章后，在十五日内向企业登记机关报送清算报告，申请办理合伙企业注销登记。

第九十一条 合伙企业注销后，原普通合伙人对合伙企业存续期间的债务仍应承担无限连带责任。

第九十二条 合伙企业不能清偿到期债务的，债权人可以依法向人民法院提出破产清算申请，也可以要求普通合伙人清偿。

合伙企业依法被宣告破产的，普通合伙人对合伙企业债务仍应承担无限连带责任。

第五章 法律责任

第九十三条 违反本法规定，提交虚假文件或者采取其他欺骗手段，取得合伙企业登记的，由企业登记机关责令改正，处以五千元以上五万元以下的罚款；情节严重的，撤销企业登记，并处以五万元以上二十万元以下的罚款。

第九十四条 违反本法规定，合伙企业未在其名称中标明"普通合伙"、"特殊普通合伙"或者"有限合伙"字样的，由企业登记机关责令限期改正，处以二千元以上一万元以下的罚款。

第九十五条 违反本法规定，未领取营业执照，而以合伙企业或者合伙企业分支机构名义从事合伙业务的，由企业登记机关责令停止，处以五千元以上五万元以下的罚款。

合伙企业登记事项发生变更时，未依照本法规定办理变更登记的，由企业登记机关责令限期登记；逾期不登记的，处以二千元以上二万元以下的罚款。

合伙企业登记事项发生变更，执行合伙事务的合伙人未按期申请办理变更登记的，应当赔偿由此给合伙企业、其他合伙人或者善意第三人造成的损失。

第九十六条 合伙人执行合伙事务，或者合伙企业从业人员利用职务上的便利，将应当归合伙企业的利益据为己有的，或者采取其他手段侵占合伙企业财产的，应当将该利益和财产退还合伙企业；给合伙企业或者其他合伙人造成损失的，依法承担赔偿责任。

第九十七条 合伙人对本法规定或者合伙协议约定必须经全体合

伙人一致同意始得执行的事务擅自处理，给合伙企业或者其他合伙人造成损失的，依法承担赔偿责任。

第九十八条 不具有事务执行权的合伙人擅自执行合伙事务，给合伙企业或者其他合伙人造成损失的，依法承担赔偿责任。

第九十九条 合伙人违反本法规定或者合伙协议的约定，从事与本合伙企业相竞争的业务或者与本合伙企业进行交易的，该收益归合伙企业所有；给合伙企业或者其他合伙人造成损失的，依法承担赔偿责任。

第一百条 清算人未依照本法规定向企业登记机关报送清算报告，或者报送清算报告隐瞒重要事实，或者有重大遗漏的，由企业登记机关责令改正。由此产生的费用和损失，由清算人承担和赔偿。

第一百零一条 清算人执行清算事务，牟取非法收入或者侵占合伙企业财产的，应当将该收入和侵占的财产退还合伙企业；给合伙企业或者其他合伙人造成损失的，依法承担赔偿责任。

第一百零二条 清算人违反本法规定，隐匿、转移合伙企业财产，对资产负债表或者财产清单作虚假记载，或者在未清偿债务前分配财产，损害债权人利益的，依法承担赔偿责任。

第一百零三条 合伙人违反合伙协议的，应当依法承担违约责任。

合伙人履行合伙协议发生争议的，合伙人可以通过协商或者调解解决。不愿通过协商、调解解决或者协商、调解不成的，可以按照合伙协议约定的仲裁条款或者事后达成的书面仲裁协议，向仲裁机构申请仲裁。合伙协议中未订立仲裁条款，事后又没有达成书面仲裁协议的，可以向人民法院起诉。

第一百零四条 有关行政管理机关的工作人员违反本法规定，滥用职权、徇私舞弊、收受贿赂、侵害合伙企业合法权益的，依法给予行政处分。

第一百零五条 违反本法规定，构成犯罪的，依法追究刑事责任。

第一百零六条 违反本法规定,应当承担民事赔偿责任和缴纳罚款、罚金,其财产不足以同时支付的,先承担民事赔偿责任。

第六章 附　则

第一百零七条 非企业专业服务机构依据有关法律采取合伙制的,其合伙人承担责任的形式可以适用本法关于特殊的普通合伙企业合伙人承担责任的规定。

第一百零八条 外国企业或者个人在中国境内设立合伙企业的管理办法由国务院规定。

中华人民共和国信托法（节录）

（2001年4月28日第九届全国人民代表大会
常务委员会第二十一次会议通过）

第三章 信托财产

第十四条 受托人因承诺信托而取得的财产是信托财产。

受托人因信托财产的管理运用、处分或者其他情形而取得的财产，也归入信托财产。

法律、行政法规禁止流通的财产，不得作为信托财产。

法律、行政法规限制流通的财产，依法经有关主管部门批准后，可以作为信托财产。

第十五条 信托财产与委托人未设立信托的其他财产相区别。设立信托后，委托人死亡或者依法解散、被依法撤销、被宣告破产时，委托人是唯一受益人的，信托终止，信托财产作为其遗产或者清算财产；委托人不是唯一受益人的，信托存续，信托财产不作为其遗产或者清算财产；但作为共同受益人的委托人死亡或者依法解散、被依法撤销、被宣告破产时，其信托受益权作为其遗产或者清算财产。

第十六条 信托财产与属于受托人所有的财产（以下简称固有财产）相区别，不得归入受托人的固有财产或者成为固有财产的一部分。

受托人死亡或者依法解散、被依法撤销、被宣告破产而终止，信托财产不属于其遗产或者清算财产。

第十七条 除因下列情形之一外，对信托财产不得强制执行：

（一）设立信托前债权人已对该信托财产享有优先受偿的权利，并依法行使该权利的；

（二）受托人处理信托事务所产生债务，债权人要求清偿该债务的；

（三）信托财产本身应担负的税款；

（四）法律规定的其他情形。

对于违反前款规定而强制执行信托财产，委托人、受托人或者受益人有权向人民法院提出异议。

第十八条　受托人管理运用、处分信托财产所产生的债权，不得与其固有财产产生的债务相抵销。

受托人管理运用、处分不同委托人的信托财产所产生的债权债务，不得相互抵销。

第四章　信托当事人

第一节　委托人

第十九条　委托人应当是具有完全民事行为能力的自然人、法人或者依法成立的其他组织。

第二十条　委托人有权了解其信托财产的管理运用、处分及收支情况，并有权要求受托人作出说明。

委托人有权查阅、抄录或者复制与其信托财产有关的信托帐目以及处理信托事务的其他文件。

第二十一条　因设立信托时未能预见的特别事由，致使信托财产的管理方法不利于实现信托目的或者不符合受益人的利益时，委托人有权要求受托人调整该信托财产的管理方法。

第二十二条　受托人违反信托目的处分信托财产或者因违背管理职责、处理信托事务不当致使信托财产受到损失的，委托人有权申请人民法院撤销该处分行为，并有权要求受托人恢复信托财产的原状或者予以赔偿；该信托财产的受让人明知是违反信托目的而接受该财产的，应当予以返还或者予以赔偿。

前款规定的申请权，自委托人知道或者应当知道撤销原因之日起一年内不行使的，归于消灭。

第二十三条　受托人违反信托目的处分信托财产或者管理运用、

处分信托财产有重大过失的，委托人有权依照信托文件的规定解任受托人，或者申请人民法院解任受托人。

第二节　受托人

第二十四条　受托人应当是具有完全民事行为能力的自然人、法人。

法律、行政法规对受托人的条件另有规定的，从其规定。

第二十五条　受托人应当遵守信托文件的规定，为受益人的最大利益处理信托事务。

受托人管理信托财产，必须恪尽职守，履行诚实、信用、谨慎、有效管理的义务。

第二十六条　受托人除依照本法规定取得报酬外，不得利用信托财产为自己谋取利益。

受托人违反前款规定，利用信托财产为自己谋取利益的，所得利益归入信托财产。

第二十七条　受托人不得将信托财产转为其固有财产。受托人将信托财产转为其固有财产的，必须恢复该信托财产的原状；造成信托财产损失的，应当承担赔偿责任。

第二十八条　受托人不得将其固有财产与信托财产进行交易或者将不同委托人的信托财产进行相互交易，但信托文件另有规定或者经委托人或者受益人同意，并以公平的市场价格进行交易的除外。

受托人违反前款规定，造成信托财产损失的，应当承担赔偿责任。

第二十九条　受托人必须将信托财产与其固有财产分别管理、分别记帐，并将不同委托人的信托财产分别管理、分别记帐。

第三十条　受托人应当自己处理信托事务，但信托文件另有规定或者有不得已事由的，可以委托他人代为处理。

受托人依法将信托事务委托他人代理的，应当对他人处理信托事务的行为承担责任。

第三十一条　同一信托的受托人有两个以上的，为共同受托人。

共同受托人应当共同处理信托事务，但信托文件规定对某些具体事务由受托人分别处理的，从其规定。

共同受托人共同处理信托事务，意见不一致时，按信托文件规定处理；信托文件未规定的，由委托人、受益人或者其利害关系人决定。

第三十二条 共同受托人处理信托事务对第三人所负债务，应当承担连带清偿责任。第三人对共同受托人之一所作的意思表示，对其他受托人同样有效。

共同受托人之一违反信托目的处分信托财产或者因违背管理职责、处理信托事务不当致使信托财产受到损失的，其他受托人应当承担连带赔偿责任。

第三十三条 受托人必须保存处理信托事务的完整记录。

受托人应当每年定期将信托财产的管理运用、处分及收支情况，报告委托人和受益人。

受托人对委托人、受益人以及处理信托事务的情况和资料负有依法保密的义务。

第三十四条 受托人以信托财产为限向受益人承担支付信托利益的义务。

第三十五条 受托人有权依照信托文件的约定取得报酬。信托文件未作事先约定的，经信托当事人协商同意，可以作出补充约定；未作事先约定和补充约定的，不得收取报酬。

约定的报酬经信托当事人协商同意，可以增减其数额。

第三十六条 受托人违反信托目的处分信托财产或者因违背管理职责、处理信托事务不当致使信托财产受到损失的，在未恢复信托财产的原状或者未予赔偿前，不得请求给付报酬。

第三十七条 受托人因处理信托事务所支出的费用、对第三人所负债务，以信托财产承担。受托人以其固有财产先行支付的，对信托财产享有优先受偿的权利。

受托人违背管理职责或者处理信托事务不当对第三人所负债务或

者自己所受到的损失，以其固有财产承担。

第三十八条 设立信托后，经委托人和受益人同意，受托人可以辞任。本法对公益信托的受托人辞任另有规定的，从其规定。

受托人辞任的，在新受托人选出前仍应履行管理信托事务的职责。

第三十九条 受托人有下列情形之一的，其职责终止：

(一)死亡或者被依法宣告死亡；

(二)被依法宣告为无民事行为能力人或者限制民事行为能力人；

(三)被依法撤销或者被宣告破产；

(四)依法解散或者法定资格丧失；

(五)辞任或者被解任；

(六)法律、行政法规规定的其他情形。

受托人职责终止时，其继承人或者遗产管理人、监护人、清算人应当妥善保管信托财产，协助新受托人接管信托事务。

第四十条 受托人职责终止的，依照信托文件规定选任新受托人；信托文件未规定的，由委托人选任；委托人不指定或者无能力指定的，由受益人选任；受益人为无民事行为能力人或者限制民事行为能力人的，依法由其监护人代行选任。

原受托人处理信托事务的权利和义务，由新受托人承继。

第四十一条 受托人有本法第三十九条第一款第(三)项至第(六)项所列情形之一，职责终止的，应当作出处理信托事务的报告，并向新受托人办理信托财产和信托事务的移交手续。

前款报告经委托人或者受益人认可，原受托人就报告中所列事项解除责任。但原受托人有不正当行为的除外。

第四十二条 共同受托人之一职责终止的，信托财产由其他受托人管理和处分。

第三节 受益人

第四十三条 受益人是在信托中享有信托受益权的人。受益人可以是自然人、法人或者依法成立的其他组织。

委托人可以是受益人，也可以是同一信托的唯一受益人。

受托人可以是受益人，但不得是同一信托的唯一受益人。

第四十四条 受益人自信托生效之日起享有信托受益权。信托文件另有规定的，从其规定。

第四十五条 共同受益人按照信托文件的规定享受信托利益。信托文件对信托利益的分配比例或者分配方法未作规定的，各受益人按照均等的比例享受信托利益。

第四十六条 受益人可以放弃信托受益权。

全体受益人放弃信托受益权的，信托终止。

部分受益人放弃信托受益权的，被放弃的信托受益权按下列顺序确定归属：

（一）信托文件规定的人；

（二）其他受益人；

（三）委托人或者其继承人。

第四十七条 受益人不能清偿到期债务的，其信托受益权可以用于清偿债务，但法律、行政法规以及信托文件有限制性规定的除外。

第四十八条 受益人的信托受益权可以依法转让和继承，但信托文件有限制性规定的除外。

第四十九条 受益人可以行使本法第二十条至第二十三条规定的委托人享有的权利。受益人行使上述权利，与委托人意见不一致时，可以申请人民法院作出裁定。

受托人有本法第二十二条第一款所列行为，共同受益人之一申请人民法院撤销该处分行为的，人民法院所作出的撤销裁定，对全体共同受益人有效。

第五章 信托的变更与终止

第五十条 委托人是唯一受益人的，委托人或者其继承人可以解除信托。信托文件另有规定的，从其规定。

第五十一条 设立信托后，有下列情形之一的，委托人可以变更受益人或者处分受益人的信托受益权：

（一）受益人对委托人有重大侵权行为；

（二）受益人对其他共同受益人有重大侵权行为；

（三）经受益人同意；

（四）信托文件规定的其他情形。

有前款第（一）项、第（三）项、第（四）项所列情形之一的，委托人可以解除信托。

第五十二条　信托不因委托人或者受托人的死亡、丧失民事行为能力、依法解散、被依法撤销或者被宣告破产而终止，也不因受托人的辞任而终止。但本法或者信托文件另有规定的除外。

第五十三条　有下列情形之一的，信托终止：

（一）信托文件规定的终止事由发生；

（二）信托的存续违反信托目的；

（三）信托目的已经实现或者不能实现；

（四）信托当事人协商同意；

（五）信托被撤销；

（六）信托被解除。

第五十四条　信托终止的，信托财产归属于信托文件规定的人；信托文件未规定的，按下列顺序确定归属：

（一）受益人或者其继承人；

（二）委托人或者其继承人。

第五十五条　依照前条规定，信托财产的归属确定后，在该信托财产转移给权利归属人的过程中，信托视为存续，权利归属人视为受益人。

第五十六条　信托终止后，人民法院依据本法第十七条的规定对原信托财产进行强制执行的，以权利归属人为被执行人。

第五十七条　信托终止后，受托人依照本法规定行使请求给付报酬、从信托财产中获得补偿的权利时，可以留置信托财产或者对信托财产的权利归属人提出请求。

第五十八条 信托终止的，受托人应当作出处理信托事务的清算报告。受益人或者信托财产的权利归属人对清算报告无异议的，受托人就清算报告所列事项解除责任。但受托人有不正当行为的除外。

二、行政法规

私募投资基金监督管理条例

（2023年6月16日国务院第8次常务会议通过
2023年7月3日国务院令第762号公布
自2023年9月1日起施行）

第一章 总 则

第一条 为了规范私募投资基金（以下简称私募基金）业务活动，保护投资者以及相关当事人的合法权益，促进私募基金行业规范健康发展，根据《中华人民共和国证券投资基金法》（以下简称《证券投资基金法》）、《中华人民共和国信托法》、《中华人民共和国公司法（2018修正）》、《中华人民共和国合伙企业法》等法律，制定本条例。

第二条 在中华人民共和国境内，以非公开方式募集资金，设立投资基金或者以进行投资活动为目的依法设立公司、合伙企业，由私募基金管理人或者普通合伙人管理，为投资者的利益进行投资活动，适用本条例。

第三条 国家鼓励私募基金行业规范健康发展，发挥服务实体经济、促进科技创新等功能作用。

从事私募基金业务活动，应当遵循自愿、公平、诚信原则，保护投资者合法权益，不得违反法律、行政法规和国家政策，不得违背公序良俗，不得损害国家利益、社会公共利益和他人合法权益。

私募基金管理人管理、运用私募基金财产，私募基金托管人托管私募基金财产，私募基金服务机构从事私募基金服务业务，应当遵守法律、行政法规规定，恪尽职守，履行诚实守信、谨慎勤勉的义务。

私募基金从业人员应当遵守法律、行政法规规定，恪守职业道德和行为规范，按照规定接受合规和专业能力培训。

第四条 私募基金财产独立于私募基金管理人、私募基金托管人的固有财产。私募基金财产的债务由私募基金财产本身承担，但法律另有规定的除外。

投资者按照基金合同、公司章程、合伙协议（以下统称基金合同）约定分配收益和承担风险。

第五条 私募基金业务活动的监督管理，应当贯彻党和国家路线方针政策、决策部署。国务院证券监督管理机构依照法律和本条例规定对私募基金业务活动实施监督管理，其派出机构依照授权履行职责。

国家对运用一定比例政府资金发起设立或者参股的私募基金的监督管理另有规定的，从其规定。

第六条 国务院证券监督管理机构根据私募基金管理人业务类型、管理资产规模、持续合规情况、风险控制情况和服务投资者能力等，对私募基金管理人实施差异化监督管理，并对创业投资等股权投资、证券投资等不同类型的私募基金实施分类监督管理。

第二章 私募基金管理人和私募基金托管人

第七条 私募基金管理人由依法设立的公司或者合伙企业担任。

以合伙企业形式设立的私募基金，资产由普通合伙人管理的，普通合伙人适用本条例关于私募基金管理人的规定。

私募基金管理人的股东、合伙人以及股东、合伙人的控股股东、实际控制人，控股或者实际控制其他私募基金管理人的，应当符合国务院证券监督管理机构的规定。

第八条 有下列情形之一的，不得担任私募基金管理人，不得成为私募基金管理人的控股股东、实际控制人或者普通合伙人：

（一）本条例第九条规定的情形；

（二）因本条例第十四条第一款第三项所列情形被注销登记，自被注销登记之日起未逾3年的私募基金管理人，或者为该私募基金管理人的控股股东、实际控制人、普通合伙人；

（三）从事的业务与私募基金管理存在利益冲突；

（四）有严重不良信用记录尚未修复。

第九条 有下列情形之一的，不得担任私募基金管理人的董事、监事、高级管理人员、执行事务合伙人或者委派代表：

（一）因犯有贪污贿赂、渎职、侵犯财产罪或者破坏社会主义市场经济秩序罪，被判处刑罚；

（二）最近3年因重大违法违规行为被金融管理部门处以行政处罚；

（三）对所任职的公司、企业因经营不善破产清算或者因违法被吊销营业执照负有个人责任的董事、监事、厂长、高级管理人员、执行事务合伙人或者委派代表，自该公司、企业破产清算终结或者被吊销营业执照之日起未逾5年；

（四）所负债务数额较大，到期未清偿或者被纳入失信被执行人名单；

（五）因违法行为被开除的基金管理人、基金托管人、证券期货交易场所、证券公司、证券登记结算机构、期货公司以及其他机构的从业人员和国家机关工作人员；

（六）因违法行为被吊销执业证书或者被取消资格的律师、注册会计师和资产评估机构、验证机构的从业人员、投资咨询从业人员，自被吊销执业证书或者被取消资格之日起未逾5年；

（七）担任因本条例第十四条第一款第三项所列情形被注销登记的私募基金管理人的法定代表人、执行事务合伙人或者委派代表，或者负有责任的高级管理人员，自该私募基金管理人被注销登记之日起未逾 3 年。

第十条 私募基金管理人应当依法向国务院证券监督管理机构委托的机构（以下称登记备案机构）报送下列材料，履行登记手续：

（一）统一社会信用代码；

（二）公司章程或者合伙协议；

（三）股东、实际控制人、董事、监事、高级管理人员、普通合伙人、执行事务合伙人或者委派代表的基本信息，股东、实际控制人、合伙人相关受益所有人信息；

（四）保证报送材料真实、准确、完整和遵守监督管理规定的信用承诺书；

（五）国务院证券监督管理机构规定的其他材料。

私募基金管理人的控股股东、实际控制人、普通合伙人、执行事务合伙人或者委派代表等重大事项发生变更的，应当按照规定向登记备案机构履行变更登记手续。

登记备案机构应当公示已办理登记的私募基金管理人相关信息。

未经登记，任何单位或者个人不得使用"基金"或者"基金管理"字样或者近似名称进行投资活动，但法律、行政法规和国家另有规定的除外。

第十一条 私募基金管理人应当履行下列职责：

（一）依法募集资金，办理私募基金备案；

（二）对所管理的不同私募基金财产分别管理、分别记账，进行投资；

（三）按照基金合同约定管理私募基金并进行投资，建立有效的风险控制制度；

（四）按照基金合同约定确定私募基金收益分配方案，向投资者分配收益；

（五）按照基金合同约定向投资者提供与私募基金管理业务活动相关的信息；

（六）保存私募基金财产管理业务活动的记录、账册、报表和其

他有关资料;

（七）国务院证券监督管理机构规定和基金合同约定的其他职责。

以非公开方式募集资金设立投资基金的,私募基金管理人还应当以自己的名义,为私募基金财产利益行使诉讼权利或者实施其他法律行为。

第十二条 私募基金管理人的股东、实际控制人、合伙人不得有下列行为:

（一）虚假出资、抽逃出资、委托他人或者接受他人委托出资;

（二）未经股东会或者董事会决议等法定程序擅自干预私募基金管理人的业务活动;

（三）要求私募基金管理人利用私募基金财产为自己或者他人牟取利益,损害投资者利益;

（四）法律、行政法规和国务院证券监督管理机构规定禁止的其他行为。

第十三条 私募基金管理人应当持续符合下列要求:

（一）财务状况良好,具有与业务类型和管理资产规模相适应的运营资金;

（二）法定代表人、执行事务合伙人或者委派代表、负责投资管理的高级管理人员按照国务院证券监督管理机构规定持有一定比例的私募基金管理人的股权或者财产份额,但国家另有规定的除外;

（三）国务院证券监督管理机构规定的其他要求。

第十四条 私募基金管理人有下列情形之一的,登记备案机构应当及时注销私募基金管理人登记并予以公示:

（一）自行申请注销登记;

（二）依法解散、被依法撤销或者被依法宣告破产;

（三）因非法集资、非法经营等重大违法行为被追究法律责任;

（四）登记之日起 12 个月内未备案首只私募基金;

（五）所管理的私募基金全部清算后,自清算完毕之日起 12 个月内未备案新的私募基金;

（六）国务院证券监督管理机构规定的其他情形。

登记备案机构注销私募基金管理人登记前，应当通知私募基金管理人清算私募基金财产或者依法将私募基金管理职责转移给其他经登记的私募基金管理人。

第十五条　除基金合同另有约定外，私募基金财产应当由私募基金托管人托管。私募基金财产不进行托管的，应当明确保障私募基金财产安全的制度措施和纠纷解决机制。

第十六条　私募基金财产进行托管的，私募基金托管人应当依法履行职责。

私募基金托管人应当依法建立托管业务和其他业务的隔离机制，保证私募基金财产的独立和安全。

第三章　资金募集和投资运作

第十七条　私募基金管理人应当自行募集资金，不得委托他人募集资金，但国务院证券监督管理机构另有规定的除外。

第十八条　私募基金应当向合格投资者募集或者转让，单只私募基金的投资者累计不得超过法律规定的人数。私募基金管理人不得采取为单一融资项目设立多只私募基金等方式，突破法律规定的人数限制；不得采取将私募基金份额或者收益权进行拆分转让等方式，降低合格投资者标准。

前款所称合格投资者，是指达到规定的资产规模或者收入水平，并且具备相应的风险识别能力和风险承担能力，其认购金额不低于规定限额的单位和个人。

合格投资者的具体标准由国务院证券监督管理机构规定。

第十九条　私募基金管理人应当向投资者充分揭示投资风险，根据投资者的风险识别能力和风险承担能力匹配不同风险等级的私募基金产品。

第二十条　私募基金不得向合格投资者以外的单位和个人募集或者转让；不得向为他人代持的投资者募集或者转让；不得通过报刊、

电台、电视台、互联网等大众传播媒介，电话、短信、即时通讯工具、电子邮件、传单，或者讲座、报告会、分析会等方式向不特定对象宣传推介；不得以虚假、片面、夸大等方式宣传推介；不得以私募基金托管人名义宣传推介；不得向投资者承诺投资本金不受损失或者承诺最低收益。

第二十一条　私募基金管理人运用私募基金财产进行投资的，在以私募基金管理人名义开立账户、列入所投资企业股东名册或者持有其他私募基金财产时，应当注明私募基金名称。

第二十二条　私募基金管理人应当自私募基金募集完毕之日起20个工作日内，向登记备案机构报送下列材料，办理备案：

（一）基金合同；

（二）托管协议或者保障私募基金财产安全的制度措施；

（三）私募基金财产证明文件；

（四）投资者的基本信息、认购金额、持有基金份额的数量及其受益所有人相关信息；

（五）国务院证券监督管理机构规定的其他材料。

私募基金应当具有保障基本投资能力和抗风险能力的实缴募集资金规模。登记备案机构根据私募基金的募集资金规模等情况实施分类公示，对募集的资金总额或者投资者人数达到规定标准的，应当向国务院证券监督管理机构报告。

第二十三条　国务院证券监督管理机构应当建立健全私募基金监测机制，对私募基金及其投资者份额持有情况等进行集中监测，具体办法由国务院证券监督管理机构规定。

第二十四条　私募基金财产的投资包括买卖股份有限公司股份、有限责任公司股权、债券、基金份额、其他证券及其衍生品种以及符合国务院证券监督管理机构规定的其他投资标的。

私募基金财产不得用于经营或者变相经营资金拆借、贷款等业务。私募基金管理人不得以要求地方人民政府承诺回购本金等方式变相增加政府隐性债务。

第二十五条 私募基金的投资层级应当遵守国务院金融管理部门的规定。但符合国务院证券监督管理机构规定条件,将主要基金财产投资于其他私募基金的私募基金不计入投资层级。

创业投资基金、本条例第五条第二款规定私募基金的投资层级,由国务院有关部门规定。

第二十六条 私募基金管理人应当遵循专业化管理原则,聘用具有相应从业经历的高级管理人员负责投资管理、风险控制、合规等工作。

私募基金管理人应当遵循投资者利益优先原则,建立从业人员投资申报、登记、审查、处置等管理制度,防范利益输送和利益冲突。

第二十七条 私募基金管理人不得将投资管理职责委托他人行使。

私募基金管理人委托其他机构为私募基金提供证券投资建议服务的,接受委托的机构应当为《证券投资基金法》规定的基金投资顾问机构。

第二十八条 私募基金管理人应当建立健全关联交易管理制度,不得以私募基金财产与关联方进行不正当交易或者利益输送,不得通过多层嵌套或者其他方式进行隐瞒。

私募基金管理人运用私募基金财产与自己、投资者、所管理的其他私募基金、其实际控制人控制的其他私募基金管理人管理的私募基金,或者与其有重大利害关系的其他主体进行交易的,应当履行基金合同约定的决策程序,并及时向投资者和私募基金托管人提供相关信息。

第二十九条 私募基金管理人应当按照规定聘请会计师事务所对私募基金财产进行审计,向投资者提供审计结果,并报送登记备案机构。

第三十条 私募基金管理人、私募基金托管人及其从业人员不得有下列行为:

(一)将其固有财产或者他人财产混同于私募基金财产;

（二）利用私募基金财产或者职务便利，为投资者以外的人牟取利益；

（三）侵占、挪用私募基金财产；

（四）泄露因职务便利获取的未公开信息，利用该信息从事或者明示、暗示他人从事相关的证券、期货交易活动；

（五）法律、行政法规和国务院证券监督管理机构规定禁止的其他行为。

第三十一条 私募基金管理人在资金募集、投资运作过程中，应当按照国务院证券监督管理机构的规定和基金合同约定，向投资者提供信息。

私募基金财产进行托管的，私募基金管理人应当按照国务院证券监督管理机构的规定和托管协议约定，及时向私募基金托管人提供投资者基本信息、投资标的权属变更证明材料等信息。

第三十二条 私募基金管理人、私募基金托管人及其从业人员提供、报送的信息应当真实、准确、完整，不得有下列行为：

（一）虚假记载、误导性陈述或者重大遗漏；

（二）对投资业绩进行预测；

（三）向投资者承诺投资本金不受损失或者承诺最低收益；

（四）法律、行政法规和国务院证券监督管理机构规定禁止的其他行为。

第三十三条 私募基金管理人、私募基金托管人、私募基金服务机构应当按照国务院证券监督管理机构的规定，向登记备案机构报送私募基金投资运作等信息。登记备案机构应当根据不同私募基金类型，对报送信息的内容、频次等作出规定，并汇总分析私募基金行业情况，向国务院证券监督管理机构报送私募基金行业相关信息。

登记备案机构应当加强风险预警，发现可能存在重大风险的，及时采取措施并向国务院证券监督管理机构报告。

登记备案机构应当对本条第一款规定的信息保密，除法律、行政法规另有规定外，不得对外提供。

第三十四条　因私募基金管理人无法正常履行职责或者出现重大风险等情形，导致私募基金无法正常运作、终止的，由基金合同约定或者有关规定确定的其他专业机构，行使更换私募基金管理人、修改或者提前终止基金合同、组织私募基金清算等职权。

第四章　关于创业投资基金的特别规定

第三十五条　本条例所称创业投资基金，是指符合下列条件的私募基金：

（一）投资范围限于未上市企业，但所投资企业上市后基金所持股份的未转让部分及其配售部分除外；

（二）基金名称包含"创业投资基金"字样，或者在公司、合伙企业经营范围中包含"从事创业投资活动"字样；

（三）基金合同体现创业投资策略；

（四）不使用杠杆融资，但国家另有规定的除外；

（五）基金最低存续期限符合国家有关规定；

（六）国家规定的其他条件。

第三十六条　国家对创业投资基金给予政策支持，鼓励和引导其投资成长性、创新性创业企业，鼓励长期资金投资于创业投资基金。

国务院发展改革部门负责组织拟定促进创业投资基金发展的政策措施。国务院证券监督管理机构和国务院发展改革部门建立健全信息和支持政策共享机制，加强创业投资基金监督管理政策和发展政策的协同配合。登记备案机构应当及时向国务院证券监督管理机构和国务院发展改革部门报送与创业投资基金相关的信息。

享受国家政策支持的创业投资基金，其投资应当符合国家有关规定。

第三十七条　国务院证券监督管理机构对创业投资基金实施区别于其他私募基金的差异化监督管理：

（一）优化创业投资基金营商环境，简化登记备案手续；

（二）对合法募资、合规投资、诚信经营的创业投资基金在资金募集、投资运作、风险监测、现场检查等方面实施差异化监督管理，减少检查频次；

（三）对主要从事长期投资、价值投资、重大科技成果转化的创业投资基金在投资退出等方面提供便利。

第三十八条 登记备案机构在登记备案、事项变更等方面对创业投资基金实施区别于其他私募基金的差异化自律管理。

第五章 监督管理

第三十九条 国务院证券监督管理机构对私募基金业务活动实施监督管理，依法履行下列职责：

（一）制定有关私募基金业务活动监督管理的规章、规则；

（二）对私募基金管理人、私募基金托管人以及其他机构从事私募基金业务活动进行监督管理，对违法行为进行查处；

（三）对登记备案和自律管理活动进行指导、检查和监督；

（四）法律、行政法规规定的其他职责。

第四十条 国务院证券监督管理机构依法履行职责，有权采取下列措施：

（一）对私募基金管理人、私募基金托管人、私募基金服务机构进行现场检查，并要求其报送有关业务资料；

（二）进入涉嫌违法行为发生场所调查取证；

（三）询问当事人和与被调查事件有关的单位和个人，要求其对与被调查事件有关的事项作出说明；

（四）查阅、复制与被调查事件有关的财产权登记、通讯记录等资料；

（五）查阅、复制当事人和与被调查事件有关的单位和个人的证券交易记录、登记过户记录、财务会计资料以及其他有关文件和资料；对可能被转移、隐匿或者毁损的文件和资料，可以予以封存；

（六）依法查询当事人和与被调查事件有关的账户信息；

（七）法律、行政法规规定的其他措施。

为防范私募基金风险，维护市场秩序，国务院证券监督管理机构可以采取责令改正、监管谈话、出具警示函等措施。

第四十一条 国务院证券监督管理机构依法进行监督检查或者调查时，监督检查或者调查人员不得少于2人，并应当出示执法证件和监督检查、调查通知书或者其他执法文书。对监督检查或者调查中知悉的商业秘密、个人隐私，依法负有保密义务。

被检查、调查的单位和个人应当配合国务院证券监督管理机构依法进行的监督检查或者调查，如实提供有关文件和资料，不得拒绝、阻碍和隐瞒。

第四十二条 国务院证券监督管理机构发现私募基金管理人违法违规，或者其内部治理结构和风险控制管理不符合规定的，应当责令限期改正；逾期未改正，或者行为严重危及该私募基金管理人的稳健运行、损害投资者合法权益的，国务院证券监督管理机构可以区别情形，对其采取下列措施：

（一）责令暂停部分或者全部业务；

（二）责令更换董事、监事、高级管理人员、执行事务合伙人或者委派代表，或者限制其权利；

（三）责令负有责任的股东转让股权、负有责任的合伙人转让财产份额，限制负有责任的股东或者合伙人行使权利；

（四）责令私募基金管理人聘请或者指定第三方机构对私募基金财产进行审计，相关费用由私募基金管理人承担。

私募基金管理人违法经营或者出现重大风险，严重危害市场秩序、损害投资者利益的，国务院证券监督管理机构除采取前款规定的措施外，还可以对该私募基金管理人采取指定其他机构接管、通知登记备案机构注销登记等措施。

第四十三条 国务院证券监督管理机构应当将私募基金管理人、私募基金托管人、私募基金服务机构及其从业人员的诚信信息记入资本市场诚信数据库和全国信用信息共享平台。国务院证券监督管理机构会同国务院有关部门依法建立健全私募基金管理人以及有关责任主体失信联合惩戒制度。

国务院证券监督管理机构会同其他金融管理部门等国务院有关部门和省、自治区、直辖市人民政府建立私募基金监督管理信息共享、统计数据报送和风险处置协作机制。处置风险过程中，有关地方人民政府应当采取有效措施维护社会稳定。

第六章　法律责任

第四十四条　未依照本条例第十条规定履行登记手续，使用"基金"或者"基金管理"字样或者近似名称进行投资活动的，责令改正，没收违法所得，并处违法所得1倍以上5倍以下的罚款；没有违法所得或者违法所得不足100万元的，并处10万元以上100万元以下的罚款。对直接负责的主管人员和其他直接责任人员给予警告，并处3万元以上30万元以下的罚款。

第四十五条　私募基金管理人的股东、实际控制人、合伙人违反本条例第十二条规定的，责令改正，给予警告或者通报批评，没收违法所得，并处违法所得1倍以上5倍以下的罚款；没有违法所得或者违法所得不足100万元的，并处10万元以上100万元以下的罚款。对直接负责的主管人员和其他直接责任人员给予警告或者通报批评，并处3万元以上30万元以下的罚款。

第四十六条　私募基金管理人违反本条例第十三条规定的，责令改正；拒不改正的，给予警告或者通报批评，并处10万元以上100万元以下的罚款，责令其停止私募基金业务活动并予以公告。对直接负责的主管人员和其他直接责任人员给予警告或者通报批评，并处3万元以上30万元以下的罚款。

第四十七条　违反本条例第十六条第二款规定，私募基金托管人未建立业务隔离机制的，责令改正，给予警告或者通报批评，并处5万元以上50万元以下的罚款。对直接负责的主管人员和其他直接责任人员给予警告或者通报批评，并处3万元以上30万元以下的罚款。

第四十八条　违反本条例第十七条、第十八条、第二十条关于私募基金合格投资者管理和募集方式等规定的，没收违法所得，并处违法所得1倍以上5倍以下的罚款；没有违法所得或者违法所得不足100万元的，并处10万元以上100万元以下的罚款。对直接负责的主管人员和其他直接责任人员给予警告，并处3万元以上30万元以下的罚款。

第四十九条 违反本条例第十九条规定，未向投资者充分揭示投资风险，并误导其投资与其风险识别能力和风险承担能力不匹配的私募基金产品的，给予警告或者通报批评，并处10万元以上30万元以下的罚款；情节严重的，责令其停止私募基金业务活动并予以公告。对直接负责的主管人员和其他直接责任人员给予警告或者通报批评，并处3万元以上10万元以下的罚款。

第五十条 违反本条例第二十二条第一款规定，私募基金管理人未对募集完毕的私募基金办理备案的，处10万元以上30万元以下的罚款。对直接负责的主管人员和其他直接责任人员给予警告，并处3万元以上10万元以下的罚款。

第五十一条 违反本条例第二十四条第二款规定，将私募基金财产用于经营或者变相经营资金拆借、贷款等业务，或者要求地方人民政府承诺回购本金的，责令改正，给予警告或者通报批评，没收违法所得，并处10万元以上100万元以下的罚款。对直接负责的主管人员和其他直接责任人员给予警告或者通报批评，并处3万元以上30万元以下的罚款。

第五十二条 违反本条例第二十六条规定，私募基金管理人未聘用具有相应从业经历的高级管理人员负责投资管理、风险控制、合规等工作，或者未建立从业人员投资申报、登记、审查、处置等管理制度的，责令改正，给予警告或者通报批评，并处10万元以上100万元以下的罚款。对直接负责的主管人员和其他直接责任人员给予警告或者通报批评，并处3万元以上30万元以下的罚款。

第五十三条 违反本条例第二十七条规定，私募基金管理人委托他人行使投资管理职责，或者委托不符合《证券投资基金法》规定的机构提供证券投资建议服务的，责令改正，给予警告或者通报批评，没收违法所得，并处 10 万元以上 100 万元以下的罚款。对直接负责的主管人员和其他直接责任人员给予警告或者通报批评，并处 3 万元以上 30 万元以下的罚款。

第五十四条 违反本条例第二十八条规定，私募基金管理人从事关联交易的，责令改正，给予警告或者通报批评，没收违法所得，并处 10 万元以上 100 万元以下的罚款。对直接负责的主管人员和其他直接责任人员给予警告或者通报批评，并处 3 万元以上 30 万元以下的罚款。

第五十五条 私募基金管理人、私募基金托管人及其从业人员有本条例第三十条所列行为之一的，责令改正，给予警告或者通报批评，没收违法所得，并处违法所得 1 倍以上 5 倍以下的罚款；没有违法所得或者违法所得不足 100 万元的，并处 10 万元以上 100 万元以下的罚款。对直接负责的主管人员和其他直接责任人员给予警告或者通报批评，并处 3 万元以上 30 万元以下的罚款。

第五十六条 私募基金管理人、私募基金托管人及其从业人员未依照本条例规定提供、报送相关信息，或者有本条例第三十二条所列行为之一的，责令改正，给予警告或者通报批评，没收违法所得，并处 10 万元以上 100 万元以下的罚款。对直接负责的主管人员和其他直接责任人员给予警告或者通报批评，并处 3 万元以上 30 万元以下的罚款。

第五十七条 私募基金服务机构及其从业人员违反法律、行政法规规定，未恪尽职守、勤勉尽责的，责令改正，给予警告或者通报批评，并处 10 万元以上 30 万元以下的罚款；情节严重的，责令其停止私募基金服务业务。对直接负责的主管人员和其他直接责任人员给予警告或者通报批评，并处 3 万元以上 10 万元以下的罚款。

第五十八条 私募基金管理人、私募基金托管人、私募基金服务机构及其从业人员违反本条例或者国务院证券监督管理机构的有关规定，情节严重的，国务院证券监督管理机构可以对有关责任人员采取证券期货市场禁入措施。

拒绝、阻碍国务院证券监督管理机构及其工作人员依法行使监督检查、调查职权，由国务院证券监督管理机构责令改正，处10万元以上100万元以下的罚款；构成违反治安管理行为的，由公安机关依法给予治安管理处罚；构成犯罪的，依法追究刑事责任。

第五十九条 国务院证券监督管理机构、登记备案机构的工作人员玩忽职守、滥用职权、徇私舞弊或者利用职务便利索取或者收受他人财物的，依法给予处分；构成犯罪的，依法追究刑事责任。

第六十条 违反本条例规定和基金合同约定，依法应当承担民事赔偿责任和缴纳罚款、被没收违法所得，其财产不足以同时支付时，先承担民事赔偿责任。

三、司法指导性文件

全国法院民商事审判工作会议纪要（节录）

2019年9月11日　　　　　　　　　　法〔2019〕254号

五、关于金融消费者权益保护纠纷案件的审理

会议认为，在审理金融产品发行人、销售者以及金融服务提供者（以下简称卖方机构）与金融消费者之间因销售各类高风险等级金融产品和为金融消费者参与高风险等级投资活动提供服务而引发的民商事案件中，必须坚持"卖者尽责、买者自负"原则，将金融消费者是否充分了解相关金融产品、投资活动的性质及风险并在此基础上作出自主决定作为应当查明的案件基本事实，依法保护金融消费者的合法权益，规范卖方机构的经营行为，推动形成公开、公平、公正的市场环境和市场秩序。

72.【适当性义务】适当性义务是指卖方机构在向金融消费者推介、销售银行理财产品、保险投资产品、信托理财产品、券商集合理财计划、杠杆基金份额、期权及其他场外衍生品等高风险等级金融产品，以及为金融消费者参与融资融券、新三板、创业板、科创板、期货等高风险等级投资活动提供服务的过程中，必须履行的了解客户、了解产品、将适当的产品（或者服务）销售（或者提供）给适合的金融消费者等义务。卖方机构承担适当性义务的目的是为了确保金融消费者能够在充分了解相关金融产品、投资活动的性质及风险的基础上作出自主决定，并承受由此产生的收益和风险。在推介、销售高风险等级金融产品和提供高风险等级金融服务领域，适当性义务的履行是"卖者尽责"的主要内容，也是"买者自负"的前提和基础。

73.【法律适用规则】在确定卖方机构适当性义务的内容时，应当以合同法、证券法、证券投资基金法、信托法等法律规定的基本原则和国务院发布的规范性文件作为主要依据。相关部门在部门规章、规范性文件中对高风险等级金融产品的推介、销售，以及为金融消费者参与高风险等级投资活动提供服务作出的监管规定，与法律和国务院发布的规范性文件的规定不相抵触的，可以参照适用。

74.【责任主体】金融产品发行人、销售者未尽适当性义务，导致金融消费者在购买金融产品过程中遭受损失的，金融消费者既可以请求金融产品的发行人承担赔偿责任，也可以请求金融产品的销售者承担赔偿责任，还可以根据《民法总则》第167条的规定，请求金融产品的发行人、销售者共同承担连带赔偿责任。发行人、销售者请求人民法院明确各自的责任份额的，人民法院可以在判决发行人、销售者对金融消费者承担连带赔偿责任的同时，明确发行人、销售者在实际承担了赔偿责任后，有权向责任方追偿其应当承担的赔偿份额。

金融服务提供者未尽适当性义务，导致金融消费者在接受金融服务后参与高风险等级投资活动遭受损失的，金融消费者可以请求金融服务提供者承担赔偿责任。

75.【举证责任分配】在案件审理过程中，金融消费者应当对购买产品（或者接受服务）、遭受的损失等事实承担举证责任。卖方机构对其是否履行了适当性义务承担举证责任。卖方机构不能提供其已经建立了金融产品（或者服务）的风险评估及相应管理制度、对金融消费者的风险认知、风险偏好和风险承受能力进行了测试、向金融消费者告知产品（或者服务）的收益和主要风险因素等相关证据的，应当承担举证不能的法律后果。

76.【告知说明义务】告知说明义务的履行是金融消费者能够真正了解各类高风险等级金融产品或者高风险等级投资活动的投资风险

和收益的关键，人民法院应当根据产品、投资活动的风险和金融消费者的实际情况，综合理性人能够理解的客观标准和金融消费者能够理解的主观标准来确定卖方机构是否已经履行了告知说明义务。卖方机构简单地以金融消费者手写了诸如"本人明确知悉可能存在本金损失风险"等内容主张其已经履行了告知说明义务，不能提供其他相关证据的，人民法院对其抗辩理由不予支持。

77.【损失赔偿数额】卖方机构未尽适当性义务导致金融消费者损失的，应当赔偿金融消费者所受的实际损失。实际损失为损失的本金和利息，利息按照中国人民银行发布的同期同类存款基准利率计算。

金融消费者因购买高风险等级金融产品或者为参与高风险投资活动接受服务，以卖方机构存在欺诈行为为由，主张卖方机构应当根据《消费者权益保护法》第55条的规定承担惩罚性赔偿责任的，人民法院不予支持。卖方机构的行为构成欺诈的，对金融消费者提出赔偿其支付金钱总额的利息损失请求，应当注意区分不同情况进行处理：

（1）金融产品的合同文本中载明了预期收益率、业绩比较基准或者类似约定的，可以将其作为计算利息损失的标准；

（2）合同文本以浮动区间的方式对预期收益率或者业绩比较基准等进行约定，金融消费者请求按照约定的上限作为利息损失计算标准的，人民法院依法予以支持；

（3）合同文本虽然没有关于预期收益率、业绩比较基准或者类似约定，但金融消费者能够提供证据证明产品发行的广告宣传资料中载明了预期收益率、业绩比较基准或者类似表述的，应当将宣传资料作为合同文本的组成部分；

（4）合同文本及广告宣传资料中未载明预期收益率、业绩比较基准或者类似表述的，按照全国银行间同业拆借中心公布的贷款市场报价利率计算。

78.【免责事由】因金融消费者故意提供虚假信息、拒绝听取卖方机构的建议等自身原因导致其购买产品或者接受服务不适当，卖方机构请求免除相应责任的，人民法院依法予以支持，但金融消费者能够证明该虚假信息的出具系卖方机构误导的除外。卖方机构能够举证证明根据金融消费者的既往投资经验、受教育程度等事实，适当性义务的违反并未影响金融消费者作出自主决定的，对其关于应当由金融消费者自负投资风险的抗辩理由，人民法院依法予以支持。

四、其他相关文件

（一）部门规章

证券期货经营机构私募资产管理业务管理办法（节录）

（2022年12月30日中国证券监督管理委员会2022年第7次委务会议审议通过　2023年1月12日中国证券监督管理委员会令第203号修订公布　自2023年3月1日起施行）

第二章　业务主体

第九条　证券期货经营机构从事私募资产管理业务，应当依法经中国证监会批准。法律、行政法规和中国证监会另有规定的除外。

第十条　支持符合条件的证券公司设立子公司从事私募资产管理业务，加强风险隔离。专门从事资产管理业务的证券公司除外。

遵守审慎经营原则，并符合中国证监会规定条件的证券公司、基金管理公司，可以设立私募投资基金管理子公司等从事投资于未上市企业股权的私募资产管理业务。

第十一条　证券期货经营机构从事私募资产管理业务，应当符合以下条件：

（一）净资产、净资本等财务和风险控制指标符合法律、行政法规和中国证监会的规定；

（二）法人治理结构良好，内部控制、合规管理、风险管理制度完备；

（三）具备符合条件的高级管理人员和三名以上投资经理；

（四）具有投资研究部门，且专职从事投资研究的人员不少于三人；

（五）具有符合要求的营业场所、安全防范设施、信息技术系统；

（六）最近两年未因重大违法违规行为被行政处罚或者刑事处罚，最近一年未因重大违法违规行为被监管机构采取行政监管措施，无因涉嫌重大违法违规正受到监管机构或有权机关立案调查的情形；

（七）中国证监会根据审慎监管原则规定的其他条件。

证券公司、基金管理公司、期货公司设立子公司从事私募资产管理业务，并由其投资研究部门为子公司提供投资研究服务的，视为符合前款第（四）项规定的条件。

第十二条 证券期货经营机构从事私募资产管理业务，应当履行以下管理人职责：

（一）依法办理资产管理计划的销售、登记、备案事宜；

（二）对所管理的不同资产管理计划的受托财产分别管理、分别记账，进行投资；

（三）按照资产管理合同的约定确定收益分配方案，及时向投资者分配收益；

（四）进行资产管理计划会计核算并编制资产管理计划财务会计报告；

（五）依法计算并披露资产管理计划净值，确定参与、退出价格；

（六）办理与受托财产管理业务活动有关的信息披露事项；

（七）保存受托财产管理业务活动的记录、账册、报表和其他相关资料；

（八）以管理人名义，代表投资者利益行使诉讼权利或者实施其他法律行为；

（九）保证向投资者支付的受托资金及收益返回其参与资产管理计划时使用的结算账户或其同名账户；

（十）法律、行政法规和中国证监会规定的其他职责。

第十三条 投资经理应当依法取得基金从业资格，具有三年以上投资管理、投资研究、投资咨询等相关业务经验，具备良好的诚信记录和职业操守，且最近三年未被监管机构采取重大行政监管措施、行政处罚。

投资经理应当在证券期货经营机构授权范围内独立、客观地履行职责，重要投资应当有详细的研究报告和风险分析支持。

第十四条 证券期货经营机构应当将受托财产交由依法取得基金托管资格的托管机构实施独立托管。法律、行政法规和中国证监会另有规定的除外。

托管人应当履行下列职责：

（一）安全保管资产管理计划财产；

（二）按照规定开设资产管理计划的托管账户，不同托管账户中的财产应当相互独立；

（三）按照资产管理合同约定，根据管理人的投资指令，及时办理清算、交割事宜；

（四）建立与管理人的对账机制，复核、审查管理人计算的资产管理计划资产净值和资产管理计划参与、退出价格；

（五）监督管理人的投资运作，发现管理人的投资或清算指令违反法律、行政法规、中国证监会的规定或者资产管理合同约定的，应当拒绝执行，并向中国证监会相关派出机构报告；

（六）办理与资产管理计划托管业务活动有关的信息披露事项；

（七）对资产管理计划财务会计报告、年度报告出具意见；

（八）保存资产管理计划托管业务活动的记录、账册、报表和其他相关资料；

（九）对资产管理计划投资信息和相关资料承担保密责任，除法律、行政法规、规章规定或者审计要求、合同约定外，不得向任何机构或者个人提供相关信息和资料；

（十）法律、行政法规和中国证监会规定的其他职责。

第十五条 证券期货经营机构可以自行销售资产管理计划，也可以委托具有公开募集证券投资基金（以下简称公募基金）销售资格的机构（以下简称销售机构）销售或者推介资产管理计划。

销售机构应当依法、合规销售或者推介资产管理计划。

第十六条 证券期货经营机构可以自行办理资产管理计划份额的登记、估值、核算，也可以委托中国证监会认可的其他机构代为办理。

第十七条 证券期货经营机构应当立足其专业服务能力开展私募资产管理业务；为更好满足资产管理计划投资配置需求，可以聘请符合中国证监会规定条件并接受国务院金融监督管理机构监管的机构为其提供投资顾问服务。证券期货经营机构依法应当承担的责任不因聘请投资顾问而免除。

证券期货经营机构应当向投资者详细披露所聘请的投资顾问的资质、收费等情况，以及更换、解聘投资顾问的条件和程序，充分揭示聘请投资顾问可能产生的特定风险。

证券期货经营机构不得聘请个人或者不符合条件的机构提供投资顾问服务。

第十八条 证券期货经营机构、托管人、投资顾问及相关从业人员不得有下列行为：

（一）利用资产管理计划从事内幕交易、操纵市场或者其他不当、违法的证券期货业务活动；

（二）泄露因职务便利获取的未公开信息、利用该信息从事或者明示、暗示他人从事相关交易活动；

（三）为违法或者规避监管的证券期货业务活动提供交易便利；

（四）利用资产管理计划，通过直接投资、投资其他资产管理产品或者与他人进行交叉融资安排等方式，违规为本机构及其控股股东、实际控制人或者其他关联方提供融资；

（五）为本人或他人违规持有金融机构股权提供便利；

（六）从事非公平交易、利益输送等损害投资者合法权益的行为；

（七）利用资产管理计划进行商业贿赂；

（八）侵占、挪用资产管理计划财产；

（九）利用资产管理计划或者职务便利为投资者以外的第三方谋取不正当利益；

（十）直接或者间接向投资者返还管理费；

（十一）以获取佣金或者其他不当利益为目的，使用资产管理计划财产进行不必要的交易；

（十二）法律、行政法规和中国证监会规定禁止的其他行为。

第三章 业务形式

第十九条 证券期货经营机构可以为单一投资者设立单一资产管理计划，也可以为多个投资者设立集合资产管理计划。

集合资产管理计划的投资者人数不少于二人，不得超过二百人。符合条件的员工持股计划不穿透计算员工人数。

第二十条 单一资产管理计划可以接受货币资金出资，或者接受投资者合法持有的股票、债券或中国证监会认可的其他金融资产出资。集合资产管理计划原则上应当接受货币资金出资，中国证监会认可的情形除外。

证券登记结算机构应当按照规定为接受股票、债券等证券出资的单一资产管理计划办理证券非交易过户等手续。

第二十一条 资产管理计划应当具有明确、合法的投资方向，具备清晰的风险收益特征，并区分最终投向资产类别，按照下列规定确定资产管理计划所属类别：

（一）投资于存款、债券等债权类资产的比例不低于资产管理计划总资产80%的，为固定收益类；

（二）投资于股票、未上市企业股权等股权类资产的比例不低于资产管理计划总资产80%的，为权益类；

（三）投资于期货和衍生品的持仓合约价值的比例不低于资产管理计划总资产80%，且期货和衍生品账户权益超过资产管理计划总资产 20% 的，为期货和衍生品类；

（四）投资于债权类、股权类、期货和衍生品类资产的比例未达到前三类产品标准的，为混合类。

第二十二条　根据资产管理计划的类别、投向资产的流动性及期限特点、投资者需求等因素，证券期货经营机构可以设立存续期间办理参与、退出的开放式资产管理计划，或者存续期间不办理参与和退出的封闭式资产管理计划。

开放式资产管理计划应当明确投资者参与、退出的时间、次数、程序及限制事项。开放式集合资产管理计划每三个月至多开放一次计划份额的参与、退出，中国证监会另有规定的除外。

第二十三条　单一资产管理计划可以不设份额，集合资产管理计划应当设定为均等份额。

开放式集合资产管理计划不得进行份额分级。封闭式集合资产管理计划可以根据风险收益特征对份额进行分级。同级份额享有同等权益、承担同等风险。分级资产管理计划优先级与劣后级的比例应当符合法律、行政法规和中国证监会的规定。

分级资产管理计划的名称应当包含"分级"或"结构化"字样，证券期货经营机构应当向投资者充分披露资产管理计划的分级设计及相应风险、收益分配、风险控制等信息。

第二十四条　证券期货经营机构可以设立基金中基金资产管理计划，将 80% 以上的资产管理计划资产投资于接受国务院金融监督管理机构监管的机构发行的资产管理产品，但不得违反本办法第四十五条、第四十六条以及中国证监会的其他规定。

证券期货经营机构应当向投资者充分披露基金中基金资产管理计划所投资资产管理产品的选择标准、资产管理计划发生的费用、投资管理人及管理人关联方所设立的资产管理产品的情况。

第二十五条　证券期货经营机构可以设立管理人中管理人资产管理计划，具体规则由中国证监会另行制定。

第四章 非公开募集

第二十六条 资产管理计划应当以非公开方式向合格投资者募集。

证券期货经营机构、销售机构不得公开或变相公开募集资产管理计划，不得通过报刊、电台、电视、互联网等传播媒体或者讲座、报告会、传单、布告、自媒体等方式向不特定对象宣传具体资产管理计划。

证券期货经营机构不得设立多个资产管理计划，同时投资于同一非标准化资产，以变相突破投资者人数限制或者其他监管要求。单一主体及其关联方的非标准化资产，视为同一非标准化资产。

任何单位和个人不得以拆分份额或者转让份额收（受）益权等方式，变相突破合格投资者标准或人数限制。

第二十七条 证券期货经营机构募集资产管理计划，应当与投资者、托管人签订资产管理合同。资产管理合同应当包括《证券投资基金法》第九十二条、第九十三条规定的内容。

资产管理合同应当对巨额退出、延期支付、延期清算、管理人变更或者托管人变更等或有事项，作出明确约定。

第二十八条 证券期货经营机构和销售机构在募集资产管理计划过程中，应当按照中国证监会的规定，严格履行适当性管理义务，充分了解投资者，对投资者进行分类，对资产管理计划进行风险评级，遵循风险匹配原则，向投资者推荐适当的产品，禁止误导投资者购买与其风险承受能力不相符合的产品，禁止向风险识别能力和风险承受能力低于产品风险等级的投资者销售资产管理计划。

投资者应当以真实身份和自有资金参与资产管理计划，并承诺参与资金的来源符合法律、行政法规的规定。投资者未作承诺，或者证券期货经营机构、销售机构知道或者应当知道投资者身份不真实、参与资金来源不合法的，证券期货经营机构、销售机构不得接受其参与资产管理计划。

第二十九条　销售机构应当在募集结束后十个工作日内，将销售过程中产生和保存的投资者信息及资料全面、准确、及时提供给证券期货经营机构。

资产管理计划存续期间持续销售的，销售机构应当在销售行为完成后五个工作日内，将销售过程中产生和保存的投资者信息及资料全面、准确、及时提供给证券期货经营机构。

第三十条　集合资产管理计划募集期间，证券期货经营机构、销售机构应当在规定期限内，将投资者参与资金存入集合资产管理计划份额登记机构指定的专门账户。集合资产管理计划成立前，任何机构和个人不得动用投资者参与资金。

按照前款规定存入专门账户的投资者参与资金，独立于证券期货经营机构、销售机构的固有财产。非因投资者本身的债务或者法律规定的其他情形，不得查封、冻结、扣划或者强制执行存入专门账户的投资者参与资金。

第三十一条　集合资产管理计划成立应当具备下列条件：

（一）募集过程符合法律、行政法规和中国证监会的规定；

（二）募集金额达到资产管理合同约定的成立规模，且不违反中国证监会规定的最低成立规模；

（三）投资者人数不少于二人；

（四）符合中国证监会规定以及资产管理合同约定的其他条件。

第三十二条　集合资产管理计划在募集金额缴足之日起十个工作日内，由证券期货经营机构公告资产管理计划成立；单一资产管理计划在受托资产入账后，由证券期货经营机构书面通知投资者资产管理计划成立。

第三十三条　证券期货经营机构应当在资产管理计划成立之日起五个工作日内，将资产管理合同、投资者名单与认购金额、资产缴付证明等材料报证券投资基金业协会备案。

证券投资基金业协会应当制定资产管理计划备案规则，明确工作程序和期限，并向社会公开。

第三十四条 证券期货经营机构应当在资产管理合同约定的募集期内，完成集合资产管理计划的募集。募集期届满，集合资产管理计划未达到本办法第三十一条规定的成立条件的，证券期货经营机构应当承担下列责任：

（一）以其固有财产承担因募集行为而产生的债务和费用；

（二）在募集期届满后三十日内返还投资者已缴纳的款项，并加计银行同期活期存款利息。

第三十五条 证券期货经营机构以自有资金参与集合资产管理计划，应当符合法律、行政法规和中国证监会的规定，并按照《中华人民共和国公司法》和公司章程的规定，获得公司股东会、董事会或者其他授权程序的批准。

证券期货经营机构自有资金所持的集合资产管理计划份额，应当与投资者所持的同类份额享有同等权益、承担同等风险。

第三十六条 投资者可以通过证券交易所以及中国证监会认可的其他方式，向合格投资者转让其持有的集合资产管理计划份额，并按规定办理份额变更登记手续。转让后，持有资产管理计划份额的合格投资者合计不得超过二百人。

证券期货经营机构应当在集合资产管理计划份额转让前，对受让人的合格投资者身份和资产管理计划的投资者人数进行合规性审查。受让方首次参与集合资产管理计划的，应当先与证券期货经营机构、托管人签订资产管理合同。

证券期货经营机构、交易场所不得通过办理集合资产管理计划的份额转让，公开或变相公开募集资产管理计划。

第五章 投资运作

第三十七条 证券期货经营机构设立集合资产管理计划进行投资，除中国证监会另有规定外，应当采用资产组合的方式。

资产组合的具体方式和比例，依照法律、行政法规和中国证监会的规定在资产管理合同中约定。

第三十八条 资产管理计划可以投资于以下资产：

（一）银行存款、同业存单，以及符合《指导意见》规定的标准化债权类资产，包括但不限于在证券交易所、银行间市场等国务院同意设立的交易场所交易的可以划分为均等份额、具有合理公允价值和完善流动性机制的债券、中央银行票据、资产支持证券、非金融企业债务融资工具等；

（二）上市公司股票、存托凭证，以及中国证监会认可的其他标准化股权类资产；

（三）在证券期货交易所等依法设立的交易场所集中交易清算的期货及期权合约等标准化期货和衍生品类资产；

（四）公募基金，以及中国证监会认可的比照公募基金管理的资产管理产品；

（五）第（一）至（三）项规定以外的非标准化债权类资产、股权类资产、期货和衍生品类资产；

（六）第（四）项规定以外的其他受国务院金融监督管理机构监管的机构发行的资产管理产品；

（七）中国证监会认可的其他资产。

前款第（一）项至第（四）项为标准化资产，第（五）项至第（六）项为非标准化资产。

中国证监会对证券期货经营机构从事私募资产管理业务投资于本条第一款第（五）项规定资产另有规定的，适用其规定。

第三十九条 资产管理计划可以依法参与证券回购、融资融券、转融通以及中国证监会认可的其他业务。法律、行政法规和中国证监会另有规定的除外。

证券期货经营机构可以依法设立资产管理计划在境内募集资金，投资于中国证监会认可的境外金融产品。

第四十条 资产管理计划不得直接投资商业银行信贷资产；不得违规为地方政府及其部门提供融资，不得要求或者接受地方政府及其部门违规提供担保；不得直接或者间接投资法律、行政法规和国家政策禁止投资的行业或领域。

第四十一条 资产管理计划存续期间，证券期货经营机构应当严格按照法律、行政法规、中国证监会规定以及合同约定的投向和比例进行资产管理计划的投资运作。

资产管理计划改变投向和比例的，应当事先取得投资者同意，并按规定履行合同变更程序。

因证券期货市场波动、证券发行人合并、资产管理计划规模变动等证券期货经营机构之外的因素导致资产管理计划投资不符合法律、行政法规和中国证监会规定的投资比例或者合同约定的投资比例的，证券期货经营机构应当在流动性受限资产可出售、可转让或者恢复交易的二十个交易日内调整至符合相关要求。确有特殊事由未能在规定时间内完成调整的，证券期货经营机构应当及时向中国证监会相关派出机构报告。

第四十二条 证券期货经营机构应当确保资产管理计划所投资的资产组合的流动性与资产管理合同约定的参与、退出安排相匹配，确保在开放期保持适当比例的现金或者其他高流动性金融资产，且限制流动性受限资产投资比例。

第四十三条 资产管理计划应当设定合理的负债比例上限，确保其投资杠杆水平与投资者风险承受能力相匹配，并保持充足的现金或者其他高流动性金融资产偿还到期债务。

资产管理计划的总资产不得超过该计划净资产的200%，分级资产管理计划的总资产不得超过该计划净资产的140%。

第四十四条 证券期货经营机构应当对资产管理计划实行净值化管理，确定合理的估值方法和科学的估值程序，真实公允地计算资产管理计划净值。

第四十五条 资产管理计划接受其他资产管理产品参与的，证券期货经营机构应当切实履行主动管理职责，不得进行转委托，不得再投资除公募基金以外的其他资产管理产品。

第四十六条 资产管理计划投资于其他资产管理产品的，应当明确约定所投资的资产管理产品不再投资除公募基金以外的其他资产管理产品。

中国证监会对创业投资基金、政府出资产业投资基金等另有规定的，不受本条第一款及本办法第四十五条关于再投资其他资产管理产品的限制。

证券期货经营机构不得将其管理的资产管理计划资产投资于该机构管理的其他资产管理计划，依法设立的基金中基金资产管理计划以及中国证监会另有规定的除外。

资产管理计划不得通过投资其他资产管理产品变相扩大投资范围或者规避监管要求。

第四十七条 证券期货经营机构应当切实履行主动管理职责，不得有下列行为：

（一）为其他机构、个人或者资产管理产品提供规避投资范围、杠杆约束等监管要求的通道服务；

（二）由委托人或其指定第三方自行负责尽职调查或者投资运作；

（三）由委托人或其指定第三方下达投资指令或者提供具体投资标的等实质性投资建议；

（四）根据委托人或其指定第三方的意见行使资产管理计划所持证券的权利；

（五）法律、行政法规和中国证监会禁止的其他行为。

第六章　信息披露

第四十八条 证券期货经营机构、托管人、销售机构和其他信息披露义务人应当依法披露资产管理计划信息，保证所披露信息的真实性、准确性、完整性、及时性，确保投资者能够按照资产管理合同约定的时间和方式查阅或者复制所披露的信息资料。

第四十九条 资产管理计划应向投资者提供下列信息披露文件：

（一）资产管理合同、计划说明书和风险揭示书；

（二）资产管理计划净值，资产管理计划参与、退出价格；

（三）资产管理计划定期报告，至少包括季度报告和年度报告；

（四）重大事项的临时报告；

（五）资产管理计划清算报告；

（六）中国证监会规定的其他事项。

前款第（四）项、第（六）项信息披露文件，应当及时报送中国证监会相关派出机构。

信息披露文件的内容与格式指引由中国证监会或者授权证券投资基金业协会另行制定。

第五十条 证券期货经营机构募集资产管理计划，除向投资者提供资产管理合同外，还应当制作计划说明书和风险揭示书，详细说明资产管理计划管理和运作情况，充分揭示资产管理计划的各类风险。

计划说明书披露的信息应当与资产管理合同内容一致。销售机构应当使用证券期货经营机构制作的计划说明书和其他销售材料，不得擅自修改或者增减材料。

风险揭示书应当作为资产管理合同的附件交由投资者签字确认。

第五十一条 资产管理计划运作期间，证券期货经营机构应当按照以下要求向投资者提供相关信息：

（一）投资标准化资产的资产管理计划至少每周披露一次净值，投资非标准化资产的资产管理计划至少每季度披露一次净值；

（二）开放式资产管理计划净值的披露频率不得低于资产管理计划的开放频率，分级资产管理计划应当披露各类别份额净值；

（三）每季度结束之日起一个月内披露季度报告，每年度结束之日起四个月内披露年度报告；

（四）发生资产管理合同约定的或者可能影响投资者利益的重大事项时，在事项发生之日起五日内向投资者披露；

（五）中国证监会规定的其他要求。

资产管理计划成立不足三个月或者存续期间不足三个月的，证券期货经营机构可以不编制资产管理计划当期的季度报告和年度报告。

第五十二条 披露资产管理计划信息，不得有下列行为：

（一）虚假记载、误导性陈述或者重大遗漏；

（二）对投资业绩进行预测，或者宣传预期收益率；

（三）承诺收益，承诺本金不受损失或者限定损失金额或比例；

（四）夸大或者片面宣传管理人、投资经理及其管理的资产管理计划的过往业绩；

（五）恶意诋毁、贬低其他资产管理人、托管人、销售机构或者其他资产管理产品；

（六）中国证监会禁止的其他情形。

第五十三条 集合资产管理计划年度财务会计报告应当经符合《证券法》规定的会计师事务所审计，审计机构应当对资产管理计划会计核算及净值计算等出具意见。

第七章 变更、终止与清算

第五十四条 资产管理合同需要变更的，证券期货经营机构应当按照资产管理合同约定的方式取得投资者和托管人的同意，保障投资者选择退出资产管理计划的权利，对相关后续事项作出公平、合理安排。

证券期货经营机构应当自资产管理合同变更之日起五个工作日内报证券投资基金业协会备案。

第五十五条 资产管理计划展期应当符合下列条件：

（一）资产管理计划运作规范，证券期货经营机构、托管人未违反法律、行政法规、中国证监会规定和资产管理合同的约定；

（二）资产管理计划展期没有损害投资者利益的情形；

（三）中国证监会规定的其他条件。

集合资产管理计划展期的，还应当符合集合资产管理计划的成立条件。

第五十六条 有下列情形之一的，资产管理计划终止：

（一）资产管理计划存续期届满且不展期；

（二）证券期货经营机构被依法撤销资产管理业务资格或者依法

解散、被撤销、被宣告破产，且在六个月内没有新的管理人承接；

（三）托管人被依法撤销基金托管资格或者依法解散、被撤销、被宣告破产，且在六个月内没有新的托管人承接；

（四）经全体投资者、证券期货经营机构和托管人协商一致决定终止的；

（五）发生资产管理合同约定的应当终止的情形；

（六）集合资产管理计划存续期间，持续五个工作日投资者少于二人；

（七）法律、行政法规及中国证监会规定的其他情形。

证券期货经营机构应当自资产管理计划终止之日起五个工作日内报告证券投资基金业协会。

第五十七条 资产管理计划终止的，证券期货经营机构应当在发生终止情形之日起五个工作日内开始组织清算资产管理计划财产。

清算后的剩余财产，集合资产管理计划应当按照投资者持有份额占总份额的比例，原则上以货币资金形式分配给投资者；资产管理合同另有约定的，从其约定；但不得违反中国证监会规定。单一资产管理计划应当按照合同约定的形式将全部财产交还投资者自行管理。

证券期货经营机构应当在资产管理计划清算结束后五个工作日内将清算报告报证券投资基金业协会。

资产管理计划因受托财产流动性受限等原因延期清算的，证券期货经营机构应当及时向中国证监会相关派出机构报告。

第五十八条 证券期货经营机构、托管人、销售机构等机构应当按照法律、行政法规和中国证监会的规定保存资产管理计划的会计账册，妥善保存有关的合同、协议、交易记录等文件、资料和数据，任何人不得隐匿、伪造、篡改或者销毁。保存期限自资产管理计划终止之日起不少于二十年。

第八章　风险管理与内部控制

第五十九条 证券期货经营机构董事会和高级管理层应当充分了

解私募资产管理业务及其面临的各类风险，根据本机构的经营目标、投资管理能力、风险管理水平等因素，合理确定开展私募资产管理业务的总体战略，并指定高级管理人员负责实施。

证券期货经营机构应当建立健全与私募资产管理业务相关的投资者适当性、投资决策、公平交易、会计核算、风险控制、合规管理、投诉处理等管理制度，覆盖私募资产管理业务的各个环节，明确岗位职责和责任追究机制，确保各项制度流程得到有效执行。

第六十条 证券期货经营机构应当采取有效措施，确保私募资产管理业务按规定与其他业务在场地、人员、账户、资金、信息等方面相分离；确保不同投资经理管理的资产管理计划的持仓和交易等重大非公开投资信息相隔离，控制敏感信息的不当流动和使用，切实防范内幕交易、利用未公开信息交易、利益冲突和利益输送。

第六十一条 证券期货经营机构应当建立健全信用风险管理制度，对信用风险进行准确识别、审慎评估、动态监控、及时应对和全程管理。

证券期货经营机构应当对投资对象、交易对手开展必要的尽职调查，实施严格的准入管理和交易额度管理，评估并持续关注证券发行人、融资主体和交易对手的资信状况，以及担保物状况、增信措施和其他保障措施的有效性。出现可能影响投资者权益的事项，证券期货经营机构应当及时采取申请追加担保、依法申请财产保全等风险控制措施。

第六十二条 资产管理计划投资于本办法第三十八条第（五）项规定资产的，证券期货经营机构应当建立专门的质量控制制度，进行充分尽职调查并制作书面报告，设置专岗负责投后管理、信息披露等事宜，动态监测风险。

第六十三条 证券期货经营机构应当建立健全流动性风险监测、预警与应急处置制度，将私募资产管理业务纳入常态化压力测试机制，压力测试应当至少每季度进行一次。

证券期货经营机构应当结合市场状况和自身管理能力制定并持续

更新流动性风险应急预案。

第六十四条 证券期货经营机构应当建立公平交易制度及异常交易监控机制，公平对待所管理的不同资产，对投资交易行为进行监控、分析、评估、核查，监督投资交易的过程和结果，保证公平交易原则的实现，不得开展可能导致不公平交易和利益输送的交易行为。

证券期货经营机构应当对不同资产管理计划之间发生的同向交易和反向交易进行监控，并明确异常情况类型及处置安排。同一资产管理计划不得在同一交易日内进行反向交易。确因投资策略或流动性等需要发生同日反向交易的，应要求投资经理提供决策依据，并留存书面记录备查。

资产管理计划依法投资于本办法第三十八条第（三）项规定资产的，在同一交易日内进行反向交易的，不受前款规定限制。

第六十五条 证券期货经营机构的自营账户、资产管理计划账户、作为投资顾问管理的产品账户之间，以及不同资产管理计划账户之间，不得发生交易，有充分证据证明进行有效隔离并且价格公允的除外。

子公司从事私募资产管理业务的，证券期货经营机构的自营账户、资产管理计划账户以及作为投资顾问管理的产品账户与子公司的资产管理计划账户之间的交易，适用本条规定。

第六十六条 证券期货经营机构应当建立健全关联交易管理制度，对关联交易认定标准、交易定价方法、交易审批程序进行规范，不得以资产管理计划的资产与关联方进行不正当交易、利益输送、内幕交易和操纵市场。

证券期货经营机构以资产管理计划资产从事关联交易的，应当遵守法律、行政法规、中国证监会的规定和合同约定，事先取得投资者的同意，事后及时告知投资者和托管人，并向中国证监会相关派出机构报告。

第六十七条 证券期货经营机构应当建立健全信息披露管理制度，设置专门部门或者专岗负责信息披露工作，并建立复核机制，通过规范渠道向投资者披露有关信息，还应当定期对信息披露工作的真实性、准确性、完整性、及时性等进行评估。

第六十八条 证券期货经营机构和托管人应当加强对私募资产管理业务从业人员的管理，加强关键岗位的监督与制衡，投资经理、交易执行、风险控制等岗位不得相互兼任，并建立从业人员投资申报、登记、审查、处置等管理制度，防范与投资者发生利益冲突。

证券期货经营机构应当完善长效激励约束机制，不得以人员挂靠、业务包干等方式从事私募资产管理业务。

证券期货经营机构分管私募资产管理业务的高级管理人员、私募资产管理业务部门负责人以及投资经理离任的，证券期货经营机构应当立即对其进行离任审查，并自离任之日起三十个工作日内将审查报告报送中国证监会相关派出机构。

第六十九条 证券期货经营机构应当建立资产管理计划的销售机构和投资顾问的授权管理体系，明确销售机构和投资顾问的准入标准和程序，对相关机构资质条件、专业服务能力和风险管理制度等进行尽职调查，确保其符合法规规定。证券期货经营机构应当以书面方式明确界定双方的权利与义务，明确相关风险的责任承担方式。

证券期货经营机构应当建立对销售机构和投资顾问履职情况的监督评估机制，发现违法违规行为的，应当及时更换并报告中国证监会相关派出机构。

第七十条 证券期货经营机构应当每月从资产管理计划管理费中计提风险准备金，或者按照法律、行政法规以及中国证监会的规定计算风险资本准备。

风险准备金主要用于弥补因证券期货经营机构违法违规、违反资产管理合同约定、操作错误或者技术故障等给资产管理计划资产或者投资者造成的损失。风险准备金计提比例不得低于管理费收入的10%，风险准备金余额达到上季末资产管理计划资产净值的1%时可以不再提取。

计提风险准备金的证券期货经营机构，应当选定具有基金托管资格的商业银行开立专门的私募资产管理业务风险准备金账户，该账户不得与公募基金风险准备金账户及其他类型账户混用，不得存放其他性质资金。风险准备金的投资管理和使用，应当参照公募基金风险准备金监督管理有关规定执行。证券期货经营机构应当在私募资产管理业务管理年度报告中，对风险准备金的提取、投资管理、使用、年末结余等情况作专项说明。

第七十一条 证券期货经营机构合规管理和风险管理部门应当定期对私募资产管理业务制度及执行情况进行检查，发现违反法律、行政法规、中国证监会规定或者合同约定的，应当及时纠正处理，并向中国证监会相关派出机构报告。

第七十二条 证券期货经营机构应当建立健全应急处理机制，对发生延期兑付、投资标的重大违约等风险事件的处理原则、方案等作出明确规定。出现重大风险事件的，应当及时向中国证监会相关派出机构报告。

第九章　监督管理与法律责任

第七十三条 证券期货经营机构应当于每月十日前向证券投资基金业协会报送资产管理计划的持续募集情况、投资运作情况、资产最终投向等信息。

证券期货经营机构应当在每季度结束之日起一个月内，编制私募资产管理业务管理季度报告，并报送中国证监会相关派出机构。证券期货经营机构、托管人应当在每年度结束之日起四个月内，分别编制私募资产管理业务管理年度报告和托管年度报告，并报送中国证监会相关派出机构。

证券期货经营机构应当在私募资产管理业务管理季度报告和管理年度报告中，就本办法所规定的风险管理与内部控制制度在报告期内的执行情况等进行分析，并由合规负责人、风控负责人、总经理分别签署。

第七十四条 证券期货经营机构进行年度审计，应当同时对私募资产管理业务的内部控制情况进行审计。

第七十五条 证券交易场所、期货交易所、中国期货市场监控中心（以下简称期货市场监控中心）应当对证券期货经营机构资产管理计划交易行为进行监控。发现存在重大风险、重大异常交易或者涉嫌违法违规事项的，应当及时报告中国证监会及相关派出机构。

证券投资基金业协会应当按照法律、行政法规和中国证监会规定对证券期货经营机构资产管理计划实施备案管理和监测监控。发现提交备案的资产管理计划不符合法律、行政法规和中国证监会规定的，应当要求证券期货经营机构及时整改规范，并报告中国证监会及相关派出机构；发现已备案的资产管理计划存在重大风险或者违规事项的，应当及时报告中国证监会及相关派出机构。

第七十六条 中国证监会及其派出机构对证券期货经营机构、托管人、销售机构和投资顾问等服务机构从事私募资产管理及相关业务的情况，进行定期或者不定期的现场和非现场检查，相关机构应当予以配合。

中国证监会相关派出机构应当定期对辖区证券期货经营机构私募资产管理业务开展情况进行总结分析，纳入监管季度报告和年度报告，发现存在重大风险或者违规事项的，应当及时报告中国证监会。

第七十七条 中国证监会与中国人民银行、中国银行保险监督管理委员会建立监管信息共享机制。

证券交易场所、期货交易所、证券登记结算机构、期货市场监控中心、证券业协会、期货业协会、证券投资基金业协会应当按照中国证监会的要求，定期或者不定期提供证券期货经营机构私募资产管理业务专项统计、分析等数据信息。中国证监会及其派出机构与前述单位之间加强信息共享。

中国证监会相关派出机构应当每月对证券期货经营机构资产管理计划备案信息和业务数据进行分析汇总，并按照本办法第七十六条的规定报告。

第七十八条 证券期货经营机构、托管人、销售机构和投资顾问等服务机构违反法律、行政法规、本办法及中国证监会其他规定的，中国证监会及相关派出机构可以依法对其采取责令改正、监管谈话、出具警示函、责令定期报告等措施；依法对直接负责的主管人员和其他直接责任人员采取监管谈话、出具警示函、认定为不适当人选等措施。

第七十九条 证券公司及其子公司、基金管理公司及其子公司违反本办法规定构成公司治理结构不健全、内部控制不完善等情形的，对证券公司、基金管理公司及其直接负责的董事、监事、高级管理人员和其他直接责任人员，依照《证券投资基金法》第二十四条、《证券公司监督管理条例》第七十条采取措施。

期货公司及其子公司违反本办法规定被责令改正且逾期未改正，其行为严重危及期货公司的稳健运行，损害客户合法权益，或者涉嫌严重违法违规正在被中国证监会及其派出机构调查的，依照《期货和衍生品法》第七十三条、《期货交易管理条例》第五十五条采取措施。

证券期货经营机构未尽合规审查义务，提交备案的资产管理计划明显或者多次不符合法律、行政法规和中国证监会规定的，依照本条第一款、第二款规定，依法采取责令暂停私募资产管理业务三个月的措施；情节严重的，依法采取责令暂停私募资产管理业务六个月以上的措施。

第八十条 证券期货经营机构、托管人、销售机构和投资顾问等服务机构有下列情形之一且情节严重的，除法律、行政法规另有规定外，给予警告，并处十万元以下的罚款，涉及金融安全且有危害后果的，并处二十万元以下的罚款；对直接负责的主管人员和其他直接责任人员，给予警告，并处十万元以下的罚款，涉及金融安全且有危害后果的，并处二十万元以下的罚款：

（一）违反本办法第三条至第六条规定的；

（二）违反本办法第十二条、第十四条的规定，未按规定履行管理人和托管人职责，或者从事第十八条所列举的禁止行为；

（三）违反本办法第十五条、第十七条的规定，聘请不符合条件的销售机构、投资顾问；

（四）违反本办法第二十三条关于产品分级的规定；

（五）违反本办法第二十六条、第二十七条、第二十八条、第二十九条、第三十条、第三十一条、第三十二条、第三十三条、第三十五条、第三十六条关于非公开募集的规定；

（六）违反本办法第五章关于投资运作的规定；

（七）违反本办法第四十八条、第四十九条、第五十一条、第五十二条，未按照规定向投资者披露资产管理计划信息；

（八）未按照本办法第八章的规定建立健全和有效执行资产管理业务相关制度，内部控制或者风险管理不完善，引发较大风险事件或者存在重大风险隐患；

（九）违反本法第四十九条、第七十三条，未按照规定履行备案或者报告义务，导致风险扩散。

第八十一条　证券期货经营机构、托管人、销售机构和投资顾问等服务机构的相关从业人员违反法律、行政法规和本办法规定，情节严重的，中国证监会可以依法采取市场禁入措施。

第十章　附　则

第八十二条　本办法施行之日前存续的不符合本办法规定的资产管理计划，合同到期前不得新增净参与规模，合同到期后不得续期。证券期货经营机构应当按照中国证监会的要求制定整改计划，明确时间进度安排，有序压缩不符合本办法规定的资产管理计划规模，确保按期全面规范其管理的全部资产管理计划。

第八十三条　证券期货经营机构设立特定目的公司或者合伙企业从事私募资产管理业务的，参照适用本办法。

第八十四条　本办法自2023年3月1日起施行。《证券期货经营机构私募资产管理业务管理办法》（证监会令第151号）同时废止。

私募投资基金监督管理暂行办法

(2014年6月30日中国证券监督管理委员会第51次主席办公会议审议通过 2014年8月21日中国证券监督管理委员会令第105号公布 自公布之日起施行)

第一章 总 则

第一条 为了规范私募投资基金活动,保护投资者及相关当事人的合法权益,促进私募投资基金行业健康发展,根据《证券投资基金法》《国务院关于进一步促进资本市场健康发展的若干意见》,制定本办法。

第二条 本办法所称私募投资基金(以下简称私募基金),是指在中华人民共和国境内,以非公开方式向投资者募集资金设立的投资基金。

私募基金财产的投资包括买卖股票、股权、债券、期货、期权、基金份额及投资合同约定的其他投资标的。

非公开募集资金,以进行投资活动为目的设立的公司或者合伙企业,资产由基金管理人或者普通合伙人管理的,其登记备案、资金募集和投资运作适用本办法。

证券公司、基金管理公司、期货公司及其子公司从事私募基金业务适用本办法,其他法律法规和中国证券监督管理委员会(以下简称中国证监会)有关规定对上述机构从事私募基金业务另有规定的,适用其规定。

第三条 从事私募基金业务,应当遵循自愿、公平、诚实信用原则,维护投资者合法权益,不得损害国家利益和社会公共利益。

第四条 私募基金管理人和从事私募基金托管业务的机构(以下简称私募基金托管人)管理、运用私募基金财产,从事私募基金销售业务的机构（以下简称私募基金销售机构）及其他私募服务机构从事私募基金服务活动，应当恪尽职守，履行诚实信用、谨慎勤勉的义务。

私募基金从业人员应当遵守法律、行政法规，恪守职业道德和行为规范。

第五条 中国证监会及其派出机构依照《证券投资基金法》、本办法和中国证监会的其他有关规定，对私募基金业务活动实施监督管理。

设立私募基金管理机构和发行私募基金不设行政审批，允许各类发行主体在依法合规的基础上，向累计不超过法律规定数量的投资者发行私募基金。建立健全私募基金发行监管制度，切实强化事中事后监管，依法严厉打击以私募基金为名的各类非法集资活动。

建立促进经营机构规范开展私募基金业务的风险控制和自律管理制度，以及各类私募基金的统一监测系统。

第六条 中国证券投资基金业协会（以下简称基金业协会）依照《证券投资基金法》、本办法、中国证监会其他有关规定和基金业协会自律规则，对私募基金业开展行业自律，协调行业关系，提供行业服务，促进行业发展。

第二章 登记备案

第七条 各类私募基金管理人应当根据基金业协会的规定，向基金业协会申请登记，报送以下基本信息：

（一）工商登记和营业执照正副本复印件；

（二）公司章程或者合伙协议；

（三）主要股东或者合伙人名单；

（四）高级管理人员的基本信息；

（五）基金业协会规定的其他信息。

基金业协会应当在私募基金管理人登记材料齐备后的20个工作日内，通过网站公告私募基金管理人名单及其基本情况的方式，为私募基金管理人办结登记手续。

第八条　各类私募基金募集完毕，私募基金管理人应当根据基金业协会的规定，办理基金备案手续，报送以下基本信息：

（一）主要投资方向及根据主要投资方向注明的基金类别；

（二）基金合同、公司章程或者合伙协议。资金募集过程中向投资者提供基金招募说明书的，应当报送基金招募说明书。以公司、合伙等企业形式设立的私募基金，还应当报送工商登记和营业执照正副本复印件；

（三）采取委托管理方式的，应当报送委托管理协议。委托托管机构托管基金财产的，还应当报送托管协议；

（四）基金业协会规定的其他信息。

基金业协会应当在私募基金备案材料齐备后的20个工作日内，通过网站公告私募基金名单及其基本情况的方式，为私募基金办结备案手续。

第九条　基金业协会为私募基金管理人和私募基金办理登记备案不构成对私募基金管理人投资能力、持续合规情况的认可；不作为对基金财产安全的保证。

第十条　私募基金管理人依法解散、被依法撤销、或者被依法宣告破产的，其法定代表人或者普通合伙人应当在20个工作日内向基金业协会报告，基金业协会应当及时注销基金管理人登记并通过网站公告。

第三章　合格投资者

第十一条　私募基金应当向合格投资者募集，单只私募基金的投资者人数累计不得超过《证券投资基金法》、《公司法》、《合伙企业法》等法律规定的特定数量。

投资者转让基金份额的，受让人应当为合格投资者且基金份额受让后投资者人数应当符合前款规定。

第十二条　私募基金的合格投资者是指具备相应风险识别能力和

风险承担能力，投资于单只私募基金的金额不低于100万元且符合下列相关标准的单位和个人：

（一）净资产不低于1000万元的单位；

（二）金融资产不低于300万元或者最近三年个人年均收入不低于50万元的个人。

前款所称金融资产包括银行存款、股票、债券、基金份额、资产管理计划、银行理财产品、信托计划、保险产品、期货权益等。

第十三条　下列投资者视为合格投资者：

（一）社会保障基金、企业年金等养老基金，慈善基金等社会公益基金；

（二）依法设立并在基金业协会备案的投资计划；

（三）投资于所管理私募基金的私募基金管理人及其从业人员；

（四）中国证监会规定的其他投资者。

以合伙企业、契约等非法人形式，通过汇集多数投资者的资金直接或者间接投资于私募基金的，私募基金管理人或者私募基金销售机构应当穿透核查最终投资者是否为合格投资者，并合并计算投资者人数。但是，符合本条第（一）、（二）、（四）项规定的投资者投资私募基金的，不再穿透核查最终投资者是否为合格投资者和合并计算投资者人数。

第四章　资金募集

第十四条　私募基金管理人、私募基金销售机构不得向合格投资者之外的单位和个人募集资金，不得通过报刊、电台、电视、互联网等公众传播媒体或者讲座、报告会、分析会和布告、传单、手机短信、微信、博客和电子邮件等方式，向不特定对象宣传推介。

第十五条　私募基金管理人、私募基金销售机构不得向投资者承诺投资本金不受损失或者承诺最低收益。

第十六条　私募基金管理人自行销售私募基金的，应当采取问卷调查等方式，对投资者的风险识别能力和风险承担能力进行评估，由投资者书面承诺符合合格投资者条件；应当制作风险揭示书，由投资者签字确认。

私募基金管理人委托销售机构销售私募基金的，私募基金销售机构应当采取前款规定的评估、确认等措施。

投资者风险识别能力和承担能力问卷及风险揭示书的内容与格式指引，由基金业协会按照不同类别私募基金的特点制定。

第十七条 私募基金管理人自行销售或者委托销售机构销售私募基金，应当自行或者委托第三方机构对私募基金进行风险评级，向风险识别能力和风险承担能力相匹配的投资者推介私募基金。

第十八条 投资者应当如实填写风险识别能力和承担能力问卷，如实承诺资产或者收入情况，并对其真实性、准确性和完整性负责。填写虚假信息或者提供虚假承诺文件的，应当承担相应责任。

第十九条 投资者应当确保投资资金来源合法，不得非法汇集他人资金投资私募基金。

第五章 投资运作

第二十条 募集私募证券基金，应当制定并签订基金合同、公司章程或者合伙协议（以下统称基金合同）。基金合同应当符合《证券投资基金法》第九十三条、第九十四条规定。

募集其他种类私募基金，基金合同应当参照《证券投资基金法》第九十三条、第九十四条规定，明确约定各方当事人的权利、义务和相关事宜。

第二十一条 除基金合同另有约定外，私募基金应当由基金托管人托管。

基金合同约定私募基金不进行托管的，应当在基金合同中明确保障私募基金财产安全的制度措施和纠纷解决机制。

第二十二条 同一私募基金管理人管理不同类别私募基金的，应当坚持专业化管理原则；管理可能导致利益输送或者利益冲突的不同私募基金的，应当建立防范利益输送和利益冲突的机制。

第二十三条　私募基金管理人、私募基金托管人、私募基金销售机构及其他私募服务机构及其从业人员从事私募基金业务，不得有以下行为：

（一）将其固有财产或者他人财产混同于基金财产从事投资活动；

（二）不公平地对待其管理的不同基金财产；

（三）利用基金财产或者职务之便，为本人或者投资者以外的人牟取利益，进行利益输送；

（四）侵占、挪用基金财产；

（五）泄露因职务便利获取的未公开信息，利用该信息从事或者明示、暗示他人从事相关的交易活动；

（六）从事损害基金财产和投资者利益的投资活动；

（七）玩忽职守，不按照规定履行职责；

（八）从事内幕交易、操纵交易价格及其他不正当交易活动；

（九）法律、行政法规和中国证监会规定禁止的其他行为。

第二十四条　私募基金管理人、私募基金托管人应当按照合同约定，如实向投资者披露基金投资、资产负债、投资收益分配、基金承担的费用和业绩报酬、可能存在的利益冲突情况以及可能影响投资者合法权益的其他重大信息，不得隐瞒或者提供虚假信息。信息披露规则由基金业协会另行制定。

第二十五条　私募基金管理人应当根据基金业协会的规定，及时填报并定期更新管理人及其从业人员的有关信息、所管理私募基金的投资运作情况和杠杆运用情况，保证所填报内容真实、准确、完整。发生重大事项的，应当在 10 个工作日内向基金业协会报告。

私募基金管理人应当于每个会计年度结束后的 4 个月内，向基金业协会报送经会计师事务所审计的年度财务报告和所管理私募基金年度投资运作基本情况。

第二十六条　私募基金管理人、私募基金托管人及私募基金销售机构应当妥善保存私募基金投资决策、交易和投资者适当性管理等方面的记录及其他相关资料，保存期限自基金清算终止之日起不得少于

10年。

第六章 行业自律

第二十七条 基金业协会应当建立私募基金管理人登记、私募基金备案管理信息系统。

基金业协会应当对私募基金管理人和私募基金信息严格保密。除法律法规另有规定外，不得对外披露。

第二十八条 基金业协会应当建立与中国证监会及其派出机构和其他相关机构的信息共享机制，定期汇总分析私募基金情况，及时提供私募基金相关信息。

第二十九条 基金业协会应当制定和实施私募基金行业自律规则，监督、检查会员及其从业人员的执业行为。

会员及其从业人员违反法律、行政法规、本办法规定和基金业协会自律规则的，基金业协会可以视情节轻重，采取自律管理措施，并通过网站公开相关违法违规信息。会员及其从业人员涉嫌违法违规的，基金业协会应当及时报告中国证监会。

第三十条 基金业协会应当建立投诉处理机制，受理投资者投诉，进行纠纷调解。

第七章 监督管理

第三十一条 中国证监会及其派出机构依法对私募基金管理人、私募基金托管人、私募基金销售机构及其他私募服务机构开展私募基金业务情况进行统计监测和检查，依照《证券投资基金法》第一百一十四条规定采取有关措施。

第三十二条 中国证监会将私募基金管理人、私募基金托管人、私募基金销售机构及其他私募服务机构及其从业人员诚信信息记入证券期货市场诚信档案数据库；根据私募基金管理人的信用状况，实施差异化监管。

第三十三条 私募基金管理人、私募基金托管人、私募基金销售机构及其他私募服务机构及其从业人员违反法律、行政法规及本办法规定，中国证监会及其派出机构可以对其采取责令改正、监管谈话、出具警示函、公开谴责等行政监管措施。

第八章　关于创业投资基金的特别规定

第三十四条　本办法所称创业投资基金，是指主要投资于未上市创业企业普通股或者依法可转换为普通股的优先股、可转换债券等权益的股权投资基金。

第三十五条　鼓励和引导创业投资基金投资创业早期的小微企业。

享受国家财政税收扶持政策的创业投资基金，其投资范围应当符合国家相关规定。

第三十六条　基金业协会在基金管理人登记、基金备案、投资情况报告要求和会员管理等环节，对创业投资基金采取区别于其他私募基金的差异化行业自律，并提供差异化会员服务。

第三十七条　中国证监会及其派出机构对创业投资基金在投资方向检查等环节，采取区别于其他私募基金的差异化监督管理；在账户开立、发行交易和投资退出等方面，为创业投资基金提供便利服务。

（二）规范性文件

中国证券监督管理委员会
关于加强私募投资基金监管的若干规定

2020年12月30日　中国证券监督管理委员会公告〔2020〕71号

第一条 为了规范私募投资基金（以下简称私募基金）业务活动，保护投资者和相关当事人的合法权益，促进私募基金行业健康发展，防范金融风险，根据《证券投资基金法》、《私募投资基金监督管理暂行办法》（以下简称《私募办法》）等法律法规，制定本规定。

第二条 在中国证券投资基金业协会（以下简称基金业协会）依法登记的私募基金管理人从事私募基金业务，适用本规定。

私募基金管理人在初次开展资金募集、基金管理等私募基金业务活动前，应当按照规定在基金业协会完成登记。

第三条 未经登记，任何单位或者个人不得使用"基金"或者"基金管理"字样或者近似名称进行私募基金业务活动，法律、行政法规另有规定的除外。

私募基金管理人应当在名称中标明"私募基金""私募基金管理""创业投资"字样，并在经营范围中标明"私募投资基金管理"、"私募证券投资基金管理""私募股权投资基金管理""创业投资基金管理"等体现受托管理私募基金特点的字样。

第四条 私募基金管理人不得直接或者间接从事民间借贷、担保、保理、典当、融资租赁、网络借贷信息中介、众筹、场外配资等任何与私募基金管理相冲突或者无关的业务，中国证券监督管理委员会（以下简称中国证监会）另有规定的除外。

第五条 私募基金管理人的出资人不得有代持、循环出资、交叉出资、层级过多、结构复杂等情形，不得隐瞒关联关系或者将关联关系非关联化。同一单位、个人控股或者实际控制两家及以上私募基金管理人的，应当具有设立多个私募基金管理人的合理性与必要性，全面、及时、准确披露各私募基金管理人业务分工，建立完善的合规风控制度。

第六条 私募基金管理人、私募基金销售机构及其从业人员在私募基金募集过程中不得直接或者间接存在下列行为：

（一）向《私募办法》规定的合格投资者之外的单位、个人募集资金或者为投资者提供多人拼凑、资金借贷等满足合格投资者要求的便利；

（二）通过报刊、电台、电视、互联网等公众传播媒体，讲座、报告会、分析会等方式，布告、传单、短信、即时通讯工具、博客和电子邮件等载体，向不特定对象宣传推介，但是通过设置特定对象确定程序的官网、客户端等互联网媒介向合格投资者进行宣传推介的情形除外；

（三）口头、书面或者通过短信、即时通讯工具等方式直接或者间接向投资者承诺保本保收益，包括投资本金不受损失、固定比例损失或者承诺最低收益等情形；

（四）夸大、片面宣传私募基金，包括使用安全、保本、零风险、收益有保障、高收益、本金无忧等可能导致投资者不能准确认识私募基金风险的表述，或者向投资者宣传预期收益率、目标收益率、基准收益率等类似表述；

（五）向投资者宣传的私募基金投向与私募基金合同约定投向不符；

（六）宣传推介材料有虚假记载、误导性陈述或者重大遗漏，包括未真实、准确、完整披露私募基金交易结构、各方主要权利义务、收益分配、费用安排、关联交易、委托第三方机构以及私募基金管理人的出资人、实际控制人等情况；

（七）以登记备案、金融机构托管、政府出资等名义为增信手段进行误导性宣传推介；

（八）委托不具有基金销售业务资格的单位或者个人从事资金募集活动；

（九）以从事资金募集活动为目的设立或者变相设立分支机构；

（十）法律、行政法规和中国证监会禁止的其他情形。

私募基金管理人的出资人、实际控制人、关联方不得从事私募基金募集宣传推介，不得从事或者变相从事前款所列行为。

私募基金募集完毕，私募基金管理人应当按照规定到基金业协会履行备案手续。私募基金管理人不得管理未备案的私募基金。

第七条 私募基金的投资者人数累计不得超过《证券投资基金法》《公司法》《合伙企业法》等法律规定的特定数量。投资者转让基金份额的，受让人应当为合格投资者且基金份额受让后投资者人数应当符合本条规定。国务院金融监督管理部门监管的机构依法发行的资产管理产品、合格境外机构投资者、人民币合格境外机构投资者，视为《私募办法》第十三条规定的合格投资者，不再穿透核查最终投资者。

任何单位和个人不得通过将私募基金份额或者其收（受）益权进行拆分转让，或者通过为单一融资项目设立多只私募基金等方式，以变相突破合格投资者标准或投资者人数限制。

第八条 私募基金管理人不得直接或者间接将私募基金财产用于下列投资活动：

（一）借（存）贷、担保、明股实债等非私募基金投资活动，但是私募基金以股权投资为目的，按照合同约定为被投企业提供1年期限以内借款、担保除外；

（二）投向保理资产、融资租赁资产、典当资产等类信贷资产、股权或其收（受）益权；

（三）从事承担无限责任的投资；

（四）法律、行政法规和中国证监会禁止的其他投资活动。

私募基金有前款第（一）项规定行为的，借款或者担保到期日不得晚于股权投资退出日，且借款或者担保余额不得超过该私募基金实缴金额的20%；中国证监会另有规定的除外。

第九条 私募基金管理人及其从业人员从事私募基金业务，不得有下列行为：

（一）未对不同私募基金单独管理、单独建账、单独核算，将其固有财产、他人财产混同于私募基金财产，将不同私募基金财产混同运作，或者不公平对待不同私募基金财产；

（二）使用私募基金管理人及其关联方名义、账户代私募基金收付基金财产；

（三）开展或者参与具有滚动发行、集合运作、期限错配、分离定价等特征的资金池业务；

（四）以套取私募基金财产为目的，使用私募基金财产直接或者间接投资于私募基金管理人、控股股东、实际控制人及其实际控制的企业或项目等自融行为；

（五）不公平对待同一私募基金的不同投资者，损害投资者合法权益；

（六）私募基金收益不与投资项目的资产、收益、风险等情况挂钩，包括不按照投资标的实际经营业绩或者收益情况向投资者分红、支付收益等；

（七）直接或者间接侵占、挪用私募基金财产；

（八）不按照合同约定进行投资运作或者向投资者进行信息披露；

（九）利用私募基金财产或者职务之便，以向私募基金、私募基金投资标的及其关联方收取咨询费、手续费、财务顾问费等名义，为自身或者投资者以外的人牟取非法利益、进行利益输送；

（十）泄露因职务便利获取的未公开信息、利用该信息从事或者明示、暗示他人从事相关的交易活动；

（十一）从事内幕交易、操纵证券期货市场及其他不正当交易活动；

（十二）玩忽职守，不按照监管规定或者合同约定履行职责；

（十三）法律、行政法规和中国证监会禁止的其他行为。

私募基金管理人的出资人和实际控制人，私募基金托管人、私募基金销售机构及其他私募基金服务机构及其出资人、实际控制人，不得有前款所列行为或者为前款行为提供便利。

第十条 私募基金管理人管理的私募基金不得直接或者间接投资于国家禁止或者限制投资的项目，不符合国家产业政策、环境保护政策、土地管理政策的项目，但证券市场投资除外。

第十一条 私募基金管理人不得从事损害私募基金财产或者投资者利益的关联交易等投资活动。私募基金管理人应当建立健全关联交易管理制度，对关联交易定价方法、交易审批程序等进行规范。使用私募基金财产与关联方进行交易的，私募基金管理人应当遵守法律、行政法规、中国证监会的规定和私募基金合同约定，防范利益冲突，投资前应当取得全体投资者或者投资者认可的决策机制决策同意，投资后应当及时向投资者充分披露信息。

第十二条 私募基金管理人及其出资人和实际控制人、私募基金托管人、私募基金销售机构和其他私募基金服务机构所提交的登记备案信息及其他信息材料，不得有虚假记载、误导性陈述或者重大遗漏，并应当按照规定持续履行信息披露和报送义务，确保所提交信息材料及时、准确、真实、完整。

私募基金管理人及其出资人和实际控制人、私募基金托管人、私募基金销售机构和其他私募基金服务机构及其从业人员应当配合中国证监会及其派出机构依法履行职责，如实提供有关文件和材料，不得拒绝、阻碍和隐瞒。

第十三条 中国证监会及其派出机构依法从严监管私募基金管理人、私募基金托管人、私募基金销售机构和其他私募基金服务机构及其从业人员的私募基金业务活动，严厉打击各类违法违规行为。对违反本规定的，中国证监会及其派出机构可以依照《私募办法》的规定，采取行政监管措施、市场禁入措施，实施行政处罚，并记入中国资本市场诚信信息数据库；涉嫌犯罪的，依法移送司法机关追究刑事责任。《证券投资基金法》等法律、行政法规另有规定的，依照其规定处理。

基金业协会依法开展私募基金管理人登记和私募基金备案，加强自律管理与风险监测。对违反本规定的，基金业协会可以依法依规进行处理。

第十四条 本规定自发布之日起施行。

证券公司、基金管理公司、期货公司及其子公司从事私募基金业务，不适用本规定。

本规定施行前已登记私募基金管理人不符合本规定，按下列要求执行：

（一）不符合本规定第四条、第五条、第六条第一款第（九）项、第十一条的，应当自本规定施行之日起一年内完成整改；

（二）不符合本规定第六条第三款的，应当自本规定施行之日六个月内完成整改，整改期内暂停新增私募基金募集和备案；

（三）不符合本规定第六条第一款第（一）项至第（八）项、第六条第一款第（十）项、第七条、第九条、第十二条的，中国证监会及其派出机构可以依照本规定第十三条进行处理，基金业协会可以依法依规进行处理；

（四）不符合本规定第八条、第十条的，不得新增此类投资，不得新增募集规模，不得新增投资者，不得展期，合同到期后予以清算。

中国人民银行　中国银行保险监督管理委员会
中国证券监督管理委员会　国家外汇管理局
关于规范金融机构资产管理业务的指导意见

2018年4月27日　　　　　　　　　　银发〔2018〕106号

近年来，我国资产管理业务快速发展，在满足居民和企业投融资需求、改善社会融资结构等方面发挥了积极作用，但也存在部分业务发展不规范、多层嵌套、刚性兑付、规避金融监管和宏观调控等问题。按照党中央、国务院决策部署，为规范金融机构资产管理业务，统一同类资产管理产品监管标准，有效防控金融风险，引导社会资金流向实体经济，更好地支持经济结构调整和转型升级，经国务院同意，现提出以下意见：

一、规范金融机构资产管理业务主要遵循以下原则：

（一）坚持严控风险的底线思维。把防范和化解资产管理业务风险放到更加重要的位置，减少存量风险，严防增量风险。

（二）坚持服务实体经济的根本目标。既充分发挥资产管理业务功能，切实服务实体经济投融资需求，又严格规范引导，避免资金脱实向虚在金融体系内部自我循环，防止产品过于复杂，加剧风险跨行业、跨市场、跨区域传递。

（三）坚持宏观审慎管理与微观审慎监管相结合、机构监管与功能监管相结合的监管理念。实现对各类机构开展资产管理业务的全面、统一覆盖，采取有效监管措施，加强金融消费者权益保护。

（四）坚持有的放矢的问题导向。重点针对资产管理业务的多层嵌套、杠杆不清、套利严重、投机频繁等问题，设定统一的标准规制，同时对金融创新坚持趋利避害、一分为二，留出发展空间。

（五）坚持积极稳妥审慎推进。正确处理改革、发展、稳定关系，坚持防范风险与有序规范相结合，在下决心处置风险的同时，充分考虑市场承受能力，合理设置过渡期，把握好工作的次序、节奏、力度，加强市场沟通，有效引导市场预期。

二、资产管理业务是指银行、信托、证券、基金、期货、保险资产管理机构、金融资产投资公司等金融机构接受投资者委托，对受托的投资者财产进行投资和管理的金融服务。金融机构为委托人利益履行诚实信用、勤勉尽责义务并收取相应的管理费用，委托人自担投资风险并获得收益。金融机构可以与委托人在合同中事先约定收取合理的业绩报酬，业绩报酬计入管理费，须与产品一一对应并逐个结算，不同产品之间不得相互串用。

资产管理业务是金融机构的表外业务，金融机构开展资产管理业务时不得承诺保本保收益。出现兑付困难时，金融机构不得以任何形式垫资兑付。金融机构不得在表内开展资产管理业务。

私募投资基金适用私募投资基金专门法律、行政法规，私募投资基金专门法律、行政法规中没有明确规定的适用本意见，创业投资基金、政府出资产业投资基金的相关规定另行制定。

三、资产管理产品包括但不限于人民币或外币形式的银行非保本理财产品，资金信托，证券公司、证券公司子公司、基金管理公司、基金管理子公司、期货公司、期货公司子公司、保险资产管理机构、金融资产投资公司发行的资产管理产品等。依据金融管理部门颁布规则开展的资产证券化业务，依据人力资源社会保障部门颁布规则发行的养老金产品，不适用本意见。

四、资产管理产品按照募集方式的不同，分为公募产品和私募产品。公募产品面向不特定社会公众公开发行。公开发行的认定标准依照《中华人民共和国证券法》执行。私募产品面向合格投资者通过非公开方式发行。

资产管理产品按照投资性质的不同，分为固定收益类产品、权益类产品、商品及金融衍生品类产品和混合类产品。固定收益类产品投资于存款、债券等债权类资产的比例不低于80%，权益类产品投资于股票、未上市企业股权等权益类资产的比例不低于80%，商品及金融衍生品类产品投资于商品及金融衍生品的比例不低于80%，混合类产品投资于债权类资产、权益类资产、商品及金融衍生品类资产且任一资产的投资比例未达到前三类产品标准。非因金融机构主观因素导致突破前述比例限制的，金融机构应当在流动性受限资产可出售、可转让或者恢复交易的15个交易日内调整至符合要求。

金融机构在发行资产管理产品时，应当按照上述分类标准向投资者明示资产管理产品的类型，并按照确定的产品性质进行投资。在产品成立后至到期日前，不得擅自改变产品类型。混合类产品投资债权类资产、权益类资产和商品及金融衍生品类资产的比例范围应当在发行产品时予以确定并向投资者明示，在产品成立后至到期日前不得擅自改变。产品的实际投向不得违反合同约定，如有改变，除高风险类型的产品超出比例范围投资较低风险资产外，应当先行取得投资者书面同意，并履行登记备案等法律法规以及金融监督管理部门规定的程序。

五、资产管理产品的投资者分为不特定社会公众和合格投资者两大类。合格投资者是指具备相应风险识别能力和风险承担能力，投资于单只资产管理产品不低于一定金额且符合下列条件的自然人和法人或者其他组织：

（一）具有2年以上投资经历，且满足以下条件之一：家庭金融净资产不低于300万元，家庭金融资产不低于500万元，或者近3年本人年均收入不低于40万元。

（二）最近1年末净资产不低于1000万元的法人单位。

（三）金融管理部门视为合格投资者的其他情形。

合格投资者投资于单只固定收益类产品的金额不低于30万元，投资于单只混合类产品的金额不低于40万元，投资于单只权益类产品、单只商品及金融衍生品类产品的金额不低于100万元。

投资者不得使用贷款、发行债券等筹集的非自有资金投资资产管理产品。

六、金融机构发行和销售资产管理产品，应当坚持"了解产品"

和"了解客户"的经营理念,加强投资者适当性管理,向投资者销售与其风险识别能力和风险承担能力相适应的资产管理产品。禁止欺诈或者误导投资者购买与其风险承担能力不匹配的资产管理产品。金融机构不得通过拆分资产管理产品的方式,向风险识别能力和风险承担能力低于产品风险等级的投资者销售资产管理产品。

金融机构应当加强投资者教育,不断提高投资者的金融知识水平和风险意识,向投资者传递"卖者尽责、买者自负"的理念,打破刚性兑付。

七、金融机构开展资产管理业务,应当具备与资产管理业务发展相适应的管理体系和管理制度,公司治理良好,风险管理、内部控制和问责机制健全。

金融机构应当建立健全资产管理业务人员的资格认定、培训、考核评价和问责制度,确保从事资产管理业务的人员具备必要的专业知识、行业经验和管理能力,充分了解相关法律法规、监管规定以及资产管理产品的法律关系、交易结构、主要风险和风险管控方式,遵守行为准则和职业道德标准。

对于违反相关法律法规以及本意见规定的金融机构资产管理业务从业人员,依法采取处罚措施直至取消从业资格,禁止其在其他类型金融机构从事资产管理业务。

八、金融机构运用受托资金进行投资,应当遵守审慎经营规则,制定科学合理的投资策略和风险管理制度,有效防范和控制风险。

金融机构应当履行以下管理人职责:

(一)依法募集资金,办理产品份额的发售和登记事宜。

(二)办理产品登记备案或者注册手续。

(三)对所管理的不同产品受托财产分别管理、分别记账,进行投资。

(四)按照产品合同的约定确定收益分配方案,及时向投资者分配收益。

(五)进行产品会计核算并编制产品财务会计报告。

（六）依法计算并披露产品净值或者投资收益情况，确定申购、赎回价格。

（七）办理与受托财产管理业务活动有关的信息披露事项。

（八）保存受托财产管理业务活动的记录、账册、报表和其他相关资料。

（九）以管理人名义，代表投资者利益行使诉讼权利或者实施其他法律行为。

（十）在兑付受托资金及收益时，金融机构应当保证受托资金及收益返回委托人的原账户、同名账户或者合同约定的受益人账户。

（十一）金融监督管理部门规定的其他职责。

金融机构未按照诚实信用、勤勉尽责原则切实履行受托管理职责，造成投资者损失的，应当依法向投资者承担赔偿责任。

九、金融机构代理销售其他金融机构发行的资产管理产品，应当符合金融监督管理部门规定的资质条件。未经金融监督管理部门许可，任何非金融机构和个人不得代理销售资产管理产品。

金融机构应当建立资产管理产品的销售授权管理体系，明确代理销售机构的准入标准和程序，明确界定双方的权利与义务，明确相关风险的承担责任和转移方式。

金融机构代理销售资产管理产品，应当建立相应的内部审批和风险控制程序，对发行或者管理机构的信用状况、经营管理能力、市场投资能力、风险处置能力等开展尽职调查，要求发行或者管理机构提供详细的产品介绍、相关市场分析和风险收益测算报告，进行充分的信息验证和风险审查，确保代理销售的产品符合本意见规定并承担相应责任。

十、公募产品主要投资标准化债权类资产以及上市交易的股票，除法律法规和金融管理部门另有规定外，不得投资未上市企业股权。公募产品可以投资商品及金融衍生品，但应当符合法律法规以及金融管理部门的相关规定。

私募产品的投资范围由合同约定，可以投资债权类资产、上市或挂牌交易的股票、未上市企业股权（含债转股）和受（收）益权以及符合法律法规规定的其他资产，并严格遵守投资者适当性管理要求。鼓励充分运用私募产品支持市场化、法治化债转股。

十一、资产管理产品进行投资应当符合以下规定：

（一）标准化债权类资产应当同时符合以下条件：

1. 等分化，可交易。

2. 信息披露充分。

3. 集中登记，独立托管。

4. 公允定价，流动性机制完善。

5. 在银行间市场、证券交易所市场等经国务院同意设立的交易市场交易。

标准化债权类资产的具体认定规则由中国人民银行会同金融监督管理部门另行制定。

标准化债权类资产之外的债权类资产均为非标准化债权类资产。金融机构发行资产管理产品投资于非标准化债权类资产的，应当遵守金融监督管理部门制定的有关限额管理、流动性管理等监管标准。金融监督管理部门未制定相关监管标准的，由中国人民银行督促根据本意见要求制定监管标准并予以执行。

金融机构不得将资产管理产品资金直接投资于商业银行信贷资产。商业银行信贷资产受（收）益权的投资限制由金融管理部门另行制定。

（二）资产管理产品不得直接或者间接投资法律法规和国家政策禁止进行债权或股权投资的行业和领域。

（三）鼓励金融机构在依法合规、商业可持续的前提下，通过发行资产管理产品募集资金投向符合国家战略和产业政策要求、符合国家供给侧结构性改革政策要求的领域。鼓励金融机构通过发行资产管理产品募集资金支持经济结构转型，支持市场化、法治化债转股，降低企业杠杆率。

（四）跨境资产管理产品及业务参照本意见执行，并应当符合跨境人民币和外汇管理有关规定。

十二、金融机构应当向投资者主动、真实、准确、完整、及时披露资产管理产品募集信息、资金投向、杠杆水平、收益分配、托管安排、投资账户信息和主要投资风险等内容。国家法律法规另有规定的，从其规定。

对于公募产品，金融机构应当建立严格的信息披露管理制度，明确定期报告、临时报告、重大事项公告、投资风险披露要求以及具体内容、格式。在本机构官方网站或者通过投资者便于获取的方式披露产品净值或者投资收益情况，并定期披露其他重要信息：开放式产品按照开放频率披露，封闭式产品至少每周披露一次。

对于私募产品，其信息披露方式、内容、频率由产品合同约定，但金融机构应当至少每季度向投资者披露产品净值和其他重要信息。

对于固定收益类产品，金融机构应当通过醒目方式向投资者充分披露和提示产品的投资风险，包括但不限于产品投资债券面临的利率、汇率变化等市场风险以及债券价格波动情况，产品投资每笔非标准化债权类资产的融资客户、项目名称、剩余融资期限、到期收益分配、交易结构、风险状况等。

对于权益类产品，金融机构应当通过醒目方式向投资者充分披露和提示产品的投资风险，包括产品投资股票面临的风险以及股票价格波动情况等。

对于商品及金融衍生品类产品，金融机构应当通过醒目方式向投资者充分披露产品的挂钩资产、持仓风险、控制措施以及衍生品公允价值变化等。

对于混合类产品，金融机构应当通过醒目方式向投资者清晰披露产品的投资资产组合情况，并根据固定收益类、权益类、商品及金融衍生品类资产投资比例充分披露和提示相应的投资风险。

十三、主营业务不包括资产管理业务的金融机构应当设立具有独立法人地位的资产管理子公司开展资产管理业务，强化法人风险隔离，暂不具备条件的可以设立专门的资产管理业务经营部门开展业务。

金融机构不得为资产管理产品投资的非标准化债权类资产或者股权类资产提供任何直接或间接、显性或隐性的担保、回购等代为承担风险的承诺。

金融机构开展资产管理业务，应当确保资产管理业务与其他业务相分离，资产管理产品与其代销的金融产品相分离，资产管理产品之间相分离，资产管理业务操作与其他业务操作相分离。

十四、本意见发布后，金融机构发行的资产管理产品资产应当由具有托管资质的第三方机构独立托管，法律、行政法规另有规定的除外。

过渡期内，具有证券投资基金托管业务资质的商业银行可以托管本行理财产品，但应当为每只产品单独开立托管账户，确保资产隔离。过渡期后，具有证券投资基金托管业务资质的商业银行应当设立具有独立法人地位的子公司开展资产管理业务，该商业银行可以托管子公司发行的资产管理产品，但应当实现实质性的独立托管。独立托管有名无实的，由金融监督管理部门进行纠正和处罚。

十五、金融机构应当做到每只资产管理产品的资金单独管理、单独建账、单独核算，不得开展或者参与具有滚动发行、集合运作、分离定价特征的资金池业务。

金融机构应当合理确定资产管理产品所投资资产的期限，加强对期限错配的流动性风险管理，金融监督管理部门应当制定流动性风险管理规定。

为降低期限错配风险，金融机构应当强化资产管理产品久期管理，封闭式资产管理产品期限不得低于 90 天。资产管理产品直接或者间接投资于非标准化债权类资产的，非标准化债权类资产的终止日不得晚于封闭式资产管理产品的到期日或者开放式资产管理产品的最近一次开放日。

资产管理产品直接或者间接投资于未上市企业股权及其受（收）益权的，应当为封闭式资产管理产品，并明确股权及其受（收）益权的退出安排。未上市企业股权及其受（收）益权的退出日不得晚于封闭式资产管理产品的到期日。

金融机构不得违反金融监督管理部门的规定，通过为单一融资项目设立多只资产管理产品的方式，变相突破投资人数限制或者其他监管要求。同一金融机构发行多只资产管理产品投资同一资产的，为防止同一资产发生风险波及多只资产管理产品，多只资产管理产品投资该资产的资金总规模合计不得超过300亿元。如果超出该限额，需经相关金融监督管理部门批准。

十六、金融机构应当做到每只资产管理产品所投资资产的风险等级与投资者的风险承担能力相匹配，做到每只产品所投资资产构成清晰，风险可识别。

金融机构应当控制资产管理产品所投资资产的集中度：

（一）单只公募资产管理产品投资单只证券或者单只证券投资基金的市值不得超过该资产管理产品净资产的10%。

（二）同一金融机构发行的全部公募资产管理产品投资单只证券或者单只证券投资基金的市值不得超过该证券市值或者证券投资基金市值的30%。其中，同一金融机构全部开放式公募资产管理产品投资单一上市公司发行的股票不得超过该上市公司可流通股票的15%。

（三）同一金融机构全部资产管理产品投资单一上市公司发行的股票不得超过该上市公司可流通股票的30%。

金融监督管理部门另有规定的除外。

非因金融机构主观因素导致突破前述比例限制的，金融机构应当在流动性受限资产可出售、可转让或者恢复交易的10个交易日内调整至符合相关要求。

十七、金融机构应当按照资产管理产品管理费收入的10%计提风险准备金，或者按照规定计量操作风险资本或相应风险资本准备。风险准备金余额达到产品余额的1%时可以不再提取。风险准备金主要用于弥补因金融机构违法违规、违反资产管理产品协议、操作错误或者技术故障等给资产管理产品财产或者投资者造成的损失。金融机构应当定期将风险准备金的使用情况报告金融管理部门。

十八、金融机构对资产管理产品应当实行净值化管理，净值生成应当符合企业会计准则规定，及时反映基础金融资产的收益和风险，由托管机构进行核算并定期提供报告，由外部审计机构进行审计确认，被审计金融机构应当披露审计结果并同时报送金融管理部门。

金融资产坚持公允价值计量原则，鼓励使用市值计量。符合以下条件之一的，可按照企业会计准则以摊余成本进行计量：

（一）资产管理产品为封闭式产品，且所投金融资产以收取合同现金流量为目的并持有到期。

（二）资产管理产品为封闭式产品，且所投金融资产暂不具备活跃交易市场，或者在活跃市场中没有报价、也不能采用估值技术可靠计量公允价值。

金融机构以摊余成本计量金融资产净值，应当采用适当的风险控制手段，对金融资产净值的公允性进行评估。当以摊余成本计量已不能真实公允反映金融资产净值时，托管机构应当督促金融机构调整会计核算和估值方法。金融机构前期以摊余成本计量的金融资产的加权平均价格与资产管理产品实际兑付时金融资产的价值的偏离度不得达到5%或以上，如果偏离5%或以上的产品数超过所发行产品总数的5%，金融机构不得再发行以摊余成本计量金融资产的资产管理产品。

十九、经金融管理部门认定，存在以下行为的视为刚性兑付：

（一）资产管理产品的发行人或者管理人违反真实公允确定净值原则，对产品进行保本保收益。

（二）采取滚动发行等方式，使得资产管理产品的本金、收益、风险在不同投资者之间发生转移，实现产品保本保收益。

（三）资产管理产品不能如期兑付或者兑付困难时，发行或者管理该产品的金融机构自行筹集资金偿付或者委托其他机构代为偿付。

（四）金融管理部门认定的其他情形。

经认定存在刚性兑付行为的，区分以下两类机构进行惩处：

（一）存款类金融机构发生刚性兑付的，认定为利用具有存款本质特征的资产管理产品进行监管套利，由国务院银行保险监督管理机构和中国人民银行按照存款业务予以规范，足额补缴存款准备金和存款保险保费，并予以行政处罚。

（二）非存款类持牌金融机构发生刚性兑付的，认定为违规经营，由金融监督管理部门和中国人民银行依法纠正并予以处罚。

任何单位和个人发现金融机构存在刚性兑付行为的，可以向金融管理部门举报，查证属实且举报内容未被相关部门掌握的，给予适当奖励。

外部审计机构在对金融机构进行审计时，如果发现金融机构存在刚性兑付行为的，应当及时报告金融管理部门。外部审计机构在审计过程中未能勤勉尽责，依法追究相应责任或依法依规给予行政处罚，并将相关信息纳入全国信用信息共享平台，建立联合惩戒机制。

二十、资产管理产品应当设定负债比例（总资产／净资产）上限，同类产品适用统一的负债比例上限。每只开放式公募产品的总资产不得超过该产品净资产的140%，每只封闭式公募产品、每只私募产品的总资产不得超过该产品净资产的200%。计算单只产品的总资产时应当按照穿透原则合并计算所投资资产管理产品的总资产。

金融机构不得以受托管理的资产管理产品份额进行质押融资，放大杠杆。

二十一、公募产品和开放式私募产品不得进行份额分级。

分级私募产品的总资产不得超过该产品净资产的140%。分级私募产品应当根据所投资资产的风险程度设定分级比例（优先级份额／劣后级份额，中间级份额计入优先级份额）。固定收益类产品的分级比例不得超过3∶1，权益类产品的分级比例不得超过1∶1，商品及金融衍生品类产品、混合类产品的分级比例不得超过2∶1。发行分级资产管理产品的金融机构应当对该资产管理产品进行自主管理，不得转委托给劣后级投资者。

分级资产管理产品不得直接或者间接对优先级份额认购者提供保本保收益安排。

本条所称分级资产管理产品是指存在一级份额以上的份额为其他级份额提供一定的风险补偿，收益分配不按份额比例计算，由资产管理合同另行约定的产品。

二十二、金融机构不得为其他金融机构的资产管理产品提供规避投资范围、杠杆约束等监管要求的通道服务。

资产管理产品可以再投资一层资产管理产品，但所投资的资产管理产品不得再投资公募证券投资基金以外的资产管理产品。

金融机构将资产管理产品投资于其他机构发行的资产管理产品，从而将本机构的资产管理产品资金委托给其他机构进行投资的，该受托机构应当为具有专业投资能力和资质的受金融监督管理部门监管的机构。公募资产管理产品的受托机构应当为金融机构，私募资产管理产品的受托机构可以为私募基金管理人。受托机构应当切实履行主动管理职责，不得进行转委托，不得再投资公募证券投资基金以外的资产管理产品。委托机构应当对受托机构开展尽职调查，实行名单制管理，明确规定受托机构的准入标准和程序、责任和义务、存续期管理、利益冲突防范机制、信息披露义务以及退出机制。委托机构不得因委托其他机构投资而免除自身应当承担的责任。

金融机构可以聘请具有专业资质的受金融监督管理部门监管的机构作为投资顾问。投资顾问提供投资建议指导委托机构操作。

金融监督管理部门和国家有关部门应当对各类金融机构开展资产管理业务实行平等准入、给予公平待遇。资产管理产品应当在账户开立、产权登记、法律诉讼等方面享有平等的地位。金融监督管理部门基于风险防控考虑，确实需要对其他行业金融机构发行的资产管理产品采取限制措施的，应当充分征求相关部门意见并达成一致。

二十三、运用人工智能技术开展投资顾问业务应当取得投资顾问资质，非金融机构不得借助智能投资顾问超范围经营或者变相开展资产管理业务。

金融机构运用人工智能技术开展资产管理业务应当严格遵守本意见有关投资者适当性、投资范围、信息披露、风险隔离等一般性规定，不得借助人工智能业务夸大宣传资产管理产品或者误导投资者。金融机构应当向金融监督管理部门报备人工智能模型的主要参数以及资产配置的主要逻辑，为投资者单独设立智能管理账户，充分提示人工智能算法的固有缺陷和使用风险，明晰交易流程，强化留痕管理，严格监控智能管理账户的交易头寸、风险限额、交易种类、价格权限等。金融机构因违法违规或者管理不当造成投资者损失的，应当依法承担损害赔偿责任。

金融机构应当根据不同产品投资策略研发对应的人工智能算法或者程序化交易，避免算法同质化加剧投资行为的顺周期性，并针对由此可能引发的市场波动风险制定应对预案。因算法同质化、编程设计错误、对数据利用深度不够等人工智能算法模型缺陷或者系统异常，导致羊群效应、影响金融市场稳定运行的，金融机构应当及时采取人工干预措施，强制调整或者终止人工智能业务。

二十四、金融机构不得以资产管理产品的资金与关联方进行不正当交易、利益输送、内幕交易和操纵市场，包括但不限于投资于关联方虚假项目、与关联方共同收购上市公司、向本机构注资等。

金融机构的资产管理产品投资本机构、托管机构及其控股股东、实际控制人或者与其有其他重大利害关系的公司发行或者承销的证券，或者从事其他重大关联交易的，应当建立健全内部审批机制和评估机制，并向投资者充分披露信息。

二十五、建立资产管理产品统一报告制度。中国人民银行负责统筹资产管理产品的数据编码和综合统计工作，会同金融监督管理部门拟定资产管理产品统计制度，建立资产管理产品信息系统，规范和统一产品标准、信息分类、代码、数据格式，逐只产品统计基本信息、募集信息、资产负债信息和终止信息。中国人民银行和金融监督管理部门加强资产管理产品的统计信息共享。金融机构应当将含债权投资的资产管理产品信息报送至金融信用信息基础数据库。

金融机构于每只资产管理产品成立后 5 个工作日内，向中国人民银行和金融监督管理部门同时报送产品基本信息和起始募集信息；于每月10日前报送存续期募集信息、资产负债信息,于产品终止后5个工作日内报送终止信息。

中央国债登记结算有限责任公司、中国证券登记结算有限公司、银行间市场清算所股份有限公司、上海票据交易所股份有限公司、上海黄金交易所、上海保险交易所股份有限公司、中保保险资产登记交易系统有限公司于每月10日前向中国人民银行和金融监督管理部门同时报送资产管理产品持有其登记托管的金融工具的信息。

在资产管理产品信息系统正式运行前,中国人民银行会同金融监督管理部门依据统计制度拟定统一的过渡期数据报送模板;各金融监督管理部门对本行业金融机构发行的资产管理产品,于每月10日前按照数据报送模板向中国人民银行提供数据,及时沟通跨行业、跨市场的重大风险信息和事项。

中国人民银行对金融机构资产管理产品统计工作进行监督检查。资产管理产品统计的具体制度由中国人民银行会同相关部门另行制定。

二十六、中国人民银行负责对资产管理业务实施宏观审慎管理,会同金融监督管理部门制定资产管理业务的标准规制。金融监督管理部门实施资产管理业务的市场准入和日常监管,加强投资者保护,依照本意见会同中国人民银行制定出台各自监管领域的实施细则。

本意见正式实施后,中国人民银行会同金融监督管理部门建立工作机制,持续监测资产管理业务的发展和风险状况,定期评估标准规制的有效性和市场影响,及时修订完善,推动资产管理行业持续健康发展。

二十七、对资产管理业务实施监管遵循以下原则:

(一)机构监管与功能监管相结合,按照产品类型而不是机构类型实施功能监管,同一类型的资产管理产品适用同一监管标准,减少监管真空和套利。

(二)实行穿透式监管,对于多层嵌套资产管理产品,向上识别产品的最终投资者,向下识别产品的底层资产(公募证券投资基金除外）。

（三）强化宏观审慎管理，建立资产管理业务的宏观审慎政策框架，完善政策工具，从宏观、逆周期、跨市场的角度加强监测、评估和调节。

（四）实现实时监管，对资产管理产品的发行销售、投资、兑付等各环节进行全面动态监管，建立综合统计制度。

二十八、金融监督管理部门应当根据本意见规定，对违规行为制定和完善处罚规则，依法实施处罚，并确保处罚标准一致。资产管理业务违反宏观审慎管理要求的，由中国人民银行按照法律法规实施处罚。

二十九、本意见实施后，金融监督管理部门在本意见框架内研究制定配套细则，配套细则之间应当相互衔接，避免产生新的监管套利和不公平竞争。按照"新老划断"原则设置过渡期，确保平稳过渡。过渡期为本意见发布之日起至2020年底，对提前完成整改的机构，给予适当监管激励。过渡期内，金融机构发行新产品应当符合本意见的规定；为接续存量产品所投资的未到期资产，维持必要的流动性和市场稳定，金融机构可以发行老产品对接，但应当严格控制在存量产品整体规模内，并有序压缩递减，防止过渡期结束时出现断崖效应。金融机构应当制定过渡期内的资产管理业务整改计划，明确时间进度安排，并报送相关金融监督管理部门，由其认可并监督实施，同时报备中国人民银行。过渡期结束后，金融机构的资产管理产品按照本意见进行全面规范（因子公司尚未成立而达不到第三方独立托管要求的情形除外），金融机构不得再发行或存续违反本意见规定的资产管理产品。

三十、资产管理业务作为金融业务，属于特许经营行业，必须纳入金融监管。非金融机构不得发行、销售资产管理产品，国家另有规定的除外。

非金融机构违反上述规定，为扩大投资者范围、降低投资门槛，利用互联网平台等公开宣传、分拆销售具有投资门槛的投资标的、过度强调增信措施掩盖产品风险、设立产品二级交易市场等行为，按照国家规定进行规范清理，构成非法集资、非法吸收公众存款、非法发行证券的，依法追究法律责任。非金融机构违法违规开展资产管理业务的，依法予以处罚；同时承诺或进行刚性兑付的，依法从重处罚。

三十一、本意见自发布之日起施行。

本意见所称"金融管理部门"是指中国人民银行、国务院银行保险监督管理机构、国务院证券监督管理机构和国家外汇管理局。"发行"是指通过公开或者非公开方式向资产管理产品的投资者发出认购邀约，进行资金募集的活动。"销售"是指向投资者宣传推介资产管理产品，办理产品申购、赎回的活动。"代理销售"是指接受合作机构的委托，在本机构渠道向投资者宣传推介、销售合作机构依法发行的资产管理产品的活动。

（三）行业规定

私募投资基金登记备案办法
（2023年2月24日）

扫描二维码即可查阅相关规定具体内容（NO:041.0001）

基金募集机构投资者适当性管理实施指引（试行）
（2017年7月1日）

扫描二维码即可查阅相关规定具体内容（NO:041.0002）

私募投资基金募集行为管理办法
（2016年4月15日）

扫描二维码即可查阅相关规定具体内容（NO:041.0003）

私募投资基金信息披露管理办法
（2016年2月4日）

中国银行协会商业银行资产托管业务指引
（2019年3月18日）